U0571856

# 电动汽车建模与仿真 MATLAB 实现

张丽萍　唐阳山　编　著

北京理工大学出版社
BEIJING INSTITUTE OF TECHNOLOGY PRESS

## 内 容 简 介

计算机建模与仿真技术在电动汽车的发展过程中扮演着重要的角色，是电动汽车设计和开发过程中至关重要的一环。通过这一技术，我们可以在实际制造之前对电动汽车的性能、能耗、安全性等方面进行全面的分析和评估。这既有助于优化电动汽车的设计，提高其性能和可靠性，又有助于降低开发成本，缩短开发周期。

本书以 MATLAB 这一流行的仿真计算软件为工具，对如何使用 MATLAB 建模与仿真进行了详细的介绍，并配以图片和大量实例，帮助读者尽快掌握使用 MATLAB 进行科学建模计算、数据可视化及仿真分析的方法。在上述内容的基础上，本书还进一步介绍了轮毂电机驱动电动汽车平顺性仿真、电动汽车用动力电池建模与仿真、电动汽车驱动电机的建模与仿真和纯电动汽车传动系统匹配建模与仿真等重要内容。

本书可作为本科院校车辆工程、新能源汽车工程专业相关课程的教材。

**版权专有　侵权必究**

## 图书在版编目（CIP）数据

电动汽车建模与仿真 MATLAB 实现 / 张丽萍，唐阳山编著. --北京：北京理工大学出版社，2025.3.
ISBN 978-7-5763-5255-9

Ⅰ. U469.72

中国国家版本馆 CIP 数据核字第 20256X3M64 号

---

**责任编辑：**陆世立　　**文案编辑：**李　硕
**责任校对：**刘亚男　　**责任印制：**李志强

---

**出版发行** / 北京理工大学出版社有限责任公司
**社　　址** / 北京市丰台区四合庄路 6 号
**邮　　编** / 100070
**电　　话** / (010) 68914026（教材售后服务热线）
　　　　　　　 (010) 63726648（课件资源服务热线）
**网　　址** / http://www.bitpress.com.cn

---

**版 印 次** / 2025 年 3 月第 1 版第 1 次印刷
**印　　刷** / 河北盛世彩捷印刷有限公司
**开　　本** / 787 mm×1092 mm　1/16
**印　　张** / 15.5
**字　　数** / 360 千字
**定　　价** / 78.00 元

图书出现印装质量问题，请拨打售后服务热线，负责调换

　　党的二十大报告提出了"建设现代化产业体系"的战略任务，强调要"坚持把发展经济的着力点放在实体经济上，推进新型工业化，加快建设制造强国、质量强国、航天强国、交通强国、网络强国、数字中国"。汽车制造业作为实体经济的重要组成部分，其高质量发展对推动我国经济发展具有十分重要的现实意义。

　　党的二十大报告还提出："巩固优势产业领先地位，在关系安全发展的领域加快补齐短板，提升战略性资源供应保障能力。"为巩固和保持产业领先优势，抢占下一阶段竞争高地，应坚定新能源汽车发展战略定力不动摇，聚焦代表未来产业竞争的新赛道，以新视角和新理念综合施策，培育和强化自主品牌竞争力，加快推动下一代新能源汽车发展。发展新能源汽车，是我国从汽车大国迈向汽车强国的必由之路，是应对气候变化，推动绿色发展的战略举措。自2012年国务院发布实施《节能与新能源汽车产业发展规划（2012—2020年）》以来，我国坚持纯电驱动战略取向，新能源汽车产业发展取得了举世瞩目的成就，成为引领世界汽车产业转型的重要力量。

　　电动汽车的发展不仅是硬件技术的迭代，建模与仿真技术也在这一过程中扮演着重要的角色。电动汽车建模与仿真是电动汽车设计和开发过程中至关重要的一环，通过建模与仿真技术，我们可以在实际制造之前对电动汽车的性能、能耗、安全性等方面进行全面的分析和评估。这既有助于优化电动汽车的设计，提高其性能和可靠性，又有助于降低开发成本，缩短开发周期。

　　MATLAB作为最流行的仿真计算软件之一，在车辆工程领域的应用越来越广泛。为了提高学生的实践能力，把理论应用于实践，"电动汽车建模与仿真"已经成为新能源汽车工程专业的基础课，也是新能源汽车工程专业学生必备的技能。

　　本书共8章，分为两个部分：第一部分为MATLAB基础知识，包括前4章，这一部分对MATLAB建模与仿真进行了详细介绍，并配以图片和大量实例，每一章后面还有练习题供读者练习，巩固所学知识，帮助读者尽快掌握使用MTALAB进行科学建模计算、数据可视化及仿真分析的方法，为后面的建模仿真打下基础；第二部分为电动汽车建模与仿真，包括后4章，这一部分内容有轮毂电机驱动电动汽车平顺性仿真、电动汽车用动力电池的建模与仿真、电动汽车驱动电机的建模与仿真和纯电动汽车传动系统的建模与仿真。

　　在本书的编写过程中，编者查阅了大量国内外资料，借鉴了相关领域许多专家和学者的著作和成果。本书能够完成，离不开本领域的有关专家学者和参考文献作者的贡献，在此一并表示感谢。

本书是辽宁工业大学的立项教材，并由辽宁工业大学资助出版。本书由辽宁工业大学张丽萍副教授主持编写和统稿，张丽萍编写第 1 章、第 4 章、第 5 章、第 6 章、第 7 章和第 8 章，唐阳山编写第 2 章和第 3 章，陈昕和东北大学副教授周淑文参与了第 8 章的编写工作。研究生朱永博、张震、姜博耀、李凡、张亚文、郑鑫魏和翟树建等参与了一些文字编辑工作。

由于编者理论水平有限，实践经验不足，收集的数据和资料也有一定的局限，书中难免会存在一些不妥之处，希望各位专家和读者批评指正。

编　者

2024 年 5 月

# 目　录

# 第1章
# 车辆建模与仿真基础

车辆模型作为实际车辆系统的替代物或模仿品，通常借助文字、符号、图表、实物或数学表达式等提供关于系统要素、要素间关系以及系统特性或变化规律等方面的知识和信息，是人们赖以研究车辆系统、认识车辆系统的重要手段和工具。本章主要介绍车辆模型的分类、建模仿真的方法以及建模仿真常用的软件等。

## 1.1 车辆建模的理论及方法

### 1.1.1 车辆模型及其分类

模型是对系统特性与变化规律的抽象描述。车辆模型是车辆原型的本质和特征的一种近似集中反映，是由反映车辆系统本质或特征的主要因素构成的。

车辆模型通常分为车辆物理模型、车辆概念模型和车辆数学模型3类。

1. 车辆物理模型

以实物或图形直观地表达车辆特征所得的模型称为车辆物理模型。车辆物理模型是根据一定的规则对系统进行简化、描绘，或按照一定比例缩小、放大而得到的仿制品。通常要求车辆物理模型与车辆实物高度相似，能够逼真地描述实物，如图1-1所示。

（a）　　　　　　　　　　　　　　　　（b）

**图1-1　车辆实物和车辆物理模型**

（a）车辆实物；（b）车辆物理模型

2. 车辆概念模型

对现实世界及其活动进行概念抽象与描述的结果称为概念模型（conceptual model）。车辆概念模型是基于人们的经验、知识背景和思维直觉形成的，是人的大脑活动的产物，是指以图形、文字、符号等组成流程图的形式对事物的规律和机理进行描述。例如，车辆复合制动系统结构的概念模型如图1-2所示。概念模型的特点是图形比较直观化、模式化，由箭头等符号连接起来的文字、关键词比较简明、清楚，它既能揭示事物的主要特征和本质，又直观形象、通俗易懂。

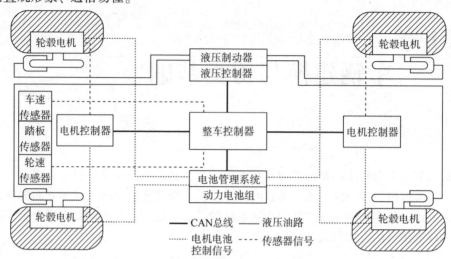

**图1-2　车辆复合制动系统结构的概念模型**

车辆概念模型可以看成从现实世界到数学模型或计算机仿真系统的一个中间层次。

### 3. 车辆数学模型

用来描述车辆系统要素之间以及车辆与车辆行驶工况之间关系的数学表达式称为车辆数学模型。各种不同的数学表达式均可以作为车辆数学模型的基本形式。车辆数学模型主要用来描述车辆系统运行的行为特性和基本规律，是我们研究车辆系统、认识车辆系统的重要手段和工具。

飞速发展的现代数学和系统科学为我们提供了十分丰富的数学模型，包括微分方程模型、时间序列模型、回归分析模型、生长曲线模型、马尔可夫模型、模糊数学模型、灰色系统模型、粗糙集模型、人工神经网络模型、遗传规划模型、层次分析模型、蒙特卡罗模型、线性规划模型、非线性规划模型、动态规划模型、分形模型、混沌模型、系统动力学模型等，这些都是车辆系统常用的数学模型。

在许多实际问题的研究中，要直接导出变量之间的函数关系较为困难，但要导出包含未知函数的导数或微分方程却较为容易。此时，可用建立微分方程模型的方法来研究实际问题。例如，根据单摆受力分析及牛顿第二定律即可得到单摆运动满足的方程式。

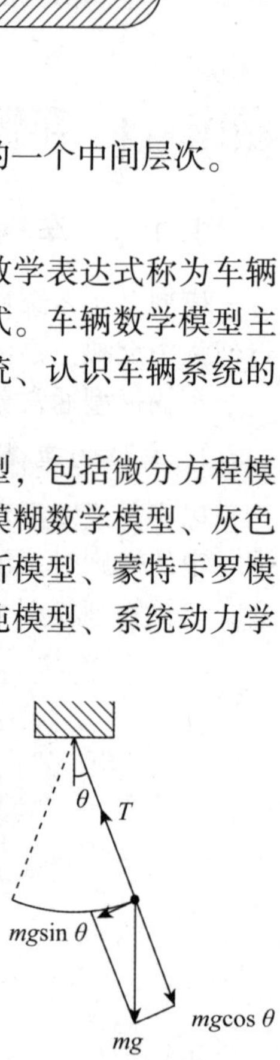

由单摆运动受力分析图见图(1-3)和牛顿第二定律可得 $ml\ddot{\theta} = -mg\sin\theta$，从而得出二阶微分方程：

$$\begin{cases} \ddot{\theta} + \dfrac{g}{l}\sin\theta = 0 \\ \dot{\theta}(0) = 0, \ \theta(0) = \theta_0 \end{cases}$$

$(1-1)$

**图1-3　单摆运动受力分析图**

式中，$l$ 为摆线长；$\theta_0$ 为初始角。单摆周期 $T = 2\pi\sqrt{\dfrac{l}{g}}$。

　　数学模型按照建立数学模型的方法不同可分为初等模型、几何模型、微分方程模型、统计回归模型、数学规划模型；按照数学模型的表现特性不同可分为确定性模型和随机性模型(取决于是否考虑随机因素的影响)、静态模型和动态模型(取决于是否考虑时间因素引起的变化)、线性模型和非线性模型(取决于模型的基本关系，如微分方程是否为线性的)、离散模型和连续模型等，如图 1-4 所示。

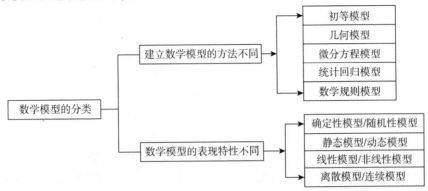

图 1-4　数学模型的分类

## ▶▶▶ 1.1.2　建模的基本方法 ▶▶▶

　　建模的基本方法依据不同的原理，大致上可以分为机理分析法和测试分析法两种。

### 1. 机理分析法

　　依据系统各变量间所遵循的物理或化学规律列写出相应的数学关系式，并建立数学模型的方法称为机理分析法。电动汽车常常根据机械系统和电学系统的运动规律建立数学模型，机械系统通常采用达朗贝尔原理或牛顿第二定律，常见机械元件所遵循的物理定律如表 1-1 所示。电学系统常采用基尔霍夫电流定律和基尔霍夫电压定律，常用电学元件(电阻、电容和电感)所遵循的物理定律如表 1-2 所示。

表 1-1　常见机械元件所遵循的物理定律

| 系统 | 元件 | 物理符号 | 所遵循的物理定律 |
|---|---|---|---|
| 机械系统<br>直线运动 | 质量元件<br>质量为 $m$<br>单位为 kg | — | $f = m\ddot{x}$ 或<br>$-m\ddot{x} + f = 0$ |
| | 弹性元件<br>弹簧刚度为 $k$<br>单位为 N·m$^{-1}$ | $x_2(t)$　$x_1(t)$<br>$k$　$f(t)$ | $f - k(x_1 - x_2) = 0$<br>(对于 $x_1$ 点，元件无质量) |
| | 黏性阻尼元件<br>黏性阻尼系数为 $B$<br>单位为 N·s·m$^{-1}$ | $x_2(t)$　$x_1(t)$<br>$B$　$f(t)$ | $f - B(\dot{x}_1 - \dot{x}_2) = 0$<br>(对于 $x_1$ 点，元件无质量) |

表1-2 常见电学元件(电阻、电容和电感)所遵循的物理定律

| 系统 | 元件 | 物理符号 | 所遵循的物理定律 |
|---|---|---|---|
| 电网络系统 | 电阻为 $R$ 单位为 Ω | $R$ $i(t)$ $u(t)$ | $u = Ri$ $i = \dfrac{u}{R}$ |
| | 电容为 $C$ 单位为 F | $C$ $i(t)$ $u(t)$ | $u = \dfrac{1}{C}\int i\,dt$ $i = C\dfrac{du}{dt}$ |
| | 电感为 $L$ 单位为 H | $L$ $i(t)$ $u(t)$ | $u = L\dfrac{di}{dt}$ $i = \dfrac{1}{L}\int u\,dt$ |

**2. 测试分析法**

测试分析法是根据工业过程的输入和输出的实测数据进行数学处理后得到的模型。其特点是将所研究的工业过程视为一个整体,不需要深入掌握其内部机理,只从外部特性上描述其动态性质。例如,在进行电动汽车再生制动系统中的电池数学模型的建立时,就不考虑电池在充放电过程中会发生复杂的电化学、物理反应,仅根据电池的荷电状态、电流、电压确定电池的需求功率,以及能够供给电机的可用功率。

### ▶▶▶ 1.1.3 建模步骤 ▶▶▶

建模要经过哪些步骤并没有固定的模式,通常与要解决的问题以及期盼模型所达到的目的有关。下面结合电动汽车再生制动系统的建模,给出建模的一般步骤。

**1. 模型准备**

了解问题的实际背景,明确建模目的,搜集必要信息,了解对象的主要特征,弄清楚要研究的问题,即提出问题。例如,在对电动汽车复合制动系统进行建模之前,首先要明确要对汽车的哪几部分进行建模,除了应建立电机及电池数学模型等必要的子系统模型,还应该建立整车数学模型。

**2. 模型假设**

针对问题特点和建模的目的,做出合理的、简化的假设,在合理与简化之间寻求平衡,对数据资料进行分析和计算,找出起主要作用的因素。经过必要的精简,提出若干符合客观实际的假设。例如,在进行整车建模时,通常会做出以下假设。

(1)忽略汽车的空气阻力,假设风速为零。

(2)忽略车辆的纵向和横向位移。

(3)所有车轮半径相同,左右车轮受到的载荷也相同。

(4)横摆过程中附着系数不变。

(5)前后轮的中心位于一条轴线上,汽车重心即受力分析时的坐标原点。

**3. 模型构成**

根据假设,尽可能用简单的数学语言、工具以及符号描述各个变量之间的内在规律,

从而得到一个数学结构，建立数学模型。在满足上述模型假设的条件下，进行整车动力学分析并建立数学模型。图1-5所示为整车七自由度模型示意图。

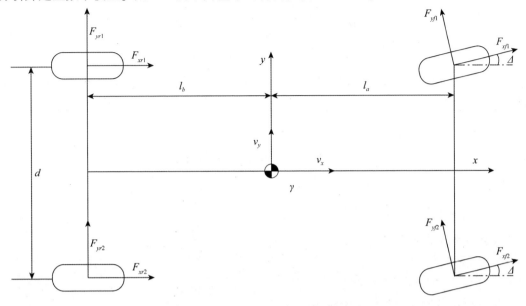

**图1-5　整车七自由度模型示意图**

结合上面的动力学模型图，对其进行受力分析，根据达朗贝尔原理，建立整车数学模型的具体表达。

纵向运动平衡方程为：

$$\begin{cases} \dot{v}_x = a_x + v_y\gamma \\ ma_x = (F_{xf1} + F_{xf2})\cos\Delta - (F_{yf1} + F_{yf2})\sin\Delta + F_{xr1} + F_{xr2} \end{cases} \quad (1\text{-}2)$$

横向运动平衡方程为：

$$\begin{cases} a_y = \dot{v}_y + v_x\gamma \\ ma_y = (F_{xf1} + F_{xf2})\sin\Delta + (F_{yf1} + F_{yf2})\cos\Delta + F_{yr1} + F_{yr2} \end{cases} \quad (1\text{-}3)$$

横摆运动平衡方程为：

$$I_z \cdot \dot{\gamma} = [(F_{xf1} + F_{xf2})\sin\Delta + (F_{yf1} + F_{yf2})\cos\Delta] \cdot l_a - (F_{xr1} + F_{xr2})l_b +$$

$$[(F_{xf2} - F_{xf1})\cos\Delta + (F_{yf1} - F_{yf2})\sin\Delta]\frac{d}{2} + (F_{xr2} - F_{xr1})\frac{d}{2} \quad (1\text{-}4)$$

四车轮运动平衡方程为：

$$I_{ij}\dot{\omega}_{ij} = T_{dij} - F_{xij} \cdot r - T_{bij} \quad (1\text{-}5)$$

上面4个公式中，$v_x$、$v_y$为纵、横向车速；$a_x$、$a_y$为纵、横向加速度；$F_x$、$F_y$为纵、横向力；$\Delta$为左、右轮的前轮转角；$\gamma$为横摆角速度；$l_a$、$l_b$为前、后轴到质心的距离；$d$为左右两轮的间距；$I_z$为绕$z$轴的转动惯量；$\omega_{ij}$为各轮的转速；$T_d$为各轮的驱动转矩；$T_b$为各轮的制动转矩；$r$为车轮半径；$i = f,\ r,\ j = 1,\ 2$，下标$f$和$r$代表前和后，下标1和2代表左和右。

**4. 模型求解**

建立模型后，利用各种数学方法和数学软件进行求解。在难以求得解析解时，还可借助计算机解出数值解。例如，利用 MATLAB 在初始角分别为 30° 和 10° 时，求解图 1-3 所示的单摆问题的解，并画出解的图进行比较。结合初始条件，单摆有两个数学模型：

$$\begin{cases} \ddot{\theta} = -\dfrac{g}{l}\sin\theta \\ \theta(0) = 10° \end{cases} \quad \text{和} \quad \begin{cases} \ddot{\theta} = -\dfrac{g}{l}\sin\theta \\ \theta(0) = 30° \end{cases} \tag{1-6}$$

取 $g = 9.8 \text{ m/s}^2$，$l = 25 \text{ m}$，$10° \approx 0.1745 \text{ rad}$，$30° \approx 0.5236 \text{ rad}$。令 $x_1 = \theta$，$x_2 = \dot{\theta}$，则模型变为：

$$\begin{cases} \dot{x}_1 = x_2 \\ \dot{x}_2 = -\dfrac{g}{l}\sin x_1 \\ x_1(0) = 0.1745, \ x_2(0) = 0 \end{cases} \quad \text{和} \quad \begin{cases} \dot{x}_1 = x_2 \\ \dot{x}_2 = -\dfrac{g}{l}\sin x_1 \\ x_1(0) = 0.5236, \ x_2(0) = 0 \end{cases} \tag{1-7}$$

在编函数文件(.m 文件)为：

```
function xdot=danbai(t,x)
xdot=zeros(2,1);
xdot(1)=x(2);xdot(2)=-9.8/25*sin(x(1));
```

在 MATLAB 的命令行窗口中输入：

```
[t,x]=ode45('danbai',[0:0.1:20],[0.1745,0]);
[t,y]=ode45('danbai',[0:0.1:20],[0.5236,0]);
plot(t,x(:,1),'r',t,y(:,1),'k');
```

即可得到解的图像，不同角度单摆的解如图 1-6 所示。可以看到，解的周期与初始参数有关。

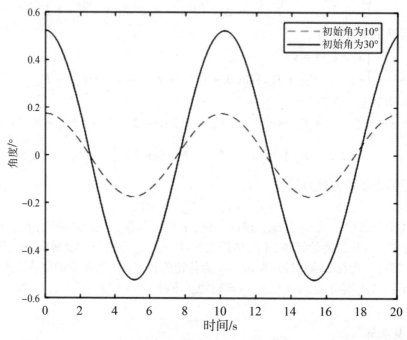

图 1-6　不同角度单摆的解

### 5. 模型分析

求出结果后，对求解的结果进行数学上的分析。例如，对结果进行误差分析，以此来分析模型对数据的稳定性和灵敏性。具体的建模步骤如图 1-7 所示。

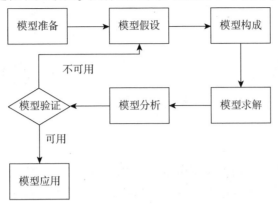

**图 1-7 具体的建模步骤**

### 6. 模型验证

将求得的解和分析结果代入实际问题中，与实际现象及实际数据进行对比，来检验模型的合理性和适用性。

例如，在汽车建模中常利用加速转向试验来验证整车模型的动态性能，利用双移线工况来验证搭建模型的稳定性，也会利用 UDDS(urban dynamometer driving schedule，城市道路驾驶计划)循环工况、NEDC(new european driving cycle，新标欧洲驾驶循环)工况和WLTC(world light vehicle test cycle，世界轻型汽车测试循环)工况等常见循环工况试验来验证汽车的动力性、制动性、燃油经济性、操作稳定性、平顺性以及通过性。

模型通过验证后，就可以应用了。

 ## 1.2 车辆系统仿真

### ▶▶▶ 1.2.1 仿真概念及三要素 ▶▶▶ ▶

#### 1. 仿真概念

仿真是以相似性原理、控制论、信息技术及相关领域的有关知识为基础，以计算机和各种专用物理设备为工具，借助系统模型对真实系统进行试验研究的一门综合性技术。计算机仿真可以用于研制产品或设计系统的全过程，包括方案论证、技术指标确定、设计分析、生产制造、试验测试、维护训练、故障处理等各个阶段。

#### 2. 仿真三要素

仿真三要素是系统(研究的对象)、模型(系统的抽象)和计算机(工具与手段)，这三者通过模型建立、仿真模型建立(又称二次建模)和仿真实验 3 项基本活动联系起来，如图

1-8 所示。

**图1-8 仿真三要素**

### ►►► 1.2.2 仿真步骤 ►►► ►

仿真又称模拟，即利用模型复现实际系统中发生的本质过程，并通过对系统模型的试验来研究存在的或设计的系统。图 1-9 所示为仿真实验过程流程图。

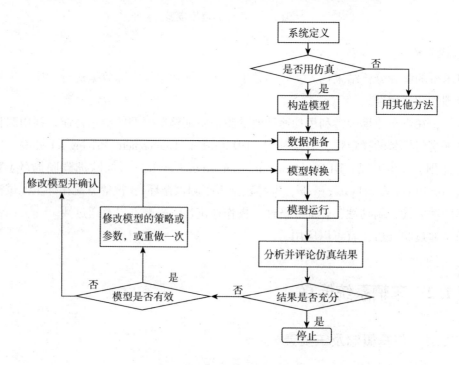

**图1-9 仿真实验过程流程图**

仿真可分为以下 6 个步骤。

（1）系统定义：按照系统仿真的目的来确定所研究系统的边界及约束条件。

（2）构造模型：把真实系统缩小并进行抽象，使它规范化。必须确定模型的要素、变量和参数以及它们之间的关系，在一定的约束条件下，用数学模型描述所研究的系统。

（3）数据准备：包括收集数据和决定在模型中如何使用这些数据。

（4）模型转换：将系统的数学模型转变为计算机能处理的仿真模型。

（5）模型运行：是一个动态过程，要进行反复的试验运行，从而得到所需要的试验数据。

（6）分析并评论仿真结果：按照既定的系统应达到的性能要求，对模型进行修改和检验。

## 1.2.3 电动汽车仿真系统的意义

电动汽车仿真系统在电动汽车的开发前期有着重要的意义，主要包括以下几点：

（1）为新车型的开发提供指导性意见；

（2）有针对性地提出设计目标和需求；

（3）对新车型的主要性能进行预测；

（4）研究和开发新的与实际需求最匹配的控制策略；

（5）研究相关参数及其相互匹配情况。

具体来说，电动汽车仿真系统会对动力系统、传动系统、控制系统乃至附件系统进行全方位的数学建模与分析，搭建相应的系统仿真平台，并通过对不同部件及能量管理策略进行反复仿真分析，为确定原型车参数配置提供参考。电动汽车仿真系统的使用可以大幅缩短新车型的开发周期，降低开发成本，提高开发效率，为电动汽车的发展提供有力的支持。

## 1.2.4 常用的汽车建模与仿真软件

目前，常用于汽车建模与仿真的软件主要有 MATLAB、Simulink、SIMPACK、AMESim、TruckSim、ADAMS、CarSim 等。

MATLAB 是一种高级技术计算和可视化软件，主要用于数值计算、数据分析、信号处理、图像处理、控制系统设计、仿真、优化和机器学习等各种工程和科学应用。

Simulink 是 MATLAB 的一个扩展，是一个集动态系统建模、设置不同的仿真数据等功能于一体的软件包。Simulink 提供了大量的模块库，基本可以满足用户的需求，用户可以利用这些模块库很方便地完成仿真模型的建立，而且不用了解这些模块内部的结构设置。

SIMPACK 是机械机电系统运动学和动力学仿真分析常用的多体动力学软件。该软件具有强大的运动学、动力学分析功能，可建立任意复杂机械或机电系统的虚拟样机模型，包括从简单的少数自由度系统到高度复杂的机械机电系统。

AMESim 是由法国公司 IMAGINE 于 1995 年推出的一种新型的高级建模仿真软件，该软件为用户提供了一个完整的系统工程设计平台，使用户可以在同一平台上建立复杂的多学科领域系统的模型，并在此基础上进行仿真计算和深入分析，用户可以利用该软件研究任何元件或系统的稳态和动态性能。AMESim 采用基于物理模型的图像化建模方式，用户可以直接使用该软件提供的复杂的元件应用库，这使用户从烦琐的数学建模中解放出来，专注于物理系统本身的设计。

TruckSim 是由美国机械仿真公司开发的一款专门针对卡车、客车和挂车进行动态仿真的软件。该软件的主要特点是面向参数建模，不需要定义各部件的具体结构形式，只需要定义能体现各部件性能的相关参数，因此被各大汽车公司及研究院广泛采用。

ADAMS 是美国 MSC 公司开发的虚拟样机分析软件。该软件使用交互式图像环境和零件库、约束库、力库创建完全参数化的机械系统几何模型，采用多刚体系统动力学理论中的拉格朗日方程方法，建立系统动力学方程，对虚拟机械系统进行静力学、运动学和动力学分析，能够输出位移、速度、加速度和反作用力曲线。

　　CarSim 是一款专业的车辆系统动力学仿真建模软件，由美国 MSC 公司开发。使用 CarSim 不仅能对车辆各部分子系统及其特征参数进行自定义，而且能对实验环境和实验过程进行方便灵活的设置。在 CarSim 中可搭建轿车、轻型货车等车辆模型，其仿真系统具有仿真精度高、仿真速度快等优势。该软件具有简洁的操作界面，用户可以对车辆各个部分的特征参数进行自定义，也可以自定义车辆模型的仿真环节和仿真工况。除此之外，该软件还可以针对一个控制目标和一个控制策略同时运行多个仿真工况，以便进行不同方案的对比研究，实用性很高。

##  1.3　练习题

1.1　常见的车辆模型分成哪几类？
1.2　简单叙述建模与仿真的步骤。
1.3　常用的汽车建模与仿真软件有哪些？
1.4　电动汽车仿真系统在电动汽车的开发前期有什么重要意义？

# 第 2 章
# MATLAB 使用基础

车辆建模与仿真是一个非常复杂的系统工程，涉及众多机械设计与电气控制技术，以及特有的整车系统技术。随着车辆技术的飞速发展，传统的设计方法已经很难满足现今的高精度设计与仿真要求。为了满足车辆工程专业人员对车辆技术仿真技术的需要，方便其掌握常用的 MATLAB 仿真工具，本章将介绍 MATLAB 的使用基础，包括数据处理、数学计算和程序设计。

## 2.1 MATLAB 基本简介

MATLAB 包含 3 个功能窗口：命令行窗口、当前文件夹窗口和工作区窗口。各功能窗口与工具栏配合使用，可以便捷地完成很多操作。

**1. 命令行窗口**

命令行窗口用于输入命令，并显示除图形以外的运算结果。

命令行窗口中的"$>>$"为命令提示符，在其后输入命令，并按【Enter】键，MATLAB 即可执行输入的命令。

【例 2-1】已知 $z1 = 3 + 4i$，$z2 = 1 + 2i$，$z3 = 2e^{\frac{\pi i}{6}}$，计算 $z = \dfrac{z1z2}{z3}$。

在 MATLAB 的命令行窗口中输入：

```
>>z1=3+4i;                 %命令后用分号";"结尾,运算结果不显示
>>z2=1+2i;
>>z3=2*exp(i*pi/6);        %pi 为 π 的专用变量名,exp 为 e 的专用变量名
>>z=z1*z2/z3
```

按【Enter】键，显示运行结果：

```
>>z=
      0.3349+5.5801i
```

MATLAB 中有很多命令，掌握这些命令对熟练使用软件有很大的帮助，下面整理了一些 MATLAB 常用操作的命令，如表 2-1 所示。

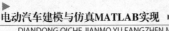
表 2-1　MATLAB 常用操作的命令

| 命令 | 作用 | 命令 | 作用 |
|---|---|---|---|
| exit | 退出 MATLAB | clc | 清除显示的内容 |
| clear | 清除工作空间中的变量 | edit | 打开 . m 文件编辑器 |
| demo | 获得 demo 演示帮助信息 | which | 指出其后文件所在的目录 |
| type | 显示指定 . m 文件的内容 | md | 创建目录 |
| figure | 打开图形窗口 | cd | 设置当前工作目录 |
| clf | 清除图形窗口 | dir | 列出指定目录下的文件和子目录清单 |
| help | 获得帮助信息 | who | 显示内存变量 |
| quit | 退出 MATLAB | whos | 内存变量的详细信息 |
| ans | 最新计算结果的默认变量名 | return | 返回上层调用程序；结束键盘模式 |
| doc | 引出帮助浏览器，或在浏览器中，显示相关的帮助信息 | diary | 把命令行窗口输入的内容记录为文件 |
|  |  | more | 使其后的显示内容分页进行 |

　　使用键盘操作键可以对过去已经输入的命令进行回调、编辑和重运行。MATLAB 常用命令的操作键如表 2-2 所示。

表 2-2　MATLAB 常用命令的操作键

| 编辑键 | 组合键 | 作用 |
|---|---|---|
| ↑ | Ctrl+P | 向前调回已输入的命令行 |
| ↓ | Ctrl+N | 向后调回已输入的命令行 |
| ← | Ctrl+B | 在当前行中左移光标 |
| → | Ctrl+F | 在当前行中右移光标 |
| PageUp | — | 向前翻阅当前窗口的内容 |
| PageDown | — | 向后翻阅当前窗口的内容 |
| Home | Ctrl+A | 使光标移到命令行窗口的左上端 |
| End | Ctrl+E | 使光标移到当前行的尾端 |
| Delete | Ctrl+D | 删去光标右边的字符 |
| Backspace | Ctrl+H | 删去光标左边的字符 |
| Esc | Ctrl+U | 清除当前行的全部命令 |

　　在 MATLAB 中有一些特殊的变量，称为常量。这些常量的特殊之处在于它们已经被 MATLAB 赋值，存在一个初始值，在计算过程中不需要人为赋值。MATLAB 中的常量如表 2-3 所示。

表 2-3　MATLAB 中的常量

| 常量 | 描述 |
|---|---|
| ans | 默认的变量名，表示最近的操作运算结果 |

| 常量 | 描述 |
|------|------|
| eps | 浮点数的相对精度，定义为 1.0 到最近浮点数的距离 |
| realmax | MATLAB 能表示的实数的最大绝对值 |
| realmin | MATLAB 能表示的实数的最小绝对值 |
| pi | 圆周率的近似值 3.141 592 6 |
| i,j | 复数的虚数单位 |
| Inf 或 inf | 表示无穷大，定义为 1/0 |
| NaN 或 nan | 表示非数或不定值，如 $0*\infty$，$0/0$，$\infty/\infty$ |
| nargin | 函数实际输入参数的个数 |
| nargout | 函数实际输出参数的个数 |

**2. 当前文件夹窗口**

当前文件夹窗口显示当前路径下包含的所有文件。只有在当前文件夹或搜索路径下的函数、文件才能被调用、运行。如果没有特殊说明，数据文件也将存放在当前文件夹下。

**3. 工作区窗口**

工作区窗口(见图 2-1)是用来存储各种变量和结果的窗口，用户可以在此窗口中对变量进行观察、编辑、修改和保存。双击 ⊞ 按钮，即可对变量进行编辑等操作。

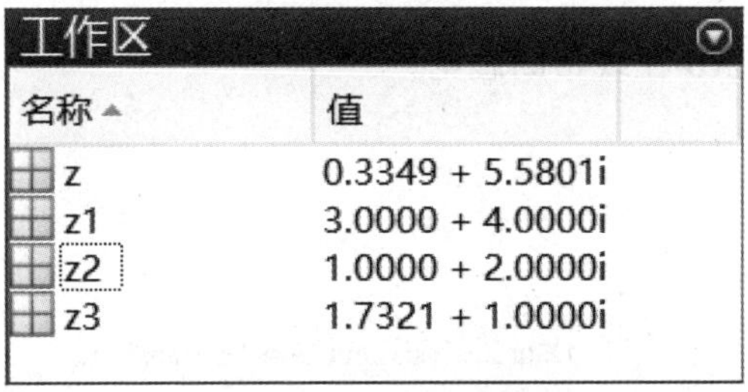

| 工作区 | |
|------|------|
| 名称 ▲ | 值 |
| ⊞ z | 0.3349 + 5.5801i |
| ⊞ z1 | 3.0000 + 4.0000i |
| ⊞ z2 | 1.0000 + 2.0000i |
| ⊞ z3 | 1.7321 + 1.0000i |

图 2-1　工作区窗口

MATLAB 函数命令的数量非常庞大，想要全部掌握非常困难。为了方便用户使用，MATLAB 提供了非常完善的帮助系统。在 MATLAB 的命令行窗口中，可以通过帮助命令查询某个函数的帮助信息，如函数的调用、函数的说明等。MATLAB 常用的帮助命令如表 2-4 所示。

表 2-4　MATLAB 常用的帮助命令

| 命令 | 说明 | 命令 | 说明 |
|------|------|------|------|
| help | 在命令行窗口中进行查询 | helpdesk | 在浏览器中打开帮助窗口 |
| doc | 在帮助窗口中显示查询结果 | helpwin | 在浏览器中打开帮助窗口 |
| which | 获取文件或函数路径 | demo | 在帮助窗口中显示演示程序 |
| lookfor | 查询指定关键词相关的 .m 文件 | | |

若用户想解决某个问题，但是不知道具体用哪个函数，可以在命令行窗口中输入

"lookfor 关键词"。

【例2-2】利用 lookfor 函数查找有关平方根(sqrt)的 .m 文件中所有第一行包含关键词 sqrt 的函数。

在命令行窗口中输入：

```
>> lookfor   sqrt
```

按【Enter】键，命令行窗口中会显示 .m 文件中所有第一行包含关键词 sqrt 的函数：

```
realsqrt                      -Real square root.
sqrt                          -Square root.
sqrtm                         -Matrix square root.
fi_sqrtlookup_8_bit_byte      -Square root
cordicsqrt-CORDIC             -based square root.
eml_fisqrt_helper             -Helper function for fixed-point square root
gsqrt                         -Generalized square root.
vsqrtm                        -function out=vsqrtm(mat)
```

在 help 帮助文档中可以看到相关的函数功能，函数的使用方法，函数的输入参数与输出参数，以及函数的使用示例。以举例方法演示函数的使用、函数使用的算法说明。若用户只知道所需函数的名称，不知道具体的函数语法，则可以在命令行窗口中输入"help 函数名"来查看函数使用的说明文档。调用 help 命令的方法有以下3种。

(1)使用 MATLAB 在线帮助总览，即列出所有函数的分组名(在命令行窗口中直接输入"help")。

【例2-3】使用 MATLAB 在线帮助总览。

在命令行窗口中输入：

```
>>help
```

按【Enter】键显示所有函数：

```
matlab\datafun           -Data analysis and Fourier transforms.
matlab\datatypes         -Data types and structures.
matlab\elfun             -Elementary math functions.
matlab\elmat             -Elementary matrices and matrix manipulation.
matlab\funfun            -Function functions and ODE solvers.
matlab\general           -General purpose commands.
matlab\iofun             -File input and output.
matlab\lang              -Programming language constructs.
matlab\matfun            -Matrix functions-numerical linear algebra.
…
```

(2)列出指定名称函数组中的所有函数。

【例2-4】使用 help 命令查找所有初等数学函数组中的函数。

在命令行窗口中输入：

```
>> help elfun
```

按【Enter】键显示查找内容：

```
Elementary math functions.

    Trigonometric.

    sin          -Sine.

    sind         -Sine of argument in degrees.

    sinh         -Hyperbolic sine.

    asin         -Inverse sine.

    asind        -Inverse sine,result in degrees.

    asinh        -Inverse hyperbolic sine.

    cos          -Cosine.

    cosd         -Cosine of argument in degrees.

    cosh         -Hyperbolic cosine.

    acos         -Inverse cosine.

    …
```

（3）显示具体函数的帮助信息。

【例2-5】使用 help 命令查找 limit 函数的用法及功能。

在命令行窗口中输入：

```
>> help limit
```

按【Enter】键显示查找内容：

```
    ---sym/limit 的帮助---

    limit      Limit of an expression.

        limit(F,x,a)takes the limit of the symbolic expression F as x-> a.

        limit(F,a)uses symvar(F)as the independent variable.

        limit(F)uses a=0 as the limit point.

        limit(F,x,a,'right')or limit(F,x,a,'left')specify the direction

        ofa one-sided limit.

        Examples:

        syms x a t h;

        limit(sin(x)/x)                    returns    1

        limit((x-2)/(x^2-4),2)             returns    1/4

        limit((1+2*t/x)^(3*x),x,inf)       returns    exp(6*t)

        limit(1/x,x,0,'right')             returns    inf

        limit(1/x,x,0,'left')              returns    -inf

        limit((sin(x+h)-sin(x))/h,h,0)     returns    cos(x)

        v=[(1+a/x)^x,exp(-x)];

        limit(v,x,inf,'left')              returns    [exp(a),  0]
```

除了以上 3 种方法，MATLAB 还提供了一种动态提示帮助，可以为用户提供现场帮助。

【例2-6】用户输入 plot 函数命令名及左括号，光标后就会显示图 2-2 所示的动态提示帮助，简要给出输入 plot 函数的几种调用格式。如果用户想了解更多关于 plot 函数的内容，可单击"更多帮助"超链接进行浏览。

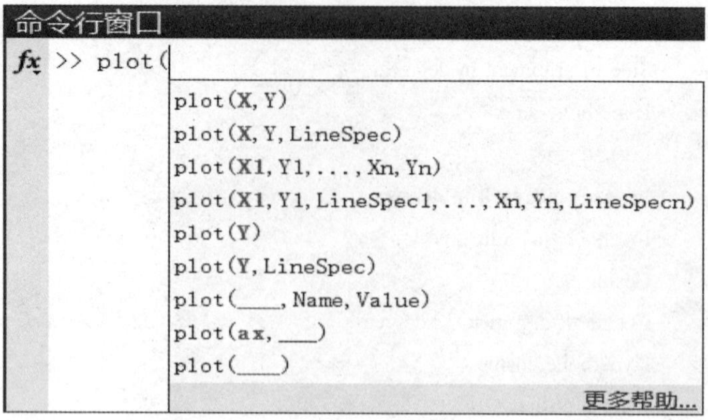

命令行窗口
*fx* >> plot(

plot(X, Y)
plot(X, Y, LineSpec)
plot(X1, Y1, ..., Xn, Yn)
plot(X1, Y1, LineSpec1, ..., Xn, Yn, LineSpecn)
plot(Y)
plot(Y, LineSpec)
plot(____, Name, Value)
plot(ax, ____)
plot(____)

更多帮助...

图 2-2　MATLAB 的动态提示帮助

## 2.2　MATLAB 常用的数据类型

在 MATLAB 中需要对设置的变量进行定义，系统才能对这些变量进行识别和计算。MATLAB 中常见的数据类型主要包括数值类型、逻辑类型、字符与字符串类型、结构体类型、符号变量类型、矩阵和数组类型。

### ▶▶2.2.1　数值类型▶▶▶

MATLAB 中的数值类型可以分为整数、单精度浮点数和双精度浮点数，如表 2-5 所示。

表 2-5　MATLAB 中的数值类型

| 数值类型 | 格式 |
| --- | --- |
| 整数 | int8，uint8<br>int16，uint16<br>int32，uint32<br>int64，uint64 |
| 单精度浮点数 | single |
| 双精度浮点数 | double |

MATLAB 在编程时如未说明，则所有数值默认按照双精度浮点数进行存储和操作。需要时，可以指定系统按照上述格式对数值进行处理。整数、单精度浮点数和双精度浮点数的区别在于不同的数字精度和占用的内存空间，双精度浮点数能够表示精度更大的数值，但占用的内存空间也相对较大。在 MATLAB 中若想定义一个变量，只需在定义函数后的括号内输入定义的变量即可。

1. 整数类型

MATLAB 提供了 8 种内置的整数类型，这 8 种整数类型所占用的内存位数、表示的数值范围和转换函数均不相同。MATLAB 中的整数类型如表 2-6 所示。

表 2-6　MATLAB 中的整数类型

| 整数类型 | 数值范围 | 函数 |
|---|---|---|
| 有符号 8 位整数 | $-2^7 \sim 2^7 - 1$ | int8 |
| 无符号 8 位整数 | $0 \sim 2^8 - 1$ | uint8 |
| 有符号 16 位整数 | $-2^{15} \sim 2^{15} - 1$ | int16 |
| 无符号 16 位整数 | $0 \sim 2^{16} - 1$ | uint16 |
| 有符号 32 位整数 | $-2^{31} \sim 2^{31} - 1$ | int32 |
| 无符号 32 位整数 | $0 \sim 2^{32} - 1$ | uint32 |
| 有符号 64 位整数 | $-2^{63} \sim 2^{63} - 1$ | int64 |
| 无符号 64 位整数 | $0 \sim 2^{64} - 1$ | uint64 |

2. 浮点数类型

MATLAB 中提供单精度浮点数和双精度浮点数两种类型，这两种类型的存储位数、表示范围和数值精度都有所不同。MATLAB 中的浮点数类型如表 2-7 所示。单精度浮点数比双精度浮点数所需要的内存空间要小，能够表示的数值范围也要小。MATLAB 中默认数值类型为双精度浮点数，因此单精度浮点数变量需要特别指定出来。

表 2-7　MATLAB 中的浮点数类型

| 浮点数类型 | 数值范围 | 转换函数 | 位宽 |
|---|---|---|---|
| 单精度浮点数 | $-3.402\,82e{-}038 \sim -1.175\,49e{-}038$<br>$1.175\,49e{-}038 \sim 3.402\,82e{+}038$ | single | 32 |
| 双精度浮点数 | $-1.797\,69e{+}308 \sim -2.225\,07e{-}308$<br>$2.225\,07e{-}308 \sim 1.797\,69e{+}308$ | double | 64 |

在运算时，结果的返回值类型取决于参加运算的其他数据类型。MATLAB 中默认数值类型为双精度浮点数，结果类型为双精度浮点数；当单精度浮点数参与计算时，结果类型为单精度浮点数；当整数参与计算时，结果类型为整数。整数不能与单精度浮点数同时参与计算。

【例 2-7】设 a 为整数 100，b 为单精度浮点数 20.302，c 为双精度浮点数 45.629。试计算 a、b、c 的乘积。

在命令行窗口中输入：

```
>> a=uint32(100);
>>b=single(20.302);
>>c=double(45.629);          % 定义 a 为无符号 32 位整数,b 为单精度浮点数,c 为双精度浮点数
>>ab=a*b*c                   % 计算 a,b,c 的乘积
```

运行结果如下：

```
错误使用  *
```

例 2-7 说明整数只能与同类的整数或双精度浮点数组合使用。

### ▶▶▶ 2.2.2 逻辑类型 ▶▶▶ ▶

逻辑类型的数据用于说明数据之间的逻辑运算关系，MATLAB 支持数据间的关系和逻辑运算。在计算机语言中，常常将"1"作为"真"，将"0"作为"假"，以表示逻辑运算的结果。由于计算机语言为二进制，因此关系和逻辑运算的输出结果为："真"的结果输出"1"，"假"的结果输出"0"。逻辑运算需要关系操作符和逻辑运算符，MATLAB 中的关系操作符如表 2-8 所示。

表 2-8　MATLAB 中的关系操作符

| 关系操作符 | 含义 |
| --- | --- |
| > | 大于 |
| >= | 大于或等于 |
| < | 小于 |
| <= | 小于或等于 |
| == | 等于 |
| ~= | 不等于 |

注意："＝"与"=="的含义是不同的，"＝"是将等式后面变量的值赋予等式前面的变量，而"=="是判断等式前后变量是否相等。

【例 2-8】判断 A 与 B 的大小关系。

在命令行窗口中输入的代码及运行结果如下：

```
>> A=1:9,B=10-A        % 定义 A 为 1 到 9 的序列,B 为 10 减 A 中每个元素后的序列
A =
   1    2    3    4    5    6    7    8    9
B =
   9    8    7    6    5    4    3    2    1
>> TrueorFalse=(A>=B)      % 判断 A 是否大于或等于 B
TrueorFalse =
  1×9 logical 数组
   0    0    0    0    1    1    1    1    1
```

逻辑运算符用来计算数据的与、或、非关系，MATLAB 中的逻辑运算符如表 2-9 所示。

表 2-9　MATLAB 中的逻辑运算符

| 逻辑运算符 | 含义 | 说明 |
| --- | --- | --- |
| & | 与 | 条件全部满足，输出为真 |
| \| | 或 | 条件满足一条，输出为真 |
| ~ | 非 | 满足相反条件，输出为真 |

逻辑运算符的优先级从高到低依次为~，&，｜。

【例 2-9】判断数组是否满足条件。

在命令行窗口中输入的代码及运行结果如下：

```
>> A=1:9;
>> TrueorFalse=(A>3)&(A<6)    % 判断 A 中元素是否在 3 到 6 之间
TrueorFalse=
   1×9 logical 数组
   0  0  0  1  1  0  0  0  0
```

### ▶▶▶ 2.2.3　字符与字符串类型 ▶▶▶

编辑程序时，在命令行窗口或编辑器上显示的是数据的文本，MATLAB 的程序为二进制，表示数组或字符的方式为 ASCII(american standard code for information interchange，美国标准信息交换)码。字符串显示在屏幕上，构成命令，被计算和执行。在存储字符时，计算机将字符对应的 ASCII 码存储下来，但显示的并不是 ASCII 码。一个字符串是存储在一个行矢量中的文本，这个行矢量中的每一个元素便是一个字符，因此可以对每一个字符进行编辑和操作。通过行矢量的下标，可以对每一个元素进行访问。

【例 2-10】字符串的 ASCII 码表达。

在命令行窗口中输入的代码及运行结果如下：

```
>> string='Hello World!';      % 为字符串 string 赋值
>> U=abs(string)               % 查询字符串 string 的 ASCII 码
U=
   72   101   108   108   111   32   87   111   114   108   100   33
```

上例中对 U 的运算改变了 ASCII 码的表达，说明字符串是数组，可以使用 MATLAB 中的数组操作工具进行操作。

【例 2-11】字符串中数组的索引。

在命令行窗口中输入的代码及运行结果如下：

```
>> string='Hello World!';
>> U=string(7:11)              % 查询字符串 string 中第 7 到第 11 位的元素
U=
    'World'
```

上例中通过对字符串的索引，找出第 7 到第 11 位的元素。

字符串为用两个单引号"'"引起来的元素，若需要在一组元素中加入单引号，那么这个单引号需要变为双引号""。

【例 2-12】字符串中的单引号。

在命令行窗口中输入的代码及运行结果如下：

```
>> string='''I''m Lihua. '
string=
       'I'm Lihua. '
```

### ▶▶▶ 2.2.4　结构体类型 ▶▶▶

结构体可以通过字段存储多种不同类型的数据，结构体相当于一个容器，把多种不同类型的数据封装在一个对象中。在 MATLAB 中可以通过对字段赋值创建结构体，也可以通过函数创建结构体。

1. 通过对字段赋值创建结构体

【例2-13】创建一个工作人员的基础信息，包括姓名、年龄、出生日期和工作地点。结构体中具有多个字段，每个字段可以是不同的数据类型，因此将字段组织在一起，便形成了一个结构体。本例可分为4个字段：姓名、年龄、出生日期，工作地点。

在命令行窗口中输入的代码及运行结果如下：

```
>>Worker. Name='ZhangSan';        % 姓名字段数据类型为字符串
>>Worker. Age=30;                 % 年龄字段数据类型为浮点数
>>Worker. Birthday={1990,10,1};   % 出生日期字段数据类型为一维数组
>>Worker. Place={'China','BeiJing'};  % 工作地点字段数据类型为字符串数组
Worker
Worker=
包含以下字段的 struct:
    Name:'ZhangSan'
Birthday:{[1990]  [10]  [1]}
```

2. 通过函数创建结构体（以 struct 函数为例）

struct 函数的语法格式如下：

```
A=struct('field1',var1,'field2',var2,…,'fieldn',varn)        Place:{'China'  'BeiJing'}
```

【例2-14】用 struct 函数创建结构对象 A，并将 n 个字段分别赋值为 var1，var2，…，varn。

在命令行窗口中输入的代码及运行结果如下：

```
>>A=struct('Name','ZhangSan','Age',30,'Birthday','1990,10,1','Place','China BeiJing')
A=
    包含以下字段的 struct:
        Name:'ZhangSan'
        Age:30
    Birthday:'1990,10,1'
      Place:'China BeiJing'
```

用 struct 函数也可以创建多维数组的结构体：

```
>>B=struct('Day',{'Monday','Sunday'},'Number',{70,50}))% 创建二维数组的结构体
B=
    包含以下字段的 1×2 struct 数组:
    Day
    Number
```

可以在 MATLAB 中查询多维数组中的每一个数据：

```
>>B(1)     % 数组中的第一个元素
>>B(2)     % 数组中的第二个元素
ans=
    包含以下字段的 struct:
        Day:'Monday'
      Number:70
ans=
    包含以下字段的 struct:
        Day:'Sunday'
      Number:50
```

注意：同一个结构体数组中的所有结构体对象都具有相同的字段组合。

### ▶▶▍2.2.5　符号变量类型 ▶▶ ▶

符号变量是用于符号计算的变量。例如，一个含 x 的多项式中，x 为符号变量。符号变量可以看作方程中的未知数，在运算时，若未对变量进行定义，便会出错。在 MATLAB 中使用关键词 syms 对符号变量进行定义，每个变量都用空格隔开，符号变量便构成符号方程。

【例 2-15】创建符号方程 $y = a^x + x^2$。

在命令行窗口中输入：

```
>>syms a x              % 创建符号变量 a,x
>>y=a^x+x^2             % 创建符号方程 y
```

运行结果如下：

```
y =
a^x+x^2
```

### ▶▶▍2.2.6　矩阵和数组类型 ▶▶ ▶

矩阵是一个由数值组成的矩形阵列，通常用于线性代数中的运算。在 MATLAB 中，矩阵是按行和列组织的数值集合，可以包含实数、复数、逻辑值等。矩阵在 MATLAB 中非常普遍，因为 MATLAB 本身就是基于矩阵运算的。例如，A = [ 1 2 3; 4 5 6] 就定义了一个 2× 3 矩阵 A。

数组是一个由相同类型的元素组成的集合，这些元素在内存中连续存储。在 MATLAB 中，数组可以是矢量(一维数组)、矩阵(二维数组)或更高维的数组(如三维数组、四维数组等)。因此，从广义上讲，矩阵是数组的一种特殊形式(即二维数组)。但是，在日常使用中，通常将一维数组简称为数组，而将二维数组称为矩阵。

## 2.3　MATLAB 的数学计算

### ▶▶▍2.3.1　矢量与数组 ▶▶ ▶

矢量与数组是 MATLAB 的基础。在 MATLAB 中，数值变量以数组的形式存储，一维数组就是矢量，二维数组就是矩阵，三维及以上的数组称为多维数组。

1. 矢量的生成

矢量的生成方法有直接输入法、冒号法和函数创建法。

(1)直接输入法。

生成矢量最直接的方法就是在命令行窗口中直接输入。矢量元素需要用方括号"[ ]"括起来，元素之间可以用空格、逗号","或分号";"分隔，其中，用空格和逗号分隔生成行矢量，用分号分隔形成列矢量。

【例2-16】直接输入矢量 x 和 y。

在命令行窗口中输入的代码及运行结果如下：

```
>> x=[2 4 6 8]        %创建行矢量 x,元素为 2,4,6,8
x =
   2    4    6    8
>> y=[1;2;3]          %创建列矢量 y,元素为 1,2,3,分号表示分行
y =
   1
   2
   3
```

（2）冒号法。

用冒号法创建矢量的语法格式是 x=first:increment:last，表示创建一个从 first 开始，到 last 结束，数据元素增量为 increment 的矢量。若增量为 1，则创建矢量的语法格式可以简写为 x=first：last。

【例2-17】用冒号法生成矢量 x。

在命令行窗口中输入的代码及运行结果如下：

```
>> x=0:2:10          %创建从 0 开始,到 10 结束,元素增量为 2 的矢量 x
x =
   0    2    4    6    8    10
```

（3）函数创建法。

使用函数 linspace，可以通过直接定义数据元素个数而不是数据元素之间的增量来创建矢量。此函数的调用格式为 inspace(first value,last value,number)，该调用格式表示创建一个从 first value 开始，到 last value 结束，包含 number 个元素的矢量。

使用函数 logspace，也可以通过直接定义矢量元素个数而不是数据元素之间的增量来创建矢量。此函数的调用格式为 logspace(first value,last value,number)，表示创建一个从 10 first value 开始，到 10 last value 结束，包含 number 个元素的矢量。

【例2-18】用函数生成矢量 x 和 y。

在命令行窗口中输入的代码及运行结果如下：

```
>> x=linspace(0,10,6)    %创建从 0 开始,到 10 结束,元素个数为 6 的矢量 x
x =
   0    2    4    6    8    10
>> y=logspace(1,3,3)     %创建从 10 的 1 次方开始,到 10 的 3 次方结束,包含 3 个元素的矢量 y
y =
   10    100    1000
```

2. 矩阵的生成

生成矩阵的常见方法有直接输入法和函数调用法。针对规模比较大的矩阵，还可以利用.m 文件导入法和文本文件导入法等生成矩阵。

（1）直接输入法。

与矢量类似，矩阵的元素也需要用方括号括起来。元素之间可以用空格、逗号进行分隔，表示为行矢量，再把各行矢量用分号分隔，表示各行矢量连成一列。这是生成矩阵最直接的方法。

【例2-19】用直接输入法创建矩阵。

在命令行窗口中输入的代码及运行结果如下：

```
>> x=[1 2;3 4]          % 创建 2×2 矩阵,第一行元素为 1,2;第二行元素为 3,4
x =
    1    2
    3    4
```

（2）函数调用法。

对于某些特殊矩阵，还可用函数来生成。MATLAB 的常用函数如表2-10 所示。

表 2-10　MATLAB 的常用函数

| 格式 | 说明 |
| --- | --- |
| eye(n) | 创建 n×n 单位矩阵 |
| eye(m,n) | 创建 m×n 单位矩阵 |
| eye(size(A)) | 创建与矩阵 A 维数相同的单位矩阵 |
| ones(n) | 创建 n×n 全 1 矩阵 |
| ones(m,n) | 创建 m×n 全 1 矩阵 |
| ones(size(A)) | 创建与矩阵 A 维数相同的全 1 矩阵 |
| zeros(m,n) | 创建 m×n 全 0 矩阵 |
| zeros(size(A)) | 创建与矩阵 A 维数相同的全 0 矩阵 |
| rand(n) | 在区间[0,1]内创建一个均匀分布的 n×n 随机矩阵 |
| rand(m,n) | 在区间[0,1]内创建一个均匀分布的 m×n 随机矩阵 |
| rand(size(A)) | 在区间[0,1]内创建一个与矩阵 A 维数相同的均匀分布的随机矩阵 |
| compan(P) | 创建系数矢量是 P 的多项式的伴随矩阵 |
| diag(v) | 创建一个以矢量 v 中的元素为主对角元素的对角矩阵 |
| hilb(n) | 创建 n×n 希尔伯特矩阵 |
| magic(n) | 创建 n 阶魔方矩阵 |
| sparse(A) | 将矩阵 A 转化为稀疏矩阵形式 |

【例2-20】用函数调用法创建矩阵。

在命令行窗口中输入的代码及运行结果如下：

```
>> zeros(3)             % 创建一个 3×3 全 0 矩阵
ans =
    0    0    0
    0    0    0
    0    0    0
>> ones(3,2)            % 创建一个 3×2 全 1 矩阵
ans =
    1    1
    1    1
    1    1
>> rand(3,2)            % 在区间[0,1]内创建一个均匀分布的 3×2 随机矩阵
```

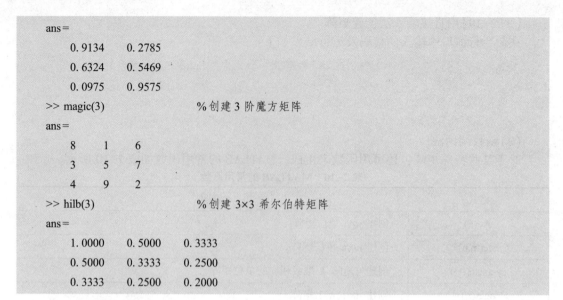

```
ans =

    0.9134    0.2785
    0.6324    0.5469
    0.0975    0.9575
>> magic(3)                    %创建 3 阶魔方矩阵
ans =

    8    1    6
    3    5    7
    4    9    2
>> hilb(3)                     %创建 3×3 希尔伯特矩阵
ans =

    1.0000    0.5000    0.3333
    0.5000    0.3333    0.2500
    0.3333    0.2500    0.2000
```

（3）. m 文件导入法。

新建脚本，将需要输入的矩阵按格式先写入框中，再以 . m 文件的形式保存在与 MAT-LAB 命令行窗口上方显示的路径一致的文件夹内。可以在命令行窗口中输入 . m 文件名，导入已经保存在 . m 文件中的矩阵。

注意：. m 文件中的变量名与文件名不能相同，否则会造成变量名和函数名的混乱；. m 文件的保存位置必须与命令行窗口上方显示的路径一致，否则运行时无法调用。

【例 2-21】用 . m 文件导入法创建矩阵。

①在主页中单击"新建脚本"按钮，在编辑器中创建一个名为"gmatrix"的矩阵，然后单击"保存"按钮。本例应保存的文件夹路径为 C：\Users\Documents\MATLAB，输入文件名为"simple"，保存类型默认为". m"。

. m 文件中需要输入的具体内容如下：

```
gmatrix = [378 89 90 83 382 92;
3829 32 9283 2938 378 839;
388 389 200 923 920 92;
3829 892 66 89 90 56;
7827 67 890 6557 45 123]
```

②在 MATLAB 命令行窗口中输入 . m 文件的文件名"simple"，得到下面的结果：

```
>> simple
gmatrix =
  1 至 6 列

    378      89      90      83     382      92
   3829      32    9283    2938     378     839
    388     389     200     923     920      92
   3829     892      66      89      90      56
   7827      67     890    6557      45     123
```

（4）文本文件导入法。

MATLAB 中的矩阵还可以由文本文件创建。在与命令行窗口上方显示的路径一致的文件夹内建立 .txt 文件，然后在命令行窗口中直接调用此文件名，即可导入矩阵。

【例2-22】用文本文件导入法创建矩阵。

①本例使用的文件夹路径为 C：\Users\Documents\MATLAB，使用右键菜单新建文本文档，输入文件名为"simple2"，打开文件，输入矩阵并保存：

.txt 文件中需要输入的具体内容如下：

```
3.5  4  5
10  15  20
```

②在 MATLAB 命令行窗口中输入文件名"simple2.txt"，得到下面的结果：

```
>> load simple2.txt
>> simple2
simple2 =
     3.5000      4.0000      5.0000
    10.0000     15.0000     20.0000
```

### ▶▶ 2.3.2  数组元素的提取 ▶▶▶

对于数组中的元素，共有 3 种方法对其进行提取，分别是数组索引法、逻辑索引法和函数提取法。

1. 数组索引法

（1）矢量元素的提取。

矢量中各元素的索引值从左至右依次为 1，2，3，…，其中矢量的最后一个元素的索引值除用数字表示外，也可用 end 表示。矢量元素的提取方式如表 2-11 所示。

表 2-11  矢量元素的提取方式

| 格式 | 说明 |
|---|---|
| x(n) | 提取矢量中的第 n 个元素 |
| x(n1:n2) | 提取矢量中的第 n1 到第 n2 个元素 |

【例2-23】提取矢量 x 中的第 1 个到第 3 个元素。

在命令行窗口中输入的代码及运行结果如下：

```
>> x=[1 2 3 4 5];
>> x(1:3)            %提取矢量 x 中的第 1 个到第 3 个元素
ans =
     1     2     3
```

矢量的这种提取方式也适用于数组，数组的索引值由第 1 列开始，从上往下依次为 1，2，3，…，再由第 2 列从上往下续接，并以此类推。不过这种提取方式对于数组不够直接，故不推荐对数组使用这种方法。

（2）数组元素的提取。

数组常用的提取方法是用格式 A（m,n）对数组 A 中符合 m、n 要求的部分进行提取，其中 m 表示数组的行，n 表示数组的列。这种方法又称为切片法，可使数据在原数组中的格式得到保留。数组元素的提取方式如表 2-12 所示。

**表 2-12 数组元素的提取方式**

| 格式 | 说明 |
| --- | --- |
| A(m,n) | 提取数组 A 中第 m 行第 n 列的单个元素 |
| A(:,n) | 提取数组 A 中第 n 列的所有元素 |
| A(m,:) | 提取数组 A 中第 m 行的所有元素 |
| A([1 4],[2 3]) | 提取数组 A 中第 1、4 行，第 2、3 列的元素 |
| A(3:4,3:5) | 提取数组 A 中第 3 行到第 4 行，第 3 列到第 5 列的元素 |
| A(1:2:end,:)，A(2:2:end,:) | 提取数组 A 中的奇数行元素、偶数行元素 |
| A(end:-1:1,:)，A(:,end:-1:1) | 提取数组 A 的行倒序矩阵、列倒序矩阵 |

【例 2-24】提取数组 A 中的元素。

在命令行窗口中输入的代码及运行结果如下：

```
>> A=[1 2 3;4 5 6;7 8 9]
A =
    1    2    3
    4    5    6
    7    8    9
>> A(2,3)              %提取数组 A 中第 2 行第 3 列的单个元素
ans =
    6
>> A(2,:)              %提取数组 A 中第 2 行的所有元素
ans =
    4    5    6
>> A(1:2:end,:)        %提取数组 A 中的奇数行元素
ans =
    1    2    3
    7    8    9
```

**2. 逻辑索引法**

逻辑索引法是用逻辑 0 或 1 去判断数组对应位置的元素是否被选择。逻辑数组与原数组的维数一致。通过类似 A>0 或 A<1 等条件，可以提取出满足条件的 A 的逻辑数组。

【例 2-25】求数组中元素大于 0 的逻辑数组。

在命令行窗口中输入的代码及运行结果如下：

```
A=[1 -2;3 -4]
A =
    1    -2
    3    -4
>> A>0                %判断 A 中大于 0 的元素
ans =
  2×2 logical 数组
    1    0
    1    0
```

直接得到逻辑数组的实际意义不大，但利用逻辑数组可以提取出满足条件的元素。根据不同命令的格式，可以得到按列选择的列矢量，或与原数组格式相同的数组，其格式如表 2-13 所示。

表 2-13　不同命令的格式

| 格式 | 说明 |
| --- | --- |
| A(A>0) | 返回列矢量，由按列选择的数组 A 中大于 0 的元素组成 |
| A.*(A>0) | 返回与数组 A 格式相同的数组，其中不满足元素大于 0 的位置变为 0 |

【例 2-26】提取数组 A 中大于 0 的元素。

在命令行窗口中输入的代码及运行结果如下：

```
>> A=[1-2;3-4]
A=
     1     -2
     3     -4
>> A(A>0)              %提取数组 A 中大于 0 的元素,结果按列显示
ans=
     1
     3
>> A.*(A>0)           %提取数组 A 中大于 0 的元素,不满足要求元素的位置变为 0
ans=
     1     0
     3     0
```

**3. 函数提取法**

MATLAB 中的二维数组也称为矩阵，对于矩阵中的元素，还可用以主对角元素和上 (下) 三角矩阵的形式进行提取。对角矩阵和三角矩阵元素的提取方式如表 2-14 所示。

表 2-14　对角矩阵和三角矩阵元素的提取方式

| 格式 | 说明 |
| --- | --- |
| diag(A,k) | 提取矩阵 A 的第 k 条对角线上的元素。k 为 0 时提取主对角元素，k 为正整数时提取上方第 k 条对角线上的元素，k 为负整数时提取下方第 k 条对角线上的元素 |
| diag(A) | 提取矩阵 A 的主对角元素 |
| tril(A) | 提取矩阵 A 的下三角部分 |
| tril(A,k) | 提取矩阵 A 的第 k 条对角线下面的部分(包括第 k 条对角线) |
| triu(A) | 提取矩阵 A 的上三角部分 |
| triu(A,k) | 提取矩阵 A 的第 k 条对角线上面的部分(包括第 k 条对角线) |

【例 2-27】用函数提取法提取矩阵 A 中的元素。

在命令行窗口中输入的代码及运行结果如下：

```
>> A=magic(4)          %创建一个 4 阶魔术矩阵
A =
    16    2    3   13
     5   11   10    8
     9    7    6   12
     4   14   15    1
>> v=diag(A,2)         %提取矩阵 A 主角线上方第 2 条对角线上的元素
v =
     3
     8
>> tril(A,-1)          %提取矩阵 A 的主对角线下方第 1 条对角线下面的部分
ans =
     0    0    0    0
     5    0    0    0
     9    7    0    0
     4   14   15    0
>> triu(A)             %提取矩阵 A 的上三角部分
ans =
    16    2    3   13
     0   11   10    8
     0    0    6   12
     0    0    0    1
```

### ▶▶▶ 2.3.3  数组的修改 ▶▶▶

#### 1. 元素的修改

通过数组索引法和逻辑索引法提取的数组元素可以进行修改，还可以重新赋值或删除，命令的格式如表 2-15 所示。需要注意的是，数组的元素必须整行或整列删除，否则元素个数不再满足数组定义，剩余元素会变成行矢量。

表 2-15  修改提取元素的命令的格式

| 格式 | 说明 |
|---|---|
| A(⋯)=[a] | 将数组 A 中提取的元素赋值为 a |
| A(⋯)=[ ] | 将数组 A 中提取的元素删除 |

【例 2-28】将数组中的元素进行修改。
在命令行窗口中输入的代码及运行结果如下：

```
>> A=[1 2 3;4 5 6]
A =
     1    2    3
     4    5    6
>> A(1,:)=0            %将数组 A 中第 1 行的所有元素赋值为 0
A =
     0    0    0
     4    5    6
```

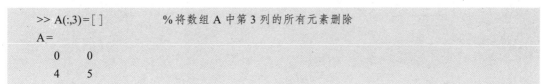

```
>> A(:,3)=[ ]              %将数组A中第3列的所有元素删除
A =
   0    0
   4    5
```

根据数组索引法和逻辑索引法,还可对数组中指定位置的元素进行基本运算。如 A(⋯)-b 表示将数组A中索引出的元素提取出来并减去b。如需保持数组原本的格式,并让指定元素进行计算且其他元素不变,则需使用格式 A(⋯)=A(⋯)-b。

【例2-29】将数组A中第2行的元素减去4。

在命令行窗口中输入的代码及运行结果如下:

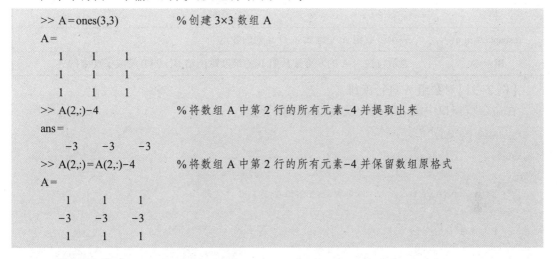

```
>> A=ones(3,3)            %创建3×3数组A
A =
   1    1    1
   1    1    1
   1    1    1
>> A(2,:)-4               %将数组A中第2行的所有元素-4并提取出来
ans =
  -3   -3   -3
>> A(2,:)=A(2,:)-4        %将数组A中第2行的所有元素-4并保留数组原格式
A =
   1    1    1
  -3   -3   -3
   1    1    1
```

## 2. 数组的排序

运用函数 sort 可实现数组元素按大小进行升序的重新排列,函数和命令的格式如表 2-16 所示。

表 2-16  数组的重新排列函数和命令的格式

| 格式 | 说明 |
|------|------|
| sort(X) | 对矢量 X 中的元素进行重新排列 |
| sort(A,dim) | dim=1 表示按列排序;dim=2 表示按行排序 |
| [Y,L]=sort(A,dim) | Y 返回重新排序后的数组,L 返回 Y 元素在 A 的原位置组成的数组 |

【例2-30】将数组A中的元素重新排列。

在命令行窗口中输入的代码及运行结果如下:

```
>> A=[9 8;7 6]
A =
   9    8
   7    6
>> [Y,L]=sort(A,2)       %Y返回数组A按行排序,L返回Y元素在A的原位置组成的数组
Y =
   8    9
   6    7
```

```
L =
    2        1
    2        1
```

### 3. 数组的变维

改变数组的维度可以使用 reshape 函数法和冒号法,其中 reshape 函数法直接生成新数组,而冒号法涉及两个数组的转换,因此要求两个数组的元素数量必须一致,命令的格式如表 2-17 所示。

表 2-17  数组变维的命令的格式

| 格式 | 说明 |
| --- | --- |
| reshape(A,m,n) | 表示将数组 A 变维成 m 行 n 列的数组 |
| B(:)=A | 表示将数组 A 的元素按数组 B 的维度赋值给 B,即 B 变成了变维的 A |

【例 2-31】对数组 A 进行变维。

在命令行窗口中输入的代码及运行结果如下:

```
>> A=[1 2 3 4]
A =
    1      2      3      4
>> X=reshape(A,2,2)        %将数组 A 的维度变成 2 行 2 列
X =
    1      3
    2      4
>> B=[0;0;0;0];
>> B(:)=A                  %将数组 A 的元素按数组 B 的维度赋值给数组 B
B =
    1
    2
    3
    4
```

### 4. 数组的变向

数组变向的命令的格式如表 2-18 所示。

表 2-18  数组变向的命令的格式

| 格式 | 说明 |
| --- | --- |
| Rot(90) | 将数组 A 逆时针旋转 90° |
| Rot(90,k) | 将数组 A 逆时针旋转 90°,k 可为正整数或负整数 |
| Fliplr(X) | 将矢量 X 左右翻转 |
| flipud(X) | 将矢量 X 上下翻转 |
| flipdim(X,dim) | dim=1 时对行翻转,dim=2 时对列翻转 |

【例 2-32】对数组 A 进行变向。

在命令行窗口中输入的代码及运行结果如下：

```
>> A=1:12;              %创建列数组 A,元素为 1 到 12
>> B=zeros(3,4);        %创建 3 行 4 列的全 0 数组 B
>> B(:)=A               %将数组 A 的元素按数组 B 的维度赋值给数组 B
B=
     1     4     7    10
     2     5     8    11
     3     6     9    12
>> flipdim(B,1)         %将数组 B 进行对行翻转
ans=
     3     6     9    12
     2     5     8    11
     1     4     7    10
>> flipdim(B,2)         %将数组 B 进行对列翻转
ans=
    10     7     4     1
    11     8     5     2
    12     9     6     3
```

**5. 数组的连接**

对于两个不同的数组 A 和 B，可用令其进行横向的行连接或纵向的列连接。需要注意的是，两数组连接时必须符合数组的维度，行连接时应具有相同的行数，列连接时应具有相同的列数。数组连接的命令的格式如表 2-19 所示。

表 2-19 数组连接的命令的格式

| 格式 | 说明 |
| --- | --- |
| [A B] | 横向的行连接，数组 A 在左侧，数组 B 在右侧 |
| [A;B] | 纵向的列连接，数组 A 在上方，数组 B 在下方 |

**【例 2-33】**对数组 A、B、C 进行连接。

在命令行窗口中输入的代码及运行结果如下：

```
>> A=[1;2]
A=
     1
     2
>> B=[3 4;5 6]
B=
     3     4
     5     6
>> C=[7 8 9]
C=
     7     8     9
>> [A B;C]              %将数组 A,B 按左 A 右 B 进行连接后再与数组 C 连接
ans=
     1     3     4
     2     5     6
     7     8     9
```

### 6. 数组的维度

求取数组维度在数组修改和数组运算中经常会遇到。当矢量中元素过多或数组太大，难以直接观察出数组的维度时，可以用函数对其维度进行查询，查询数组维度的命令的格式如表2-20所示。

**表 2-20 查询数组维度的命令的格式**

| 格式 | 说明 |
| --- | --- |
| size(A) | 返回两个数值，前者为数组 A 的行的维数，后者为数组 A 的列的维数 |
| length(A) | 返回一个数值，表示数组 A 的行与列中最大的维数 |

【例2-34】查询数组 A 的维度。

在命令行窗口中输入的代码及运行结果如下：

```
>> A=[1 2 3;4 5 6]
A=
    1    2    3
    4    5    6
>> size(A)              %返回数组 A 的行和列的维数
ans=
    2    3
>> length(A)            %返回数组 A 的行与列中最大的维数
ans=
    3
```

## ▶▶▶ 2.3.4 数组的基本运算 ▶▶▶

### 1. 常数四则运算

数组与常数的四则运算是对其中每个元素进行加减乘除的运算，其运算操作与数值的四则运算相同，且无须区分点运算和常规运算。

【例2-35】求数组 A 与常数的四则运算。

在命令行窗口中输入的代码及运行结果如下：

```
>> A=ones(2,2);         %创建 2×2 全 1 数组
>> A-2                  %将 A 的元素分别-2
ans=
    -1   -1
    -1   -1
>> A*3                  %将 A 的元素分别×3
ans=
    -3   -3
    -3   -3
```

### 2. 数组之间的四则运算

进行两个数组之间的运算时，必须保证数组的维度符合要求。

（1）数组之间的加减运算。

两个数组之间加减的实质是将两个数组相同位置的元素对应相加或相减，运算满足加法和减法的交换律、结合律。

【例2-36】求数组(A+B)-C的结果。

在命令行窗口中输入的代码及运行结果如下：

```
>> A=[1;2];
>> B=[3;4];
>> C=[5;6];
>>(A+B)-C
ans=
    -1
     0
```

（2）数组之间的乘法和乘方运算。

两个数组相乘在MATLAB中有两种运算格式，即普通乘法"＊"和点乘".＊"。另外，数组乘方的本质也是数组相乘，因此也有普通乘方"^"和点乘方".^"之分。

普通乘法和普通乘方表示两个数组相乘。应注意的是，数组的乘法不满足交换律。

【例2-37】求数组的普通乘法与普通乘方。

在命令行窗口中输入的代码及运行结果如下：

```
>> A=[1 2]
>> B=[3;4];
>> A*B            % 按数组乘法相乘
ans=
    11
>> B*A            % 将数组B的元素分别与数组A的元素相乘
ans=
    3    6
    4    8
>> C=B*A;
>> C^2            % 将数组C进行平方
ans=
    33    66
    44    88
```

点运算在MATLAB中表示数组对应位置的运算，两个进行点运算的数组的类型必须相同，或者其中一个数组是矢量且与另一个数组的行数或列数相等，或两个数组分别为两个维度相等的行矢量和列矢量，否则无法运算。点乘应满足交换律，而点乘方由于是对同一个数组进行运算，因此必满足运算条件。

【例2-38】求数组的点乘和点乘方。

在命令行窗口中输入的代码及运行结果如下：

```
>> A=[1 2];
>> B=[3;4];
>> C=A.*B            % 将数组A乘数组B的结果赋值给数组C
C=
    3    6
    4    8
>> C.^2            % 将数组C的元素进行平方
ans=
    9    36
    16    64
```

（3）数组之间的除法。

数组之间的除法是 MATLAB 特有的运算，它由逆矩阵函数 inv 发展而来。由于数组不满足交换律，因此数组的除法也分为左除和右除。

左除运算：A*X＝B（A 非奇异）的解是 X＝inv(A)*B＝A\B

右除运算：X*A＝B（A 非奇异）的解是 X＝B*inv(A)＝B/A

简单来说，左除"\"表示分母放在左边，右除"/"表示分母放在右边。计算左除 A\B 时，A 的行数要与 B 的行数一致，计算右除 A/B 时，A 的列数要与 B 的列数一致。

【例 2-39】用不同类型求 A 左除 B 并验算。

在命令行窗口中输入的代码及运行结果如下：

```
>> A=[1 2 3;5 8 6];
>> B=[8 6 9;4 3 7];
>> A.\B              %将数组 B 的元素与数组 A 的元素对应相除
ans =
    8. 0000    3. 0000    3. 0000
    0. 8000    0. 3750    1. 1667
>> C=A.\B
C =
    8. 0000    3. 0000    3. 0000
    0. 8000    0. 3750    1. 1667
>> D=A./B             %将数组 A 的元素与数组 B 的元素对应相除
D =
    0. 1250    0. 3333    0. 3333
    1. 2500    2. 6667    0. 8571
>> A.*C              %将数组 A 的元素与数组 C 的元素对应相乘
ans =
    8      6      9
    4      3      7
>> B.*D              %将数组 B 的元素与数组 D 的元素对应相乘
ans =
    1      2      3
    5      8      6
```

### ►►► 2.3.5 线性代数运算 ►►► ►

线性代数是 MATLAB 运算的基础，关于矩阵的操作是 MATLAB 运算的核心。

矩阵分析是线性代数中极其重要的部分。MATLAB 中关于矩阵运算的函数非常多，常用矩阵函数的格式如表 2-21 所示。

表 2-21　常用矩阵函数的格式

| 格式 | 说明 | 格式 | 说明 |
| --- | --- | --- | --- |
| cond( ) | 矩阵的条件数值 | diag( ) | 对角变换 |
| condest( ) | 1-范数条件数估计值 | exmp( ) | 矩阵的指数运算 |

| 格式 | 说明 | 格式 | 说明 |
|---|---|---|---|
| det( ) | 矩阵的行列式 | logm( ) | 矩阵的对数运算 |
| eig( ) | 矩阵的特征值 | sqrtm( ) | 矩阵的开方运算 |
| inv( ) | 矩阵的逆矩阵 | cdf2rdf( ) | 复数对角矩阵转换成实数块对角矩阵 |
| norm( ) | 矩阵的范数值 | rref( ) | 转换成逐行递减的阶梯矩阵 |
| normest( ) | 2-范数条件数估计值 | rsf2csf( ) | 实数块对角矩阵转换成复数对角矩阵 |
| rank( ) | 矩阵的秩 | rot90( ) | 矩阵逆时针旋转 90° |
| orth( ) | 矩阵的正交化运算 | fliplr( ) | 左、右翻转矩阵 |
| rcond( ) | 矩阵的逆条件数值 | flipud( ) | 上、下翻转矩阵 |
| trace( ) | 矩阵的迹 | reshape( ) | 改变矩阵的维数 |
| triu( ) | 上三角变换 | funm( ) | 一般的矩阵函数 |
| tril( ) | 下三角变换 | | |

（1）特征值与特征矢量。

特征值分为标准特征值和广义特征值，二者的区别可简单表示为：标准特征值问题即 $Ax=\lambda x$，广义特征值问题即 $Ax=\lambda Bx$。特征值函数的格式如表 2-22 所示。

表 2-22　特征值函数的格式

| 格式 | 说明 |
|---|---|
| lambda＝eig(A) | 返回由矩阵 A 的所有特征值组成的列矢量 lambda |
| lambda＝eigs(A) | 求矩阵 A 的 6 个最大特征值，并以矢量 lambda 的形式存放 |
| lambda＝eigs(A,k) | 返回矩阵 A 的 k 个最大特征值 |
| ［V,D］＝eig(A) | 求矩阵 A 的特征值与特征矢量，其中 D 为对角矩阵，其主对角元素为矩阵 A 的特征值，相应的特征矢量为矩阵 V 的相应列矢量 |
| lambda＝eig(A,B) | 返回由广义特征值组成的矢量 lambda |
| ［V,D］＝eig(A,B) | 返回由广义特征值组成的对角矩阵 D 以及广义特征矢量矩阵 V |

【例 2-40】求矩阵 A 的特征值。

在命令行窗口中输入的代码及运行结果如下：

```
>> A=[1 2 2;3 3 4;5 6 6]
A=
    1    2    2
    3    3    4
    5    6    6
>> B=[9 9 8;7 6 7;5 4 4]
B=
    9    9    8
    7    6    7
    5    4    4
```

```
>> lambda=eigs(A)          %返回由矩阵A的6个最大特征值组成的列矢量lambda
lambda=
       -0.5967+0.0367i
       -0.5967-0.0367i
       11.1933+0.0000i
>> [V,D]=eig(A,B)          %返回由广义特征值组成的对角矩阵D和满矩阵V,其列是对应的右特
                            征矢量,使得AV=BVD
V=
    -0.9643-0.0357i    -0.9643+0.0357i    -0.1921+0.0000i
     0.3157-0.1471i     0.3157+0.1471i     1.0000+0.0000i
     0.6092+0.1069i     0.6092-0.1069i    -0.9115+0.0000i
D=
    -0.4906+0.5221i     0.0000+0.0000i     0.0000+0.0000i
     0.0000+0.0000i    -0.4906-0.5221i     0.0000+0.0000i
     0.0000+0.0000i     0.0000+0.0000i     0.7084+0.0000i
```

(2)矩阵的逆。

对于 n 阶矩阵 A,如果有 n 阶矩阵 B 满足 AB=BA=单位矩阵,则称矩阵 A 为可逆的,称矩阵 B 为 A 的逆矩阵,记为 A-1。通常把满足 |A| ≠0 的矩阵 A 称为非奇异的,否则称为奇异的。

注意:非奇异矩阵不可逆。

矩阵的逆函数的格式如表 2-23 所示。

表 2-23    矩阵的逆函数的格式

| 格式 | 说明 |
| --- | --- |
| inv(A) | 求矩阵 A 的逆矩阵 |
| rcond(A) | 求矩阵 A 的逆矩阵的条件数 |

【例 2-41】求矩阵 A 的逆矩阵。

在命令行窗口中输入的代码及运行结果如下:

```
>> A=rand(3)              %生成3阶随机矩阵A
A=
    0.9649    0.9572    0.1419
    0.1576    0.4854    0.4218
    0.9706    0.8003    0.9157
>> B=inv(A)               %求矩阵A的逆矩阵B
B=
    0.3473    -2.4778    1.0874
    0.8607     2.4223   -1.2490
   -1.1203     0.5093    1.0310
>> C=rcond(A)             %求矩阵A的逆矩阵的条件数
C=
    0.0824
```

### ▶▶ 2.3.6　数理统计运算 ▶▶▶

MATLAB 对统计数据的处理能力也很强大。

#### 1. 求和与求积

在 MATLAB 中，求和与求积的函数分别是 sum 和 prod，它们的使用方法基本相同。设 X 是一个矢量，A 是一个数组，两函数的格式分别如表 2-24 和表 2-25 所示。

表 2-24　sum 函数的格式

| 格式 | 说明 |
|---|---|
| sum(X) | 返回矢量 X 各元素的和 |
| sum(A) | 返回一个行矢量，其中各元素是数组 A 中对应列的元素之和 |
| sum(A,dim) | dim=1 时返回 sum(A)；dim=2 时返回数组 A 各行元素之和组成的列矢量 |

表 2-25　prod 函数的格式

| 格式 | 说明 |
|---|---|
| prod(X) | 返回矢量 X 各元素的乘积 |
| prod(A) | 返回一个行矢量，其中各元素是数组 A 中对应列的元素乘积 |
| prod(A,dim) | dim=1 时返回 prod(A)；dim=2 时返回数组 A 各行元素乘积组成的列矢量 |

【例 2-42】对数组 A 进行求和与求积。

在命令行窗口中输入的代码及运行结果如下：

```
>> A=[1 2;3 4]
A=
    1    2
    3    4
>> sum(A)            % 将数组 A 的元素进行列向求和
ans=
    4    6
>> prod(A,2)         % 将数组 A 的元素进行列向相乘
ans=
    2
    12
```

#### 2. 最大值与最小值

在 MATLAB 中，求最大值与最小值的函数分别为 max 和 min，两个函数的调用与操作过程完全相同。设 X 是矢量，A、B 是数组，两函数的格式如表 2-26 所示。

表 2-26　max 与 min 函数的格式

| 格式 | 说明 |
|---|---|
| max(X)、min(X) | 返回矢量 X 元素中的最大值、最小值 |
| [Y,L]=max(X) | Y 返回最大值，L 返回最大值对应的位置 |
| max(A)、min(A) | 返回一个行矢量，由数组 A 中每列的最大值、最小值组成 |

续表

| 格式 | 说明 |
|---|---|
| [Y,U]=min(A) | Y 返回数组 A 中每列最小值组成的行矢量，U 返回最小值对应位置组成的行矢量 |
| min(A,[ ],dim) | dim=1 时返回 min(A)；dim=2 时返回数组 A 中每行最小值组成的列矢量 |
| max(A,B) | 返回由同形数组 A、B 中每个位置较大的值构成的新数组 |

【例 2-43】求数组 A 中每列的最大值和数组 B 中每行的最小值。

在命令行窗口中输入的代码及运行结果如下：

```
>> A=[1 2;3 4]
A =
     1     2
     3     4
>> B=[9 8;7 6]
B =
     9     8
     7     6
>> max(A)              %求数组 A 中每列的最大值
ans =
     3     4
>> min(B,[ ],2)        %求数组 B 中每行的最小值
ans =
     8
     6
>> max(A,B)            %取最大值
ans =
     9     8
     7     6
```

**3. 平均值和中值**

MATLAB 中求平均值的函数是 mean，求中值的函数是 median。设 X 是矢量，A 是数组，两函数的格式分别如表 2-27、表 2-28 所示。

表 2-27  mean 函数的格式

| 格式 | 说明 |
|---|---|
| mean(X) | 返回矢量 X 的平均值 |
| mean(A) | 返回一个行矢量，其中每个元素是数组 A 中对应列的平均值 |
| mean(A,dim) | dim=1 时返回 mean(A)；dim=2 时返回由 A 中对应行的平均值组成的列矢量 |

表 2-28  median 函数的格式

| 格式 | 说明 |
|---|---|
| median(X) | 返回矢量 X 的中值 |
| median(A) | 返回一个行矢量，其中每个元素是数组 A 中对应列的中值 |

| 格式 | 说明 |
|---|---|
| median(A,dim) | dim=1 时返回 median(A)；dim=2 时返回由数组 A 中对应行的中值组成的列矢量 |

【例2-44】求数组 A 的平均值和中值。

在命令行窗口中输入的代码及运行结果如下：

```
>> A=[1 2;3 1]
A =
    1    2
    3    1
>> mean(A)                  % 以行矢量的形式求数组 A 每列的平均值
ans =
    2.0000    1.5000
>> median(A,2)             % 以列矢量的形式求数组 A 每行的中值
ans =
    1.5000
    2.0000
```

## 2.4　多项式与插值

多项式运算是工程实践中常见的问题。MATLAB 中对多项式的操作主要有四则运算、求导、求值、求根，以及插值和拟合等。

### ▶▶▶ 2.4.1　多项式的创建 ▶▶ ▶

多项式的创建有两种方法：符号输入法和矢量函数法。

1. 符号输入法

创建带字符的多项式的基本方法是直接输入，带字符的多项式主要由 26 个英文字母及空格等一些特殊符号组成。

【例2-45】用符号输入法创建多项式。

在命令行窗口中输入的代码及运行结果如下：

```
>> 'a*x.^n+b*x.^(n-1)'
ans =
    a*x.^n+b*x.^(n-1)
```

2. 矢量函数法

创建带数值多项式最简单的方法是先输入 p，再通过函数 poly2sym(p) 来实现。

【例2-46】用矢量函数法创建多项式。

在命令行窗口中输入的代码及运行结果如下：

```
>> p=[1 4 6 8];
>> poly2sym(p)            % 以 p 为多项式的系数创建多项式
ans =
    x^3+4*x^2+6*x+8
```

### ▶▶▶ 2.4.2　多项式的运算 ▶▶ ▶

在 MATLAB 中把多项式表达成矢量，矢量中的各元素为系数，并按多项式降幂排列，因此多项式运算的本质是矢量运算。

**1. 多项式的加减运算**

在 MATLAB 中，两个多项式的阶数相等才能进行加减运算，即系数矢量同型才能进行加减运算，因此阶数较低的多项式需要在前面补 0。换句话说，多项式的加减运算通过系数矢量加减来实现。

**2. 多项式的乘法运算**

多项式的乘法运算实际上是多项式系数矢量之间的卷积运算。

格式：conv(p1,p2)，其中 p1、p2 是两个多项式的系数矢量。

说明：返回多项式 p1 和 p2 的乘积。

【例 2-47】求多项式 p1 和 p2 的乘积。

在命令行窗口中输入的代码及运行结果如下：

```
>> p1=(1:5);        % 创建从 1 开始到 5 结束的矢量 p1
>> p2=(2:6);        % 创建从 2 开始到 6 结束的矢量 p2
>> p1+p2
ans =
    3     5     7     9    11
>> conv(p1,p2)      % p1 和 p2 相乘
    2     7    16    30    50    58    58    49    30
```

**3. 多项式的除法运算**

多项式的除法运算为乘法运算的逆运算，通过反卷积函数实现。

格式：[Q,r]=deconv(p1,p2)，其中 p1、p2 是两个多项式的系数矢量。

说明：Q 返回多项式 p1 除以 p2 的商矢量，r 返回 p1 除以 p2 的余数矢量。

【例 2-48】求多项式 p1 和 p2 的商。

在命令行窗口中输入的代码及运行结果如下：

```
>> p1=(1:5);
>> p2=(2:6);
>> [Q,r]=deconv(p1,p2)    % p1 和 p2 相除
Q =
   0.5000
r =
   0    0.5000    1.0000    1.5000    2.0000
```

**4. 多项式的求导**

多项式的求导通过函数 polyder 来实现，其格式如表 2-29 所示。

表 2-29　多项式的求导函数的格式

| 格式 | 说明 |
|---|---|
| p=polyder(P) | 返回多项式 P 的导数的系数矢量 p |
| p=polyder(P,Q) | 返回 P×Q 的导数的系数矢量 p |
| [p,q]=polyder(P,Q) | 返回 P/Q 的导数的系数矢量 p 和 q，其中 p 存入分子，q 存入分母 |

【例 2-49】求多项式 P 的导数。

在命令行窗口中输入的代码及运行结果如下：

```
>> P=[3 2 1];
>> p=polyder(P)        %求多项式 P 的导数的系数矢量 p
p=
    6    2
>> poly2sym(p)         %以 p 为多项式导数的系数矢量构建多项式
ans=
    6*x+2
```

**5. 多项式的求值**

MATLAB 中提供了两个求多项式值的函数，分别为 polyval 和 polyvalm，它们的输入参数均为多项式 P 和变量 x。两者的区别在于前者是代数多项式求值，而后者是矩阵多项式求值，它们的格式如表 2-30 所示。

表 2-30　多项式的求值函数的格式

| 格式 | 说明 |
|---|---|
| polyval(P,x) | 若变量 x 为一数值，则返回多项式 P 在该点的值；若变量 x 为矢量或矩阵，则返回矢量或矩阵中的每个元素代入多项式 P 的值 |
| polyvalm(P,x) | 以矩阵方式返回多项式 P 的计算值，此计算方式等同于使用多项式 P 替换代表矩阵的变量 x |

【例 2-50】求多项式 P 在数组 x 中的值。

在命令行窗口中输入的代码及运行结果如下：

```
>> P=[3 2 1];
>> x=[1 2 3;4 5 6;7 8 9];
>> polyval(P,x)        %将数组 x 中的每个元素分别代入多项式 P 求值
ans=
     6     17     34
    57     86    121
   162    209    262
>> polyvalm(P,x)       %矩阵多项式求值
ans=
    93    112    132
   206    254    300
   320    394    469
```

### 6. 多项式的求根

n次多项式具有n个根，这些根可能是实根或共轭复根。利用函数roots，可求多项式的全部根。

格式：x=roots(P)。

说明：将多项式P的根赋给变量x，x代表多项式的各个根。

【例2-51】求多项式A的根x。

在命令行窗口中输入的代码及运行结果如下：

```
>> A=[3 2 1];
>> x=roots(A)              %求多项式A的根
x=
    -0.3333+0.4714i
    -0.3333-0.4714i
```

### 2.4.3  插值

插值是处理工程数据的重要工具，在离散数据的基础上补插连续函数，能够使这条连续曲线通过全部给定的离散数据点。一维插值是指被插值函数 y=f(x) 为一元函数。MATLAB 中内置了4种插值方法。

格式：yi=interp1(x,y,xi,'method')。

说明：对一组节点(x,y)进行插值，计算插值点 xi 的函数值；x 为节点矢量值，y 为对应的节点函数值；如果 y 为矩阵，则插值对 y 的每一列进行；如果 y 的维数超过 x 或 xi 的维数，返回 NaN；参数 method 指定的是插值使用的算法，其值可以是表 2-31 所示的几种类型，默认为线性插值。

表 2-31  参数 method 的 4 种取值

| 取值 | 说明 |
| --- | --- |
| linear | 线性插值 |
| nearest | 临近点插值 |
| spline | 样条插值 |
| cubic | 三次多项式插值 |

【例2-52】求 Y=f(x) 在 xx 点的样条插值。

在命令行窗口中输入的代码及运行结果如下：

```
>> x=0:.25:1;                    %创建从0开始,间隔为0.25,到1结束的行向数组x
>> Y=[sin(x);cos(x)];            %创建以x的为自变量的2行数组Y
>> xx=0:.1:1;                    %创建从0开始,间隔为0.1,到1结束的列向数组xx
>> YY=spline(x,Y,xx);           %进行样条插值
>> plot(x,Y(1,:),'o',xx,YY(1,:),'-');hold on;
>> plot(x,Y(2,:),'o',xx,YY(2,:),':');   %结果如图2-3所示
```

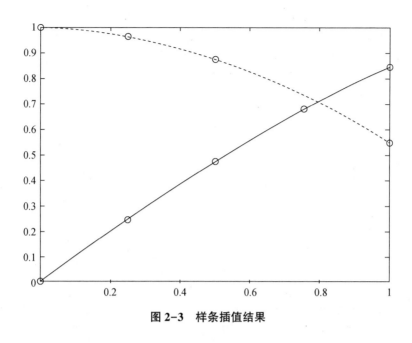

图 2-3　样条插值结果

### ▶▶▶ 2.4.4　拟合 ▶▶▶

工程实践中通过测量得到离散数据，这些数据可通过曲线拟合，从而得到一条光滑曲线，以此获得某些工程参数的规律。

1. 拟合函数

MATLAB 中提供了一种利用最小二乘法的多项式拟合函数 polyfit，其格式如表 2-32 所示。

表 2-32　polyfit 函数的格式

| 格式 | 说明 |
| --- | --- |
| p＝polyfit(x,y,n) | 用最小二乘法对数据 x、y 进行拟合，返回 n 阶多项式的系数矢量 p |
| ［p,s］＝polyfit(x,y,n) | 返回系数矢量 p 的同时还返回一个误差估计数组 s |

【例 2-53】对 y＝sin( x )进行拟合。

在命令行窗口中输入的代码及运行结果如下：

```
>> x=0:pi/ 20:pi;          % 创建从 0 开始,间隔为 pi/20,到 pi 结束的一维矢量 x
>> y=sin(x);               % y 为以 x 为自变量的 sin 函数
>> a=polyfit(x,y,5);       % 对 x,y 进行拟合,求得 5 阶多项式的系数矢量 a
>> y1=polyval(a,x);        % 计算多项式 p 在 x 的每个点处的值
>> plot(x,y,'go',x,y1,'b--')  % 结果如图 2-4 所示。
```

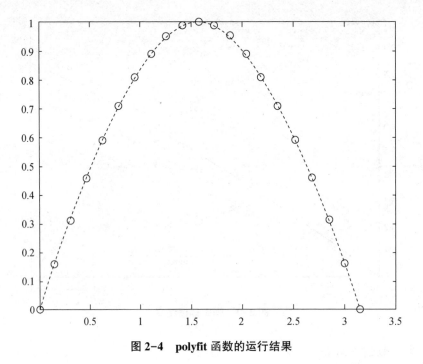

图 2-4    polyfit 函数的运行结果

### 2. 拟合工具箱

拟合工具箱是 MATLAB 提供的另一种拟合方式。拟合工具箱可通过 MATLAB 窗口顶部的"App"选项卡打开，也可在命令行窗口中输入"cftool"打开。拟合工具箱窗口如图 2-5 所示。

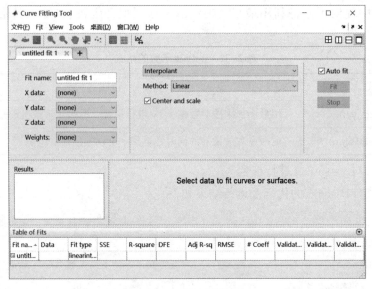

图 2-5    拟合工具箱窗口

在窗口左侧可以给拟合曲线命名，"X data""Y data""Z data"选项用于选择存储在命令行窗口的工作区中的任意数组，"Weights"选项代表权重。窗口中间区域最上方的最长的下拉列表用于选择拟合的方式，其下方可设置隶属于已选拟合方式的不同拟合类型，具体拟合方式和类型如表 2-33 所示。

表 2-33 拟合方式和类型

| 拟合方式 | 拟合类型 |
|---------|---------|
| Interpolant(插值逼近) | Linear(平滑插值)、Nearest neighbor(临近点插值)、Cubic spline (三次样条插值)、Shape-preserving(保型插值) |
| Lowess(局部加权散点逼近) | Linear(平滑逼近)、Quadratic(局部加权回归) |
| Polynomial(多项式逼近) | Degree(方程的次方) |
| Custom Equations(用户自定义) | 用户自定义拟合类型 |

在参数选定完毕后,系统自动将图像处理完毕并显示在窗口中央区域。图像左侧的"Results"文本框中显示此拟合曲线的主要统计信息,包括"SSE"(误差平方和)、"R-square"(确定系数)、"Adjusted R-square"(调整后的确定系数)、"RMSE"(均方误差根)等。

单击菜单栏中的"文件"菜单,选择"Print to Figure"选项,再单击"保存"按钮,可以保存图像。

单击菜单栏中的"文件"菜单,选择"Generate Code"选项,将自动保存一个 creatFit.m 文件。

【例 2-54】用拟合工具箱对 x、y 进行拟合。

(1)在命令行窗口中输入:

```
>> x=[196,186,137,136,122,122,71,71,70,33];
>> y = [0.012605,0.013115,0.016866,0.014741,0.022353,0.019278,0.041803,0.038026,0.038128,
0.088196];
>> cftool
```

(2)拟合工具箱参数如下。

"X data"选择"x","Y data"选择"y",拟合类型选择"Polynomial""Degree"选择"5"。

(3)拟合曲线如图 2-6 所示。

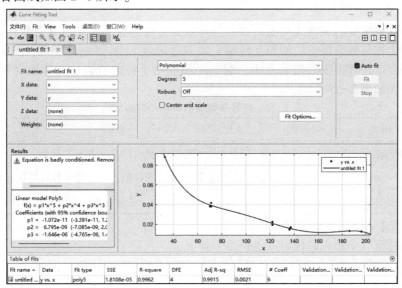

图 2-6 拟合曲线

## 2.5 函数的运算

### 2.5.1 函数的运算精度 ▶▶▶ ▶

函数的运算精度可通过函数 digits 和 vpa 来指定，其格式如表 2-34 所示。

表 2-34　精度设置函数的格式

| 格式 | 说明 |
|---|---|
| digits(D) | 设置有效数字位数为 D 的近似解精度 |
| vpa(S) | 使表达式 S 在 digits 函数设置的精度下运算，并返回数值解 |
| vpa(S,D) | 使表达式 S 在 digits 函数设置的精度下运算，并返回有效数字位数为 D 的数值解 |

【例 2-55】求 sin(1.5)的 10 位有效数字的数值解。

在命令行窗口中输入的代码及运行结果如下：

```
>> sin(1.5)
ans =
    0.9975
>> vpa(sin(1.5),10)          % 求得 sin(1.5)有 10 位有效数字的数值解
ans =
    0.9974949866
```

### 2.5.2 符号变量运算 ▶▶▶ ▶

MATLAB 除了能对数值和数值变量进行运算，还提供了一种利用符号变量的运算方式。符号变量是 MATLAB 运算各种函数的基础。

1. 符号与数值的转换

由数值变量构成的表达式不能直接参与符号变量的运算，需要将其先转化为符号表达式。符号表达式与数值表达式的相互转换主要通过函数 eval 和 sym 实现，其中 eval 函数用于将符号表达式转换成数值表达式，而 sym 函数用于将数值表达式转换成符号表达式，两函数的格式如表 2-35 所示。

表 2-35　符号与数值的转换函数的格式

| 格式 | 说明 |
|---|---|
| eval(expression) | 将字符串表达式转换为 MATLAB 可执行的语句 |
| a=sym(P) | 将数值对象 P 转换为符号对象，并存储在符号变量 a 中 |
| subs(S,old,new) | 将 S 中 old 变量替换为 new 变量，可实现符号变量和数值的转向 |

【例 2-56】sym 和 eval 函数的用法。

在命令行窗口中输入的代码及运行结果如下：

```
>> p=3.4;
>> q=sym(p)          % 将数值 p 转换为符号对象,并存储在符号变量 q 中
q =
```

```
     17/5
>> m=eval(q)                    % 计算 q 的值
m=
     3.4000
```

【例 2-57】subs 函数的用法。

在命令行窗口中输入的代码及运行结果如下：

```
>> syms x                       % 定义字符变量
>> f=x+sin(x)
f=
     x+sin(x)
>> subs(f,x,6)                  % 将 f 中的 x 用 6 代替
ans=
     sin(6)+6
```

2. 符号矩阵

在符号运算中，将符号表达式以矩阵形式表达可大幅简化运算操作。作为矩阵的一种，符号矩阵的格式与数值矩阵类似，可进行数值索引，数值矩阵的运算操作对符号矩阵也适用。符号矩阵的创建方式有以下两种。

（1）用 sym 函数创建。

sym 函数可定义符号变量，也能创建符号矩阵，其格式如表 2-36 所示。

表 2-36　sym 函数的格式

| 格式 | 说明 |
| --- | --- |
| sym('x') | 创建变量符号 x |
| sym('a',[n1...nM]) | 创建一个 n1 至 nM 的符号矢量，充满自动生成的元素 |
| sym('A'n) | 创建一个 n×n 符号矩阵，充满自动生成的元素 |
| Syms a b c ... | 将 a、b、c 等多个变量同时创建为符号变量 |

【例 2-58】用 sym 函数创建符号矩阵。

在命令行窗口中输入的代码及运行结果如下：

```
>> A=sym('a',[1,4])            % 以 a 为变量创建 1×4 符号矩阵 A
A=
     [a1,a2,a3,a4]
>> B=sym('x_%d',[1 4])         % 以 x 为变量创建 1×4 符号矩阵 B
B=
     [x_1,x_2,x_3,x_4]
```

（2）用直接输入法创建。

符号矩阵与数值矩阵的直接输入法操作相同，区别是构成符号矩阵的元素的符号表达式中涉及的变量必须为符号变量。因此在输入符号矩阵之前，必须保证矩阵元素中的每个变量已经定义为符号矢量，否则将报错。

【例 2-59】利用直接输入法创建矩阵。

在命令行窗口中输入的代码及运行结果如下：

```
>> x=sym('x');              % 创建变量 x、y
>> y=sym('y');
```

```
>> A=[x+y,x;y,y+5]                  %创建符号矩阵
A=
  [x+y,       x]
  [  y,     y+5]
>> A(2,2)                           %提取下标(2,2)的元素
ans=
    y+5
```

### ▶▶ 2.5.3  极限与导数 ▶▶ ▶

在工程计算中，经常需要研究某一函数随自变量的变化趋势与相应的变化率，也就是要研究函数的极限、级数与导数问题。

（1）极限运算。

极限是数学分析中的基本念，MATLAB 中求极限的函数是 limit，其格式如表 2-37 所示。

表 2-37  limit 函数的格式

| 格式 | 说明 |
| --- | --- |
| limit(f,x,a)或 limit(f,a) | 求 $\lim\limits_{x \to a} f(x)$ |
| limit(f) | 求 $\lim\limits_{x \to 0} f(x)$ |
| limit(f,x,a,'right') | 求 $\lim\limits_{x \to a+} f(x)$ |
| limit(f,x,a,'left') | 求 $\lim\limits_{x \to a-} f(x)$ |

【例 2-60】求 $f = \sin(x)/x$ 的极限。

在命令行窗口中输入的代码及运行结果如下：

```
>> syms x;           %定义变量 x
>> f=sin(x)/x;
>> limit(f)          %求当 x 趋于 0 时 f 的极限
ans=
    1
```

（2）级数运算。

级数是数学分析中的重要内容。MATLAB 中求级数的函数是 symsum，其格式如表 2-38 所示。

表 2-38  symsum 函数的格式

| 格式 | 说明 |
| --- | --- |
| symsum(s) | 求符号表达式 s 关于默认变量的无穷级数表达式 |
| symsum(s,v) | 求符号表达式 s 关于变量 v 的无穷级数表达式 |
| symsum(s,a,b) | 求符号表达式 s 关于默认变量从 a 到 b 的有限项级数和 |
| symsum(s,v,a,b) | 求符号表达式 s 关于变量 v 的从 a 到 b 的有限项级数和 |

【例 2-61】求 y=x^2 的级数。

在命令行窗口中输入的代码及运行结果如下：

```
>> syms x y z          % 定义变量 x,y,z
>> y=x^2
y=
    x^2
>> symsum(y,x,1,2)     % 求 y 关于变量 x 的从 1 到 2 的有限项级数和
ans=
    5
>> symsum(y,x)         % 求 y 关于变量 x 的无穷级数表达式
ans=
    x^3/3-x^2/2+x/6
```

（3）导数运算。

导数用于描述变化率。MATLAB 中求导的函数是 diff，它与多项式求导函数 polyder 不同，diff 函数的使用对象是由符号变量表示的函数 f，而 polyder 函数的使用对象是由数值变量表示的系数矢量。diff 函数的格式如表 2-39 所示。

表 2-39  diff 函数的格式

| 格式 | 说明 |
|------|------|
| diff(f) | 求函数 f(x) 的导数 |
| diff(f,n) | 求函数 f(x) 的 n 阶导数 |
| diff(f,x,n) | 求多元函数 f(x,y,z) 对 x 的 n 阶偏导数 |

【例 2-62】求 f=sin(2*x+3) 的导数。

```
>> syms x              % 定义变量 x
>> f=sin(2*x+3);       % 创建 f 关于 x 的函数
>> diff(f,2)           % 求函数 f 的 2 阶导数
ans=
    -4*sin(2*x+3)
```

▶▶▶ **2.5.4  积分运算** ▶▶ ▶

积分运算用于研究函数的整体形态，是工程上最基本的数字分析手段。

1. 函数积分

函数积分有多种分类：根据积分限的条件不同，可分为定积分、广义积分和不定积分；根据复杂程度不同，可分为一重积分和多重积分。

（1）一重积分。

MATLAB 中一重积分的函数为 int，其格式如表 2-40 所示。

表 2-40  int 函数的格式

| 格式 | 说明 |
|------|------|
| int(f,a,b) | 计算函数 f 在区间 [a,b] 上的定积分或广义积分 |
| int(f,x,a,b) | 计算多元函数 f 关于 x 在区间 [a,b] 上的定积分或广义积分 |

| 格式 | 说明 |
|---|---|
| int(f) | 计算函数 f 的不定积分 |
| int(f,x) | 计算函数 f 关于变量 x 的不定积分 |

【例 2-63】求 $f=x^3/(\exp(x)-1)$ 的广义积分。

在命令行窗口中输入的代码及运行结果如下：

```
>> syms x                %定义变量 x
>> f=x^3/(exp(x)-1);     %创建 f 关于 x 的函数
>> int(f,0,inf)          %计算 f 在区间[0,+∞]上的定积分
ans =
    pi^4/15
```

【例 2-64】求 $\sin(x*y+z+1)$ 的不定积分。

在命令行窗口中输入的代码及运行结果如下：

```
>> syms x y z            %定义变量 x,y,z
>> int(sin(x*y+z+1),z)   %计算函数 sin(x*y+z+1)关于 z 的不定积分
ans =
    -cos(z+x*y+1)
```

（2）多重积分。

MATLAB 中二重积分的函数是 dblquad，它在矩形范围内进行求解。dblquad 函数的格式如表 2-41 所示。

表 2-41　dblquad 函数的格式

| 格式 | 说明 |
|---|---|
| q=dblquad(fun,xmin,xmax,ymin,ymax) | 在 x=[xmin,xmax]、y=[ymin,ymax]的区域内计算 fun(x,y)的二重积分 |
| q=dblquad(fun,xmin,xmax,ymin,ymax,tol) | 可用参数 tol 指定公差 |
| q=dblquad(fun,xmin,xmax,ymin,ymax,tol,method) | 可用参数 method 指定积分方法 |

【例 2-65】求 $z=y*\sin(x)+x*\cos(y)$ 的多重积分。

建立一个函数型 .m 文件 my2int.m，具体内容如下：

```
function z=my2int(x,y)   %创建 z 关于 x,y 的函数,并把此文件命名为 my2int
global k;                %将 k 声明为全局变量
k=k+1;
z=y*sin(x)+x*cos(y);
```

在命令行窗口中输入的代码及运行结果如下：

```
>> global k;
>> k=0;
>> dblquad(@my2int,pi,2*pi,0,pi)    %在 x=[pi,2*pi],y=[0,pi]的区域内计算二重积分
ans =
    -9.8696
>> k             %
k =
    492
```

## 2.6 方程组求解

MATLAB 具有强大的方程组求解能力，可对不同类型的方程组进行求解。

### ▶▶▶ 2.6.1 线性方程 ▶▶ ▶

在自然科学和工程技术中，很多问题都可以用线性方程组求解。求解线性方程组通常使用 linsolve 函数，此外还可利用线性代数提供的方法进行矩阵运算求解。

**1. 用 linsolve 函数求解**

MATLAB 中提供了专门的求解函数 linsolve，其格式如表 2-42 所示。

**表 2-42 linsolve 函数的格式**

| 格式 | 说明 |
| --- | --- |
| X=linsolve(A,B) | 求解线性方程组 AX=B，矩阵 A 不能为病态矩阵或亏秩矩阵 |
| X=linsolve(A,B,opts) | 参数 opts 可指定对矩阵 A 使用的求解器，该参数极少使用 |
| [X,r]=linsolve(⋯) | r 返回矩阵 A 的条件数的倒数，或矩阵 A 的秩 |

【例 2-66】求方程组 AX=B 的解和 A 的条件数。

在命令行窗口中输入的代码及运行结果如下：

```
>> A=[2-1 1;-1-2 3;13 1];
>> B=[4;5;6];
>> [X,r]=linsolve(A,B)      % 求线性方程组的解
X=
    1.1111
    0.7778
    2.5556
r=
    0.3462
```

**2. 用线性代数求解**

求解线性方程组是线性代数的基本内容，通过对矩阵知识的运用，以及对数值矩阵的操作和计算，可实现对矩阵的方程组的求解。常见的线性代数求解方法有对矩阵求逆和将矩阵化为行阶梯形等，每种方法的使用都必须满足数学中规定的使用条件。

【例 2-67】求方程组 Ax=b 的解。

在命令行窗口中输入的代码及运行结果如下：

```
>> A=[2-1 1;-1-2 3;1 3 1];
>> b=[4;5;6];
>> x=A\b        % A 为非奇异矩阵
x=
    1.1111
    0.7778
    2.5556
```

### ▶▶▶ 2.6.2 微分方程组 ▶▶▶

MATLAB 可以求常微分方程的解析解，对于无法找到解析解的情况，MATLAB 也提供了求方程的数值解的办法。

dsolve 函数用来求解析解，其格式如表 2-43 所示。

表 2-43 dsolve 函数的格式

| 格式 | 说明 |
|---|---|
| Y = dsolve(eqns) | 求解常微分方程组，参数 eqns 是含有导数的方程，并返回包含解的结构数组 |
| Y = dsolve(eqns,conds) | 用初始或边界条件 conds 求解常微分方程 eqns |
| Y = dsolve(eqns,conds,Name,Value) | eqns 为符号微分方程或符号微分方程组，conds 为初始条件或边值条件，name 和 valuel 为可选的成对参数 |
| [yl,…,yN] = dsolve(…) | 求解常微分方程组，并将解分配给变量 |

【例 2-68】求微分方程的通解。

在命令行窗口中输入的代码及运行结果如下：

```
>> syms y(t) a                 % 定义变量 y(t),a
>> eqn=diff(y,t)==a*y;         % diff(y,t)即 dy/dt,默认为 1 阶
>> S=dsolve(eqn)              % 求解方程 eqn
S=
    C4*exp(a*t)
```

【例 2-69】求微分方程组的通解。

在命令行窗口中输入的代码及运行结果如下：

```
>> syms y(t)z(t)                      % 定义符号变量 y(t),z(t)
>> eqns=[diff(y,t)==z,diff(z,t)==-y];  % y 关于 t 的变化率为 z,z 关于 t 的变化率为-y
>> S=dsolve(eqns)                    % 求解 eqns
S=
包含以下字段的 struct:
    z:[1×1 sym]
    y:[1×1 sym]
>> ySol(t)=S. y
ySol(t)=
        C6*cos(t)+C5*sin(t)
>> zSol(t)=S. z
zSol(t)=
        C5*cos(t)-C6*sin(t)
```

## 2.7 MATLAB 程序设计

MATLAB 是一种计算机高级语言，用户可以方便地在命令行窗口中输入命令，完成交互式操作。MATLAB 还具有条件选择语句、循环控制语句和图形用户界面（graphical user interface，GUI）设计能力，可以用来开发各种计算机程序。

### ▶▶ 2.7.1 MATLAB命令的执行方式 ▶▶ ▶

MATLAB命令的执行方式有以下两种。

(1)交互式命令执行方式(命令行窗口)。

用这种方式执行命令需要逐条输入,逐条执行。这种方式操作简单、直观,但速度较慢,而且执行过程不能保留。

(2).m文件的程序执行方式。

用这种方式执行命令需要将命令编成程序存储在一个文件(.m文件)中,依次运行文件中的命令。这种方式的命令可以重复执行。MATLAB程序设计既有传统高级语言的特征,又有自己独特的特点,可以利用数据结构的特点来编程,使程序结构简单,并提高编程效率。

### ▶▶ 2.7.2 .m文件的分类 ▶▶ ▶

.m文件根据内容和调用方式的不同可以分为两种:命令文件(script file)和函数文件(function file)。

#### 1. 命令文件

命令文件也称为批处理文件,包括一系列命令和函数,也可以包括条件选择语句和循环控制语句。程序将按从上到下的顺序逐行执行命令,新创建的变量将保存在工作空间中,也可以调用工作空间中已有的变量。命令文件结束后,这些变量仍然保存在工作空间中,直到遇到clear(清除工作空间)命令,或者退出MATLAB为止。

命令文件不接收输入参数,也没有输出参数,只需要在命令行窗口中输入.m文件名即可运行。当需要在命令行窗口中重复输入一段相同的命令时,可以考虑使用命令文件,以避免多次重复输入,提高工作效率。

【例2-70】用命令文件计算 $a=[6+(5-1)×3]/3^2$, $b=2$, $x=a/b$ 的值。

打开.m文件编辑器,新建一个命令文件,输入图2-7所示的命令语句,并以m6_1.m为文件名保存文件。

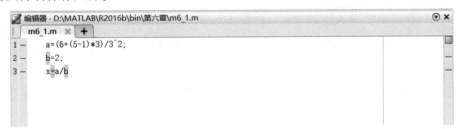

**图2-7 命令文件示例**

编写完成命令语句之后,单击工具栏中的"运行"按钮 ▷,执行命令文件。如果工作区窗口中的"Current Folder"(当前文件夹)与.m文件的存储文件夹不一致,会弹出提示对话框,选择"Change Folder"(更改文件夹)选项即可。

**2. 函数文件**

函数文件是以 function 开始、以 end 结束的 . m 文件，可以接收输入参数并返回输出参数，可以根据输入参数的不同完成不同的功能。用户可以根据需要，编制自己的函数文件，扩充 MATLAB 的功能。

函数文件的定义格式如图 2-8 所示。

```
function[输出变量矩阵]=函数名(输入变量矩阵)
%帮助文本的第一行，总体上说明函数名和函数的功能，使用lookfor命令时将只显示这一行
%帮助文本，详细介绍函数的功能与用法

函数的程序代码                    %适当的注释

end
```

图 2-8  函数文件的定义格式

(1)函数文件的第一行必须以关键词 function 开始，最后一行以 end 结尾。

(2)函数名应与存储的函数文件名相同。当一个函数文件中含有多个函数时，第一个 function 为主函数，文件名应与主函数名相同。

(3)不能利用输入文件名来运行函数，需要由其他语句调用函数，并给出相应的输入参数。

(4)函数文件中定义的变量属于临时的局部变量，是独立于工作空间中的变量，函数运行结束后，局部变量会被释放，不再占用内存空间。

(5)可以使用关键词 global 把一个变量定义为全局变量，如 global A，习惯上将全局变量的变量名用大写字母表示。

(6)注释语句需要以百分号"%"开始，可以独立成一行，也可以跟在一条可执行语句的后面。帮助文本的第一行必须紧跟在函数定义行后面，需要从总体上说明函数名和该函数的功能，在 MATLAB 的命令行窗口中使用 lookfor 命令查找相关函数时，将只显示该行的内容。帮助文本的第一行和函数体之间的帮助内容为该函数的功能、用法和其他注意事项，在命令行窗口中使用 help 命令时，将显示这部分帮助内容。

【例 2-71】已知一元二次方程 $y = 6x^2 + 8x + 10$，试编写程序，分别计算，$x = 1$，$x = 2$，$x = 3$ 时的值。

新建一个函数文件，输入图 2-9 所示的命令语句，并以 m6_2. m 为文件名保存文件。

```
function[y]=m6_2(x)
    y=6*x^2+8*x+10;
end
```

图 2-9  函数文件示例

编写完成命令语句之后，在 MATLAB 命令行窗口中输入相关命令语句，调用 m6_2 函数，输入的命令语句及运行结果如下：

```
>>x1=1;
>>x2=2;
>>x3=3;
>>y1=m6_2(x1);
>>y2=m6_2(x2);
>>y3=m6_2(x3);
>>yl,y2,y3
y1=
    24
y2=
    50
y3=
    88
```

**3. 两种文件的区别**

（1）命令文件没有输入参数，也不返回输出参数；函数文件可以带输入参数，也可返回输出参数。

（2）命令文件对工作空间中的变量进行操作；函数文件中定义的变量为局部变量，当函数文件执行完毕时，这些变量会被清除。

（3）命令文件可以直接执行；函数文件要以函数的方式来调用。

### ▶▶▶ 2.7.3 MATLAB 的程序结构 ▶▶▶

和其他高级语言一样，MATLAB 也有顺序执行语句、条件选择语句和循环控制语句等。

**1. 顺序执行语句**

顺序执行语句是最简单、最常用的语句，从程序的第一行开始，依次逐条执行直到程序的最后一行，其格式如下：

```
语句 1;
语句 2;
…
语句 n;
```

以上语句的执行顺序是语句 1，语句 2，…，语句 n。这种形式的语句称为顺序执行语句，它是最常见的一种程序控制语句形式，在一般程序中大量存在。这种语句结构太过简单，在求解实际问题时，常常还会用到条件选择语句和循环控制语句。

**2. 条件选择语句**

在 MATLAB 中，可以采用两种条件选择语句：if 语句（包括 3 种形式）和 switch 语句（包括 1 种形式）。

（1）if-end 语句。

if-end 语句是最简单的条件选择语句，其格式如下：

```
if 逻辑运算式
程序代码
end
```

MATLAB 中没有表示真和假的布尔量，系统将根据逻辑运算式的值是否为零来判断。如果逻辑运算式的值不为零，则认为是真，执行 if 和 end 之间的程序代码；否则将跳过 if 语句，直接执行 end 后面的语句。

（2）if-else-end 语句。

if-else-end 语句可以在 if 和 end 之间增加一个 else（其他情况）的选择，其格式如下：

```
if 逻辑运算式 1
    程序代码 1
else
    程序代码 2
end
```

如果逻辑运算式 1 的值不为零，则执行程序代码 1，否则将执行程序代码 2。

（3）if-elseif-end 语句。

if-elseif-end 语句还可以在 else 语句中加入一个 if 语句，形成多重条件的选择，其格式如下：

```
if 逻辑运算式 1
    程序代码 1
elseif 逻辑运算式 2
    程序代码 2
…
elseif 逻辑运算式 n
    程序代码 n
else
    程序代码 n+1
end
```

如果逻辑运算式 1 的值不为零，则执行程序代码 1，然后跳出 if 语句；如果逻辑运算式 1 的值为零，而逻辑运算式 2 的值不为零，则执行程序代码 2，然后跳出 if 语句，以此类推；如果所有的逻辑运算式的值都为零，则执行 else 后面的程序代码 n+1。

【例 2-72】学生成绩分类：90 分及以上为 A，80~89 分为 B，70~79 分为 C，60~69 分为 D，60 分以下为 E。要求使用 if-elseif-end 语句，输入分数 96，输出其对应等级。

在 MATLAB 命令行窗口中输入下列语句并按【Enter】键确认：

```
>>grade=input('Please enter a grade:');    % 分数等于输入的分数
if grade>=90                                % 如果分数大于或等于 90
degree='A'                                  % 输出等级为 A
elseif(grade>=80)&&(grade<=89)             % 如果分数大于或等于 80，小于或等于 89
degree='B'                                  % 输出等级为 B
```

```
elseif(grade>=70)&&(grade<=79)        %如果分数大于或等于70,小于或等于79
degree='C'                            %输出等级为C
elseif(grade>=60)&&(grade<=69)        %如果分数大于或等于60,小于或等于69
degree='D';                           %输出等级为D
else                                  %如果是其他
degree='E'                            %输出为E
end
disp(['The degree is',degree])        %显示的值
```

输入"96",按【Enter】键得到以下结果:

命令行窗口中显示"Please enter a grade",要求输入成绩,

```
Please enter a grade:96
degree=
        'A'
The degree is A
```

(4) switch-case-end 语句。

switch-case-end 语句又称为开关语句,其格式如下:

```
switch 开关表达式
case 表达式 1
    程序代码 1
case 表达式 2
    程序代码 2
…
case 表达式 n
    程序代码 n
otherwise
    程序代码 n+1
end
```

开关表达式的值可以是数值变量或字符变量,将逐一与表达式的值进行比较,与哪个表达式的值相同,就执行哪个程序代码。如果和所有表达式的值都不相同,则执行 otherwise 后面的程序代码 n+1。

【例2-73】使用 switch-case-end 语句求例2-72。

在 MATLAB 命令行窗口中输入下列语句并按【Enter】键确认:

```
>> grade=input('Please enter a grade:');
switch fix(grade/10)    %多值情况下,可以将多值用大括号括起来作为一个单元处理
case{10,9}              %如果值等于 10 或 9
degree='A'              %输出结果为 A
case 8                  %如果值等于 8
degree='B'              %输出结果为 B
case 7                  %如果值等于 7
degree='C'              %输出结果为 C
```

```
case 6                  %如果值等于6
degree='D'              %输出结果为D
otherwise               %如果不等于前面的值
degree='E'              %输出结果为E
end
```

命令行窗口中显示"Please enter a grade",输入"96"并按【Enter】键,得到以下结果:

```
Please enter a grade:96
degree=
        'A'
```

3. 循环控制语句

在 MATLAB 中,可以采用两种循环控制语句:for-end 循环语句和 while-end 循环语句。另外,还可以采用循环嵌套语句。

(1)for-end 循环语句。

for-end 循环语句是最常用的循环语句,将循环的初值、增量、终值以及循环终止的判断条件都放在循环的开头,该语句用于执行已知循环次数的情况,格式如下:

```
for 循环次数变量=Initial:Increment:FinalValue
程序代码
end
```

其中,Initial 是循环的初值;Increment 是循环的增量步长,默认值为 1;FinalValue 是循环的终值;Initial、Increment、FinalValue 可以取整数、小数、正数或负数。执行 for-end 循环语句时,循环次数变量将被赋予初值,执行程序代码,然后根据增量步长逐次增加,直到大于或等于终值时为止。

【例 2-74】使用 for-end 循环语句编写程序示例,求 1 到 100 的和(自然数)。

在命令行窗口中输入的代码及运行结果如下:

```
>> sum=0;             %初始变量 sum 为 0
for i=1:1:100         %i 是从 1 循环到 100,增量步长为 1
    sum=sum+i;        %每次循环将当前的 i 加到 sum 中
end
sum
sum=
    5050
```

(2)while-end 循环语句。

while-end 循环语句又称为条件循环,其格式如下:

```
while 条件表达式
程序代码
end
```

当条件表达式的值不为零时,就反复执行程序代码,并反复判断条件表达式,直到条件表达式的值为零时为止,该语句用于未知循环次数的情况。

【例2-75】使用 while-end 循环语句编写程序示例，求 1 到 100 的和（自然数）。

在命令行窗口中输入的代码及运行结果如下：

```
>> sum=0;            %初始变量 sum 为 0
i=1;
while i<=100         %条件判断 i 小于或等于 100
    sum=sum+i;       %每次循环将 sum 与 i 相加
i=i+1;               %满足条件的进行 i+1
end
sum

sum =
    5050
```

计算结果与例 2-74 一致。

（3）循环嵌套语句。

在作为循环体的语句中，如果又包含了另一个或多个循环语句，就构成了循环嵌套语句，或称为多重循环语句。

【例2-76】使用循环嵌套语句计算 1!+2!+3!+…+6!。

在命令行窗口中输入的代码及运行结果如下：

```
>> sum=0;            % 初始变量 sum 为 0
for k=1:6            % k 是第一层循环从 1 到 6
p=1;
for i=1:k            % i 是第二层循环从 1 到 k
    p=p*i;
end
sum=sum+p;
end
sum

sum =
    873
```

### 4. 其他控制语句

除了上面所讲的基本控制语句，MATLAB 还提供了其他控制语句，如改变循环行流的 break 语句和 continue 语句、支持人机交互的 input 语句和 pause 语句等，用这些语句可以完成更加精细、复杂的任务。下面介绍其中一些常用的语句命令。

（1）break 语句。

break 语句用于终止各种 while 或 for 循环语句，当执行到 break 语句时，会跳出循环，继续执行循环以后的下一条语句。

【例2-77】找到 100~999 之间第一个能被 11 整除的数。

在命令行窗口中输入的代码及运行结果如下：

```
>> for i=100:999
if mod(i,11)==0        % mod 为求余函数,判断 i 是否能被 11 整除
break                  % 在得到满足整除条件的第一个数后,立即终止循环
end
end
i
i=
    110
```

（2）continue 语句。

continue 语句用于提前结束循环，可用于 while 和 for 语句结构中。

在 while 和 for 语句循环中出现 continue 语句时，程序会跳过循环体中剩余的语句，继续下一次循环。break 语句是跳出整个循环并执行后续语句，要注意二者的区别。

【例 2-78】求区间[100，200]中第一个能被 21 整除的数。

在命令行窗口中输入的代码及运行结果如下：

```
>> for n=100:200
    if rem(n,21)~=0;
        continue    % n/21 的余数不等于 0,则继续下一次循环,即 for 循环:n 继续加 1,直到余数等于
                      零,跳出 continue 循环体
    end
    break
end
n
n=
    105
```

（3）input 语句。

input 语句用来提示用户用键盘输入数据、字符串或表达式，并接受输入值。例 2-72、例 2-73 中都使用了该语句。

（4）keyboard 语句。

keyboard 语句多用于程序调试，可用于检查或修改变量。当程序执行到这一语句时，MATLAB 将暂停程序运行，并处于键盘模式（keyboard mode），此时命令行窗口的系统提示符"＞＞"变为"K＞＞"。在这种模式下，系统可以响应键盘输入的命令。要结束键盘模式，需在提示符"K＞＞"后输入"return"并按【Enter】键。

（5）pause 语句。

pause 语句可使程序暂停，等待用户响应。用户按任意键后，程序将继续执行。该语句在程序调试或查看中间结果时非常有用。

（6）echo 语句。

在一般情况下，.m 文件执行时不会显示其程序语句，而使用 echo 语句可以让程序语句变得可见，这对于程序的调试或演示很有用。

（7）return 语句。

return 语句用于终止当前命令的执行，使程序返回调用函数处或等待键盘输入。

在 MATLAB 中，如果一个函数被调用，一般情况下它会运行到程序结束时才会返回调用函数处，使用 return 语句可以提前结束被调用函数的运行，返回调用函数处。

除此之外，也可以用 return 语句来终止键盘模式。

## 2.8 GUI 的设计

GUI 是人与计算机或程序之间进行交互的工具，它是由窗口、光标、按键菜单、文字说明等对象构成的，用户通过一定的方法（如鼠标或键盘）来选择、激活图形对象，使计算机运行相应的程序，实现计算、绘图等功能。

MATLAB 提供了一个可视化的 GUI 开发环境——GUIDE（graphical user interface development environment），它是一个界面设计工具集，集成了所有支持 GUI 的用户控件，同时还提供界面外观、属性和行为响应事件的设置方法。设计 GUI 包括界面设计和程序运行，其过程不是一步到位的，需要反复修改、运行，才能获得满意的效果，其设计步骤如下。

（1）分析界面所要求实现的主要功能，明确设计任务。

（2）构思草图，从 GUI 控件功能出发，设计界面。

（3）编写相应 GUI 控件的程序，实现控件对象的功能。

### ▶▶▶ 2.8.1 GUI 设计向导 ▶▶ ▶

MATLAB 提供 GUI 设计向导，方便用户选择适合自己的界面。启动 GUI 设计向导的方法有两种。

（1）在 MATLAB 工作区窗口选择"File"→"App"→"GUI"命令。

（2）在命令行窗口中直接输入"guide"。

启动 GUI 设计向导后，弹出"GUIDE 快速入门"对话框，如图 2-10 所示。

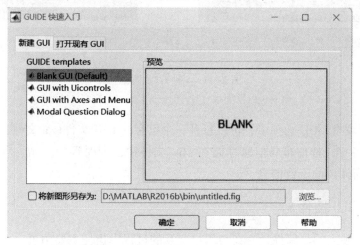

**图 2-10 "GUIDE 快速入门"对话框**

"GUIDE 快速入门"对话框中有"新建 GUI"和"打开现有 GUI"两个选项卡，选择"新建

GUI"选项卡，可以创建一个新的 GUI。系统提供以下 4 种 GUI 模板。

①Blank GUI(空白 GUI)，如图 2-11(a)所示。

②GUI with Uicontrols(控制 GUI)，如图 2-11(b)所示。

③GUI with Axes and Menu(图像与菜单 GUI)，如图 2-11(c)所示。

④Modal Question Dialog(对话框 GUI)，如图 2-11(d)所示。

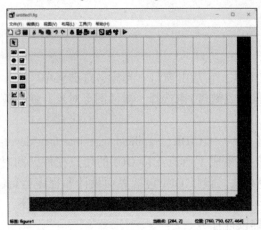

（a）

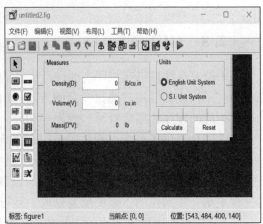

（b）

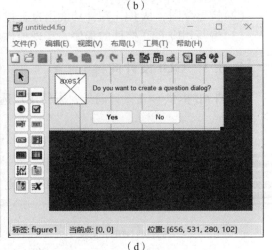

（c）

（d）

**图 2-11　4 种 GUI 模板**

(a)空白 GUI；(b)控制 GUI；(c)图像与菜单 GUI；(d)对话框 GUI

选择"打开现有 GUI"选项卡，可以打开一个已有的 GUI 文件(.g 文件)。

MATLAB 将 GUI 控件布局信息存储在 .fig 文件中，同时还会生成一个同名的 .m 文件，用于存储所调用的函数信息。

### ▶▶▶ 2.8.2　GUI 控件 ▶▶▶

GUI 控件是独立的小部件，它在与用户交互的过程中担任主要角色。

MATLAB 提供了设计中常用的 GUI 控件，如按钮、单选按钮、复选框等，表 2-44 列出了常用 GUI 控件的按钮及对应名称。

表 2-44　常用 GUI 控件的按钮及对应名称

| 按钮 | 对应名称 | 按钮 | 对应名称 |
|---|---|---|---|
| OK | 按钮 | | 滑动条 |
| | 单选按钮 | | 复选框 |
| EDIT | 可编辑文本 | TXT | 静态文本 |
| | 弹出式菜单 | | 列表 |
| TGL | 切换按钮 | | 表 |
| | 坐标轴 | T | 面板 |
| T | 按钮组 | X | ActiveX 控件 |

　　单击某控件，光标将变成十字形状，移动光标到右侧编辑区的空白处，再次单击，即可完成该控件的创建。

　　下面介绍几个常用控件的使用方法。

　　（1）按钮：最常用的控件之一，用于响应用户的鼠标按键等操作，在按钮上通常有字符来说明其作用，如"OK"按钮、"Cancel"按钮等。如果用户单击一个按钮，则称此按钮为选中状态。

　　（2）滑动条：可以用图示的方式在一个范围内输入一个数值，用户可以移动滑动条之间的游标来改变对应的数值。

　　（3）单选按钮：一组带有文字提示的选项。单选按钮总是成组使用的，在这组中通常只能有一个选项被选中，如果用户选中了其中一个按钮，被选中的按钮在圆的中心有个实心的黑点，而原来被选中的选项就不再处于被选中的状态了，这种关系为互斥。在MATLAB 默认情况下不具备这样的互斥功能，需要进行设置。

　　（4）复选框：用作选择，标记有选中、不选中和不确定等状态。复选框的作用和单选按钮很接近，它也是一组选项，不同的是复选框一次可以选择多项。

　　（5）可编辑文本：最常用的控件之一，可用单行或多行文本编辑，其功能十分强大，相当于一个小型文本编辑器。

　　（6）静态文本：用于显示字符串，不接收输入信息，多用于显示其他控件的标题。

　　（7）弹出式菜单：平时的形状类似于编辑框，被选中时，则打开一个列表，用户可以从中选择合适的选项。

　　（8）列表：显示一个文字列表，用户可从列表中选择一项或多项。如果选项太多，可以采用垂直滚动条来控制，用户可以方便地从中选择一个选项。在有些特殊情况下，为了不占用过大的空间，可以将这种列表以一行的形式显示，在右边有一个向下的箭头，如果用户单击此箭头，则将此列表展开，这种列表称为下拉列表。

　　（9）切换按钮：该按钮是从 MATLAB 5.2 版本开始引入的，按钮有按下和弹起两个状态，单击该按钮将改变其状态。

（10）面板：面板是填充的矩形区域，一般用来把其他控件放入面板中组成一组，面板本身没有回调程序。

### 2.8.3　GUI 设计工具

MATLAB 提供了用于开发 GUI 控件的工具，主要包括以下几种。

**1. 控件布局编辑器**

控件布局编辑器的上部为菜单栏和工具栏，表 2-45 列出了工具栏中的按钮与对应名称。

表 2-45　工具栏中的按钮与对应名称

| 按钮 | 对应名称 | 按钮 | 对应名称 |
| --- | --- | --- | --- |
|  | 对齐对象 |  | 编辑器 |
|  | 菜单编辑器 |  | 属性检查器 |
|  | Tab 键顺序编辑器 |  | 对象浏览器 |
|  | 工具栏编辑器 |  | 运行图形 |

**2. 属性编辑器**

属性编辑器又称检查器，用来设置 GUI 控件的属性值，如图 2-12 所示。

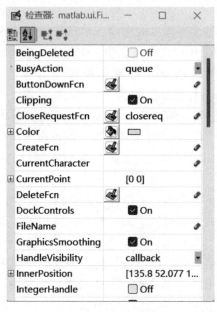

图 2-12　属性编辑器

GUI 控件的常用属性如下。

（1）Color：图形背景颜色，其属性由一个包含 3 个元素的 RGB 矢量组成，MATLAB 默认的颜色是黑色。RGB 每个矢量的分量取值范围为 0~1，这样可以获得各种各样的颜色变化。例如，[1,1,1]代表白色，[0,0,0]代表黑色，[1,0,0]代表红色等。MATLAB 预定义的颜色有以下两种写法。

①色彩全名法，如 black、yellow、white、red、green、cyan。

②色彩简名法，如 b、y、w、r、g、c。

（2）Menu Bar：设置是否在图形窗口的顶部显示图形菜单栏，可选择"figure"（图形窗口标准菜单）或"none"（不加菜单条）选项，默认值为"none"。如果用户利用菜单编辑器加入了自己的菜单项，则只显示用户菜单；如果用户选择了"figure"选项，则保持图形窗口默认的菜单项；如果用户加入了自己的菜单项，则同时显示系统默认菜单和用户菜单。

（3）Name：设置图形窗口的显示标题（不是坐标轴的标题），默认值是空串，如设置为"Example"（字符串），则窗口标题变为"Figure No. XX：Example"。

（4）Number Title：添加图形标题的图形编号，可选择"on"或"off"选项。如果选择"on"选项，会自动在每个图形窗口标题栏内加入"Figure No XX："。例如，"Name"属性被设置为"Example"，则窗口标题是"Figure No. XX：Example"。该属性的默认选项为"on"。

（5）Units：设置图形大小和位置的计量单位。用户可选择"pixels"（像素点）、"normalized"（归一化）、"inches"（英寸）、"centimeters"（厘米）等选项，默认选项为"pixels"。

（6）Position：设置图形显示的大小和位置。其属性值为一个 1×4 的矢量，前两个值分别代表左下角的光标值。后两个值分别代表窗口的宽度和高度，单位由"Units"属性指定。

（7）Resize：设置能否改变窗口图形的大小，有两个选项可供选择，即"on"（可以改变）或"off"（不可以改变）。

（8）Visible：设置是否显示图形。有两个选项可供选择，即"on"（可以）或"off"（不可以）。

（9）Next Plot：设置新图形的绘制方式，用户可选择"add"选项、"replacechildren"选项或"replace"选项。选择"add"选项，在作图前先出现一个图形窗口，然后重设轴对象，再在轴对象中作图；选择"replacechildren"选项，删除所有轴对象的子对象，不重设图形对象的属性；选择"replace"选项，删除所有轴对象的子对象，重设图形对象的属性。

（10）打印纸：

①"Paper Units"代表纸张属性的度量单位，用户可选择"inches"选项、"centimeters"选项或"normalized"选项；

②"Paper Orientation"代表打印时的纸张方向，用户可选择"portrait"（纵向打印）选项或"landscape"（横向打印）选项；

③"Paper Position"代表打印纸张上图形位置，具体设置同"Position"属性；

④"Paper Size"代表打印纸张的大小，是一个 1×2 的矢量，默认纸张大小为 8.5 英寸×11 英寸；

⑤"Paper Type"代表打印纸张的类型。

（11）各种回调函数：回调函数（callback function）是对象指定的事件发生时将自动调用的函数。在当前流行的 GUI 控件中都使用事件驱动的设计思想。在事件驱动的结构中，程序的控制流程不再由事件的预定发生顺序来决定，而是由实际运行时发生的各种事件来触发，事件的发生可能是随机的、不确定的，并没有预定的顺序，事件驱动允许用户用各种合理的顺序来安排程序流程。对需要用户交互的应用程序来说，事件驱动有着传统程序设计方法无法替代的优点。

事件驱动是一种面向用户的程序设计方法，在程序设计过程中，除了完成所需要的程序功能，更重要的是考虑用户的各种输入（消息），并有针对性地设计相应的处理程序。事件驱动程序设计也是一种被动式的程序设计方法，程序开始运行时，处于等待消息状态，然后取得消息并对其做出相应反应，处理完毕后，又返回等待消息的状态。在用户选中、单击、双击某一对象后，将执行相应的函数，只要在相应的响应函数中加入代码，就可以完成复杂的设计功能。下面列出了一些常用的回调函数。

①Callback：在对象被选中时执行的函数。

②ButtonDownFcn：单击界面时执行的函数。

③KeyPressFcn：按键时执行的函数。

④ResizeFcn：图形窗口大小变化时执行的函数。

⑤WindowButtonDownFcn：在图形窗口中单击时执行的函数。

⑥WindowButtonMotionFcn：在图形窗口中移动光标时执行的函数。

这些回调函数对应的属性值可以用 MATLAB 编写的函数名或命令组来设置，一旦图形窗口接收到用户的输入信息（消息），将执行相应的函数。

3. 菜单编辑器

菜单编辑器如图 2-13 所示。

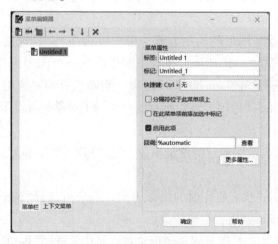

图 2-13　菜单编辑器

（1）标签：可以是任意字符串，和编写 C 语言的资源文件一样，在标签中，允许用户使用 & 标志来表示该符号后面的字符在显示时有一个下划线修饰，这使用户可以按键盘上的键激活相应的菜单项。

（2）标记：用户特定标记，使程序员容易在程序中找到相应的代码。

（3）回调：它可以为一个函数名称（用引号括起），也可以是一组 MATLAB 命令，勾选"启用此项"复选框后，MATLAB 将自动调用此函数，做出对相应菜单项的响应；如果不设置一个专门的函数，此属性将不起作用。

**4. 对齐对象**

对齐对象用于调整各 GUI 控件之间的相对位置，包括顶端对齐、居中对齐、左对齐、设置间距值等选项，如图 2-14 所示。

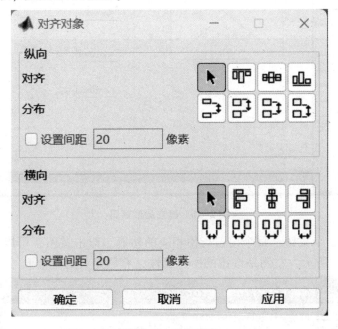

图 2-14　对齐对象

**5. 对象浏览器**

对象浏览器用于浏览当前 GUI 控件中的所有信息，如图 2-15 所示。只要在 GUI 控件上双击，就可以打开该 GUI 控件的属性编辑器。

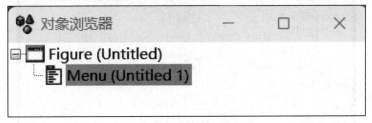

图 2-15　对象浏览器

应用程序的开发主要包括两个方面：一方面是 GUI 的设计；另一方面是程序功能代码的编写。

【例2-79】设计一个带有 3 个按钮和 1 个坐标轴的 GUI，单击 3 个按钮时，分别在坐标轴内画出相应的 3 个图形。

建立带有 1 个坐标轴和 3 个按钮的控件的图形窗口，如图 2-16 所示。

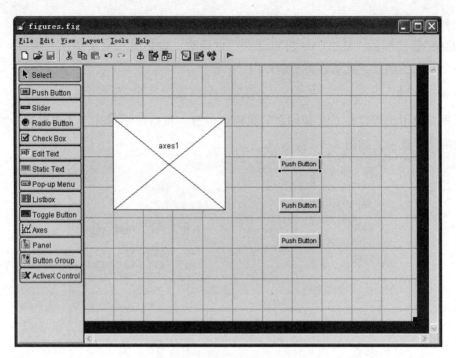

图 2-16　建立图形窗口

本例要设计 3 个按钮，每个按钮行使相应的功能。双击按钮，可以打开按钮属性编辑器，如图 2-17 所示，左侧是按钮的所有属性，右侧是其属性值。

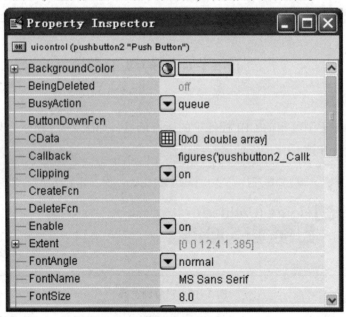

图 2-17　设置按钮的属性

设置了相应的属性后，3 个按钮就能行使功能了。单击菜单栏上的"保存"按钮，进行文件的保存，此时会弹出图 2-18 所示的对话框，输入文件名为"myGUI.m"。

图 2-18 保存文件

同时，MATLAB 会自动生成一个同名的 .m 文件，并且自动打开，如图 2-19 所示。

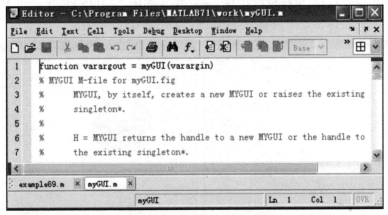

图 2-19 自动生成 .m 文件

在自动生成的 .m 文件中，找到 3 个按钮的回调子函数，并进行编写，结果如图 2-20 所示。

"sphere" 按钮的回调子函数如下：

```
sphere;
axis tight;
```

"peaks" 按钮的回调子函数如下：

```
peaks;
axis tight;
```

"membrane" 按钮的回调子函数如下：

```
membrane;
axis tight;
```

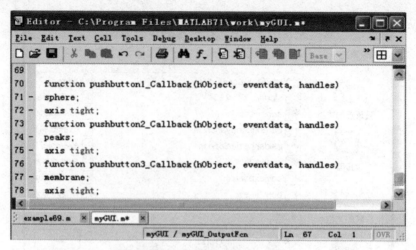

图 2-20　3 个按钮的回调子函数

　　将 .m 文件重新保存，然后单击 .m 文件编辑器上的"运行"按钮，或返回图 2-16 未被激活的 GUI，单击工具栏上的"运行"按钮，此时则生成图 2-21(a)所示的被激活的 GUI。当单击"sphere"按钮时，在空白的坐标轴处出现 sphere 图，如图 2-21(b)所示；单击"peaks"按钮时，在空白的坐标轴处出现 peaks 图，如图 2-21(c)所示；单击"membrane"按钮时，在空白的坐标轴处出现 membrane 图，如图 2-21(d)所示。

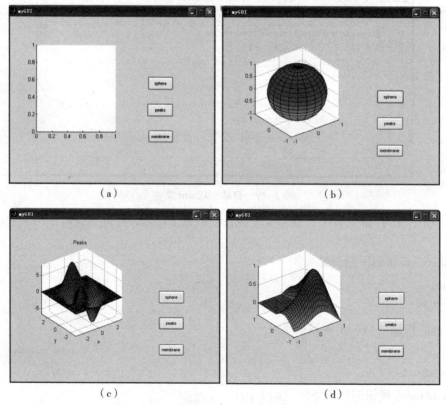

图 2-21　运行结果
(a)被激活的 GUI；(b)sphere 图；(c)peaks 图；(d)membrane 图

## 2.9 练习题

2.1 将矩阵 $a = \begin{bmatrix} 4 & 2 \\ 5 & 7 \end{bmatrix}$、$b = \begin{bmatrix} 7 & 1 \\ 8 & 3 \end{bmatrix}$ 和 $c = \begin{bmatrix} 5 & 9 \\ 6 & 2 \end{bmatrix}$ 组合成两个新矩阵：

(1)组合成一个 4×3 矩阵，第一列为按列顺序排列的矩阵 $a$ 的元素，第二列为按列顺

序排列的矩阵 $b$ 的元素，第三列为按列顺序排列的矩阵 $c$ 的元素，即 $\begin{bmatrix} 4 & 7 & 5 \\ 5 & 8 & 6 \\ 2 & 1 & 9 \\ 7 & 3 & 2 \end{bmatrix}$。

(2)按照矩阵 $a$、$b$、$c$ 的列顺序组合成一个行矢量，即[4  5  2  7  7  8  1  3  5  6  9  2]。

2.2 学生的信息表如表 2-46 所示。

表 2-46 题 2.2 表

| student | name | age | Email | hobby |
|---|---|---|---|---|
| 1 | zhangqiang | 18 | zhang@163.com | swimming |
| 2 | liming | 19 | li@126.com | game |

(1)用两种方法创建该结构。
(2)读取所有 name 的属性值。
(3)修改 zhangqiang 的 age 为 19。
(4)删除 hobby 列。

2.3 编写函数，计算 $f(x) = \begin{cases} x^2, & x>1 \\ 1, & -1<x\leq 1 \\ 3+2x, & x\leq -1 \end{cases}$。

2.4 随机生成一个 14×17 的数组。
(1)删除数组的第 4、8、12 列。
(2)删除数组的倒数第 3 行。
(3)找出数组中大于或等于 0.5 的元素及其所在位置。

2.5 有一正弦衰减数据 $y = \sin x \cdot \exp(-x/10)$，其中 $x \in [0, 4\pi]$，用样条插值法进行插值。

2.6 请编写 MATLAB 程序，对 $x^4 - 5x^3 + 5x^2 + 5x - 6$ 进行因式分解。

2.7 由键盘输入数字 1~7 代表星期一到星期日，在屏幕上显示对应的单词。

2.8 编辑一个解数论问题的函数文件，实现取任意整数，若是偶数，则用 2 除，否则乘 3 加 1，重复此过程，直到整数变为 1 为止。

# 第3章
## MATLAB 图像可视化及图像处理

MATLAB 不仅具有强大的数据处理能力，而且能方便地将数据以二维、三维乃至多维的图形表达出来，还可以突出颜色、线型、曲面、视觉角度、文本等特征。

针对不同层次用户的需求，MATLAB 提供了底层绘图指令和应用层绘图指令两种指令。底层绘图指令又称句柄绘图法，直接对图形句柄进行操作，开放性强，专业人士可以用此指令开发满足自己需求的专业图形。应用层绘图指令是在底层绘图指令的基础上建立起来的，非常实用，便于普通用户掌握，可以直接操作指令获得图形。

一般来讲，一组典型的图形生成表达式由处理函数、图形生成函数、注释函数、图形属性函数和管理函数构成。处理函数、图形生成函数和管理函数为必选项，其他两个函数为可选项。除管理函数外，其他函数无顺序之分。

本章将结合实例介绍 MATLAB 中二维图形的绘制、三维图形的绘制、特殊图形的绘制及图像的读取、显示和处理。

 ## 3.1　二维图形的绘制

MATLAB 的二维图形绘制功能非常强大，大体上可以分为两种形式：基本绘图和特殊绘图。

plot 函数是 MATLAB 中常用的二维绘图函数，可以生成单条或多条曲线。

plot(Y)用于创建 Y 中数据对每个值索引的二维线图。

【例 3-1】绘制 Y 对每个值索引的二维线图。

在命令行窗口中输入以下程序：

```
Y=magic(3)        % 创建三阶魔方矩阵
plot(Y)           % 进行二维平面图绘制
```

输出结果如图 3-1 所示。

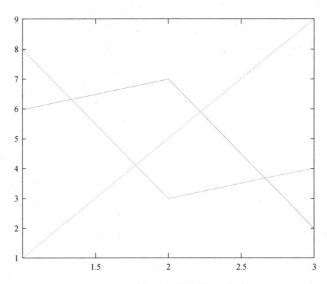

图 3-1　Y 对每个值索引的二维线图

plot 函数的格式如表 3-1 所示。

表 3-1　plot 函数的格式

| 格式 | 说明 |
| --- | --- |
| plot(X,Y) | 以 X 值为横坐标，以 Y 值为纵坐标，Y 中数据对 X 中对应值的二维曲线 |
| plot($X_1,Y_1,\cdots,Xn,Yn$) | 绘制多个 Y 中数据对 X 中对应值的二维曲线，并且所有曲线都在相同的坐标区域 |

【例 3-2】绘制正弦函数 $y = \sin(x)$ 在 $x \in (0, 2\pi)$ 的曲线。

在命令行窗口中输入以下程序：

```
x＝0:2*pi/100:2*pi;        % 在 0 到 2π 之间以 2π/100 为步长取点
y＝sin(x);                 % 计算所取点的函数值
plot(x,y)                  % 进行二维平面图的绘制
```

输出结果如图 3-2 所示。

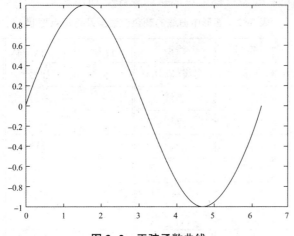

图 3-2　正弦函数曲线

【例3-3】在同一坐标系中绘制 $y_1 = \sin(x)$，$y_2 = \cos(x)$，$x \in (0, 2\pi)$的双重曲线。在命令行窗口中输入以下程序。

```
x=0:2*pi/100:2*pi;          %在0到2π之间以2π/100为步长取点
y1=sin(x);                  %计算所取点的函数值
y2=cos(x);                  %计算所取点的函数值
plot(x,y1,x,y2)             %进行二维平面图的绘制
```

输出结果如图3-3所示。

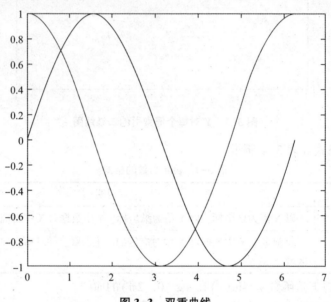

图3-3　双重曲线

图形常见的修饰命令有图形中曲线的颜色、线型及标记点形状、图形的标题和标签、坐标区外观等。

1. 图形中曲线的颜色、线型及标记点形状

图形中曲线的颜色、线型及标记点形状如表3-2所示。

表3-2　图形中曲线的颜色、线型及标记点形状

| 符号 | 颜色 | 符号 | 线型 | 符号 | 标记点形状 | 符号 | 标记点形状 |
|---|---|---|---|---|---|---|---|
| b | 蓝色(默认) | – | 实线(默认) | + | 加号 | > | 右三角 |
| c | 青蓝色 | -- | 虚线 | * | 星号 | s | 正方形 |
| g | 绿色 | : | 点线 | . | 点 | d | 菱形 |
| k | 黑色 | -. | 点画线 | o | 圆圈 | p | 五角星 |
| m | 品红色 | — | — | x | 叉号 | h | 六边形 |
| r | 红色 | — | — | ^ | 上三角 | — | — |
| y | 黄色 | — | — | v | 下三角 | — | — |
| w | 白色 | — | — | < | 左三角 | — | — |

绘制颜色、线型、标记点形状的函数的格式如表3-3所示。

表3-3　绘制颜色、线型、标记点形状的函数的格式

| 格式 | 说明 |
|---|---|
| plot(X,Y,'LineSpec') | 设置图形中曲线的颜色、线型及标记点形状 |
| plot(X1,Y1,LineSpec1,<br>…,Xn,Yn,'LineSpec*n*') | 设置每个线条的颜色、线型及标记点形状，还可以混用X、Y、LineSpec 三元组和X、Y 对组，如plot(X1，Y1，X2，Y2，LineSpec2，X3，Y3) |

【例3-4】绘制 $y = x^3$，$x \in (-20, 20)$ 的曲线，要求用品红色，虚线，标记点形状为星号"＊"。

在命令行窗口中输入以下程序：

```
x=-20:20;                % x 为从-20 到20
y=x. ^3;                  % 计算所取点的函数值
plot(x,y,'m--*')          % 绘制品红色带星号的虚线
```

输出结果如图3-4所示。

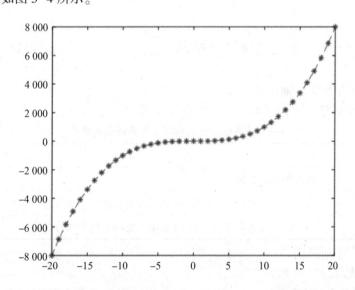

图3-4　彩图效果

图3-4　指定颜色、线型、标记点形状的曲线(1)

【例3-5】已知 $y_1 = x^2$，$y_2 = \cos(2x$，$y_3 = y_1 y_2$，其中 $x \in (-2\pi, 2\pi)$，在同一坐标系中用不同的颜色、线型绘制3条曲线，并给其中一条曲线添加标记点形状。

在命令行窗口中输入以下程序：

```
x=-2*pi:pi/50:2*pi;           % 在-2π 到2π 之间以π/50 为步长取点
y1=x. ^2;                     % 计算所取点的函数值
y2=cos(2*x);                  % 计算所取点的函数值
y3=y1. *y2;                   % 计算所取点的函数值
plot(x,y1,'c+',x,y2,'k',x,y3,'b--')   % 绘制y1 为青蓝色带加号的线,y2 为黑色实线,y3 为蓝色虚线
```

输出结果如图3-5所示。

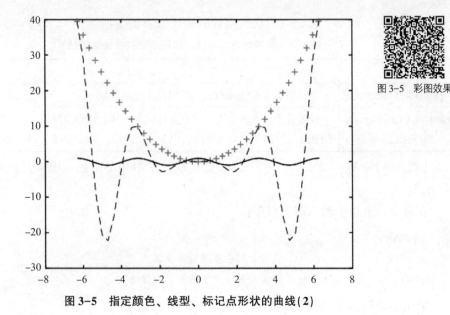

图3-5 彩图效果

图3-5 指定颜色、线型、标记点形状的曲线(2)

2. 图形的标题和标签

图形的标题和标签主要有图形的标题和坐标轴标签，在坐标区添加图例和在图形的指定位置添加标注。

(1)图形的标题和坐标轴标签。

设置标题与坐标轴标签的函数的格式如表3-4所示。

表3-4 设置标题与坐标轴标签的函数的格式

| 格式 | 说明 |
| --- | --- |
| title('标题') | 设置图形的标题 |
| xlabel('txt') | 在 x 轴上设置标签，其中 txt 表示设置的名称和单位等 |
| ylabel('txt') | 在 y 轴上设置标签，其中 txt 表示设置的名称和单位等 |

(2)在坐标区添加图例。

函数的格式如下：

legend('字符串','字符串',…)：在图形的坐标区添加图例，其中字符串表示添加的内容。

(3)在图形的指定位置添加标注。

函数的格式如下：

text(x，y，'字符串')：在图形的指定位置(x，y)处添加标注，即单引号引起来的字符串。

【例3-6】在同一坐标系中绘制 $y_1 = \sin(x)$、$y_2 = \cos(x)$，$x \in (-2\pi, 2\pi)$ 的双重曲线，并添加标题、坐标轴标签、图例及标注。

在命令行窗口中输入以下程序：

```
x=-2*pi:2*pi/100:2*pi;                    %在-2π到2π之间以2π/100为步长取点
y1=sin(x);                                %计算所取点的函数值
y2=cos(x);                                %计算所取点的函数值
plot(x,y1,'b',x,y2,'r--');                %绘制y1为蓝色实线,y2为红色虚线曲线
title('介于-2\pi和2\pi之间的正弦和余弦的图形');  %图的标题
xlabel('-2\pi < x < 2\pi');               %x轴坐标
ylabel('正弦值和余弦值');                   %y坐标
legend('曲线 y1','曲线 y2');               %图例
text(2,0.4,'曲线 y1=sin(x)');             %在指定位置添加标注
text(0,-0.4,'曲线 y2=cos(x)')             %在指定位置添加标注
```

输出结果如图3-6所示。

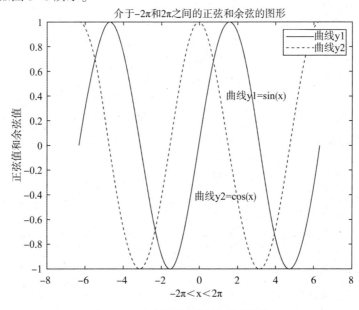

**图3-6　加标题和标签的双重曲线**

## 3. 坐标区外观

坐标区外观主要有坐标轴范围和刻度值、网格线和图形保持、图形窗口的设置。

（1）坐标轴范围和刻度值。

设置坐标轴范围和刻度值的函数的格式如表3-5所示。

**表3-5　设置坐标轴范围和刻度值的函数的格式**

| 格式 | 说明 |
| --- | --- |
| axis ([ xmin xmax ymin ymax]) | 设置坐标轴的最大值和最小值，其中 xmin 和 xmax 分别为 x 轴的最小值和最大值；ymin 和 ymax 分别为 y 轴的最小值和最大值 |
| set(gca,'XTick',x1,x2,x3) | 设置 x 轴的刻度值，其中 gca 为当前图形；XTick 为 x 轴的刻度；x1、x2、x3 分别为 x 轴的起点坐标值、坐标间隔和终点坐标值 |
| set(gca,'YTick',y1,y2,y3) | 设置 y 轴的刻度值，其中 gca 为当前图形；YTick 为 y 轴的刻度；y1、y2、y3 分别为 y 轴的起点坐标值、坐标间隔和终点坐标值 |

续表

| 格式 | 说明 |
|---|---|
| set(gca,'XTicklabel',{'字符串 1','字符串 2',…}) | 设置 x 轴显示的记号，从字符串 1 开始在 x 轴上从左到右依次显示 |
| set(gca,'YTicklabel',{'字符串 1','字符串 2',…}) | 设置 y 轴显示的记号，从字符串 1 开始在 y 轴上从下到上依次显示 |

【例 3-7】绘制 $y = \left(1 + \dfrac{5\cos x}{1+x}\right)$，$x \in (0, 2\pi)$ 的曲线，并设置坐标轴范围和刻度值。

在命令行窗口中输入以下程序：

```
x=0:2*pi/100:2*pi;                          % 在 0 到 2π 之间以 2π/100 为步长取点
y=(1+5*cos(x). /(1+x)). *sin(x);            % 计算所取点的函数值
plot(x,y);                                  % 进行二维平面图的绘制
set(gca,'XTick',0:pi/2:2*pi);               % x 的范围为 0 到 2π，坐标间隔为 π/2
set(gca,'XTicklabel',{'0','π/2','π','3π/2','2π'});   % 从 0 开始在 x 轴上从左到右依次显示
set(gca,'YTick',-1:0. 5:2. 5);              % y 的范围为 -1 到 2.5，坐标间隔为 0.5
axis([0 2*pi-1 2])                          % 坐标轴的最值
```

输出结果如图 3-7 所示。

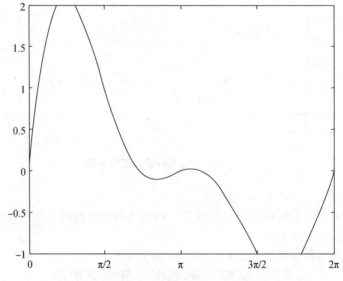

图 3-7　设置了坐标轴范围和刻度值的曲线

（2）网格线和图形保持。

设置网格线和图形保持的函数的格式如表 3-6 所示。

表 3-6　设置网格线和图形保持的函数的格式

| 格式 | 说明 |
|---|---|
| grid on | 显示 gca 命令返回的当前坐标区或图的主网格线 |
| grid off | 删除当前坐标区或图上的所有网格线 |

| 格式 | 说明 |
|------|------|
| hold on | 保留当前坐标区中的图，从而使新添加到坐标区中的图不会覆盖现有图 |
| hold off | 将保留状态设置为 off，从而使新添加到坐标区中的图覆盖现有图并重置所有的坐标区属性 |

【例 3-8】绘制区间 $[0，2\pi]$ 上 $y_1 = 5\sin(x)$ 和 $y_2 = 10\cos(x)$ 的曲线，并要求 $y_1$ 曲线的线型为实线，$y_2$ 曲线的线型为虚线，标注坐标轴名称和单位，并添加网格线。

在命令行窗口中输入以下程序：

```
x1=0:pi/20:2*pi;              % 在 0 到 2π 之间以 π/20 为步长取点
x=180*x1/pi;                  % 计算所取点的函数值
y1=5*sin(x1);                 % 计算所取点的函数值
plot(x,y1,'b')                % 绘制 y1 为蓝色实线
hold on                       % 添加新图时保留当前图
y2=10*cos(x1);                % 计算所取点的函数值
plot(x,y2,'r--')              % 绘制 y2 为红色虚线
xlabel('角度/(°)')            % x 名称为
ylabel('幅值')               % y 名称为
legend('曲线 y1','曲线 y2')   % 图例
grid on                      % 画背景网格
```

输出结果如图 3-8 所示。

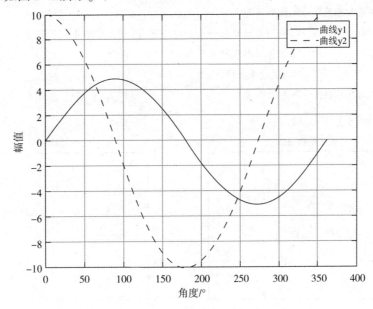

图 3-8　设置了网格线和图形保持的曲线

(3) 图形窗口的设置。

设置图形窗口的函数的格式如表 3-7 所示。

表 3-7　设置图形窗口的函数的格式

| 格式 | 说明 |
|---|---|
| figure(n) | 将第 n 个窗口作为当前窗口 |
| subplot(m,n,p) | 将图形窗口分割成 m×n 个子窗口，并把第 p 个子窗口作为当前窗口，子窗口的顺序为从左到右，从上到下 |

【例 3-9】在一个图形窗口中分割 4 个子窗口，分别绘制正弦函数曲线、余弦函数曲线、反正切函数曲线、反余切函数曲线。

在命令行窗口中输入以下程序：

```
x=0:pi/100:2*pi;          % 在 0 到 2π 之间以 π/100 为步长取点
subplot(2,2,1)            % 将图形窗口分割成 2×2 个子窗口,并把第 1 个子窗口作为当前窗口
y1=sin(x);               % 计算所取点的函数值
plot(x,y1)               % 绘制 y1 曲线
title('正弦函数曲线')      % 图的标题
subplot(2,2,2)            % 将图形窗口分割成 2×2 个子窗口,并把第 2 个子窗口作为当前窗口
y2=cos(x);               % 计算所取点的函数值
plot(x,y2)               % 绘制 y2 曲线
title('余弦函数曲线')      % 图的标题
subplot(2,2,3)            % 将图形窗口分割成 2×2 个子窗口,并把第 3 个子窗口作为当前窗口
y3=atan(x);              % 计算所取点的函数值
plot(x,y3)               % 绘制 y3 曲线
title('反正切函数曲线')    % 图的标题
subplot(2,2,4)            % 将图形窗口分割成 2×2 个子窗口,并把第 4 个子窗口作为当前窗口
y4=acot(x);              % 计算所取点的函数值
plot(x,y4)               % 绘制 y4 曲线
title('反余切函数曲线')    % 图的标题
```

输出结果如图 3-9 所示。

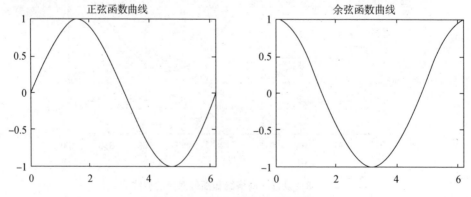

图 3-9　设置了图形窗口的曲线

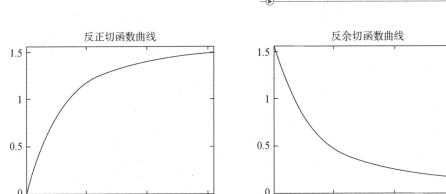

图 3-9 设置了图形窗口的曲线(续)

## 3.2 三维图形的绘制

在科学与工程计算领域，三维绘图是一种极为重要的技巧。MATLAB 提供了丰富的三维绘图函数，可以绘制三维曲线图、三维曲面、网格图、曲面图等，还提供了控制颜色、光线和视角等绘图效果的函数和命令。

### 3.2.1 三维曲线的绘制 ▶▶ ▶

绘制三维曲线的函数的格式如下。

plot3(x,y,z,'修饰')：在三维空间中绘制一条或多条曲线，这些曲线穿过坐标为(x,y,z)的点。其中 x、y、z 为矢量或矩阵，'修饰'表示图形中曲线的颜色、线型及标记点形状。

【例 3-10】绘制三维螺旋线。

在命令行窗口中输入以下程序：

```
t=0:pi/50:10*pi;                    % 在 0 到 10π 之间以 π/50 为步长取点
x=sin(t);                           % 计算所取点的函数值
y=cos(t);                           % 计算所取点的函数值
z=2*t;                              % 计算所取点的函数值
plot3(x,y,z,'-b')                   % 绘制蓝色实线三维图
xlabel('x 轴'),ylabel('y 轴'),zlabel('z 轴')   %3 条坐标轴的名称
grid on                             % 画背景网格
```

输出结果如图 3-10 所示。

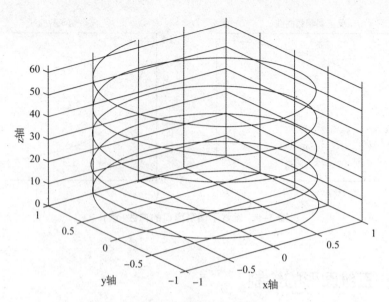

图 3-10　绘制的三维螺旋线

### ▶▶▶ 3.2.2　三维网格图的绘制 ▶▶▶

三维网格图是指将相邻的数据点用线段连接起来形成的网状曲面。

**1. 产生二维网格数据**

绘制三维图形首先要产生二维网格数据，其命令的格式如表 3-8 所示。

表 3-8　产生二维网格数据的命令的格式

| 格式 | 说明 |
| --- | --- |
| x=a:d1:b | 设置 x 的取值范围，其中 a 和 b 分别表示范围的最小值和最大值，d1 表示 x 轴方向网格的间隔长度 |
| y=c:d2:d | 设置 y 的取值范围，其中 c 和 d 分别表示范围的最小值和最大值，d2 表示 y 轴方向网格的间隔长度 |
| [X,Y]=meshgrid(x,y) | 产生二维网格数据 |

**2. 绘制三维网格图**

绘制三维网格图的函数的格式如表 3-9 所示。

表 3-9　绘制三维网格图的函数的格式

| 格式 | 说明 |
| --- | --- |
| mesh(Z) | 创建一个网格图，并将 Z 中元素的列索引和行索引用作 x 坐标和 y 坐标 |
| mesh(x,y,z) | 绘制分别以 x、y 为网格坐标矩阵，z 为网格高度矩阵的三维网格图 |
| meshc() | 格式与 mesh 函数相同，在绘制网格图的同时，将等高线图一起绘制 |
| meshz() | 格式与 mesh 函数相同，在绘制网格图的同时，将零基准平面一起绘制 |

【例 3-11】已知 $z=z^2+y^2$，x、y 的取值范围都是 [-15，15]，绘制三维网格图。
在命令行窗口中输入以下程序：

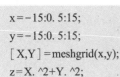

| | |
|---|---|
| x=-15:0.5:15; | % 在-15 到 15 之间以 0.5 为步长取点 |
| y=-15:0.5:15; | % 在-15 到 15 之间以 0.5 为步长取点 |
| [X,Y]=meshgrid(x,y); | % 产生二维网格数据 |
| z=X.^2+Y.^2; | % 计算所取点的函数值 |
| mesh(x,y,z) | % 绘制分别以 x、y 为网格坐标矩阵,z 为网格高度矩阵的三维网格图 |
| xlabel('x 轴'),ylabel('y 轴'),zlabel('z 轴') | %3 条坐标轴的名称 |

输出结果如图 3-11 所示。

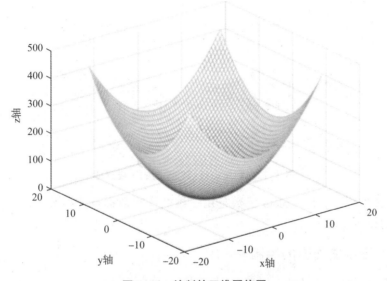

**图 3-11  绘制的三维网格图**

【例 3-12】使用 MATLAB 提供的山峰演示函数 peaks 绘制一个典型的网格图,比较 plot3、mesh、meshc、meshz 函数的不同之处。

在命令行窗口中输入以下程序:

| | |
|---|---|
| [X,Y,Z]=peaks(30); | % 峰值数,peaks(30)时产生 30×30 的 guassian 分布矩阵 |
| subplot(2,2,1) | % 将图形窗口分割成 2×2 个子窗口,并把第 1 个子窗口作为当前窗口 |
| plot3(X,Y,Z) | % 绘制三维图 |
| grid on | % 画背景网格 |
| title('plot3 函数绘图') | % 图的标题 |
| subplot(2,2,2) | % 将图形窗口分割成 2×2 个子窗口,并把第 2 个子窗口作为当前窗口 |
| mesh(x,y,z) | % 绘制分别以 x、y 为网格坐标矩阵,z 为网格高度矩阵的三维网格图 |
| title('mesh 函数绘图') | % 图的标题 |
| subplot(2,2,3) | % 将图形窗口分割成 2×2 个子窗口,并把第 3 个子窗口作为当前窗口 |
| meshc(x,y,z) | % 绘制分别以 x、y 为网格坐标矩阵,z 为网格高度矩阵的三维网格图,并将等高线图一起绘制 |
| title('meshc 函数绘图') | % 图的标题 |
| subplot(2,2,4) | % 将图形窗口分割成 2×2 个子窗口,并把第 4 个子窗口作为当前窗口 |
| meshz(x,y,z) | % 绘制分别以 x、y 为网格坐标矩阵,z 为网格高度矩阵的三维网格图,并将零基准平面一起绘制 |
| title('meshz 函数绘图') | % 图的标题 |

输出结果如图 3-12 所示。

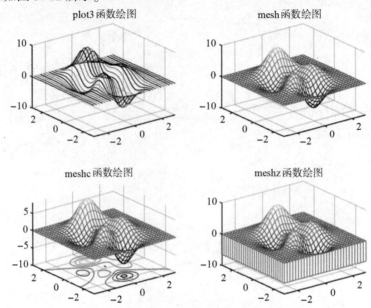

图 3-12　利用山峰函数绘制的三维网格

从图 3-12 中可以看出，plot3 函数是用三维曲线将数据点连接起来的，而 mesh 函数是用网格将数据连接起来的。

### ▶▶▶ 3.2.3　三维曲面图的绘制 ▶▶▶

曲面图是在网格图的基础上，将网格之间的区域用颜色填充。

绘制三维曲面的函数的格式如表 3-10 所示。

表 3-10　绘制三维曲面的函数的格式

| 格式 | 说明 |
| --- | --- |
| surf(z) | 绘制 xy 平面的网格对应 z 值所确定的三维曲面图 |
| surf(x,y,z) | 绘制分别以 x、y 为网格坐标矩阵，z 为网格高度矩阵的三维曲面图 |
| surfc() | 格式与 surf 函数相同，在绘制曲面图的同时，将等高线图一起绘制 |
| surfl() | 格式与 mesh 函数相同，用于绘制有亮度的曲面图 |

【例 3-13】已知 $z = x^2 + y^2$，x、y 的取值范围都是 [-15，15]，绘制三维曲面图。
在命令行窗口中输入以下程序：

```
x=-15:0.5:15;              % 在-15 到 15 之间以 0.5 为步长取点
y=-15:0.5:15;              % 在-15 到 15 之间以 0.5 为步长取点
[X,Y]=meshgrid(x,y);       % 产生二维网格数据
z=-X.^2-Y.^2;              % 计算所取点的函数值
surf(x,y,z)                % 绘制分别以 x、y 为网格坐标矩阵,z 为网格高度矩阵的三
                             维曲面图
xlabel('x 轴'),ylabel('y 轴'),zlabel('z 轴')   % 3 条坐标轴的名称
```

输出结果如图 3-13 所示

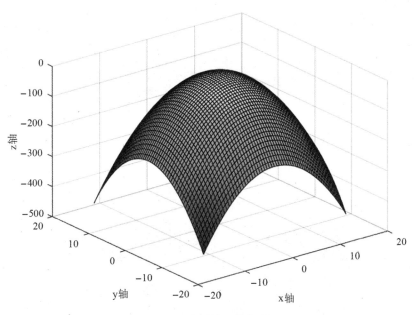

图 3–13　绘制的三维曲面图

【例 3–14】使用 MATLAB 提供的山峰演示函数 peaks 绘制一个典型山峰的曲面图，比较 mesh、surf、surfc、surfl 函数的不同之处。

在命令行窗口中输入以下程序：

```
[X,Y,Z]=peaks(30);        % 峰值数,peaks(30)时产生 30×30 的高斯分布矩阵
subplot(2,2,1)            % 将图形窗口分割成 2×2 个子窗口,并把第 1 个子窗口作为当前窗口
mesh(X,Y,Z)              % 绘制分别以 X、Y 为网格坐标矩阵,Z 为网格高度矩阵的三维网格图
title('mesh 函数绘图')    % 图的标题
subplot(2,2,2)            % 将图形窗口分割成 2×2 个子窗口,并把第 2 个子窗口作为当前窗口
surf(X,Y,Z)              % 绘制分别以 X、Y 为网格坐标矩阵,Z 为网格高度矩阵的三维曲面图
title('surf 函数绘图')    % 图的标题
subplot(2,2,3)            % 将图形窗口分割成 2×2 个子窗口,并把第 3 个子窗口作为当前窗口
surfc(X,Y,Z)             % 绘制分别以 X、Y 为网格坐标矩阵,Z 为网格高度矩阵的三维曲面图,将
                            等高线图一起绘制
title('surfc 函数绘图')   % 图的标题
subplot(2,2,4)            % 将图形窗口分割成 2×2 个子窗口,并把第 4 个子窗口作为当前窗口
surfl(X,Y,Z)             % 绘制分别以 X、Y 为网格坐标矩阵,Z 为网格高度矩阵的带有亮度的三维
                            曲面图
title('surfl 函数绘图')   % 图的标题
```

输出结果如图 3–14 所示。

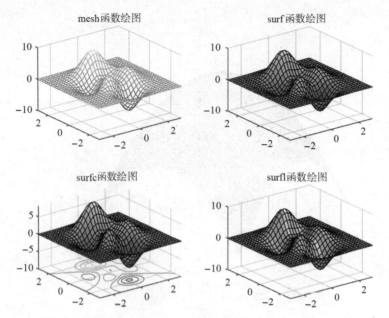

图3-14 彩图效果

图3-14 利用山峰函数绘制的三维曲面图

从图3-14中可以看出，网格图和曲面图的区别在于是否给网格加上颜色，网格图的线条是带颜色的，网格之间是透明的；而曲面图的线条是黑色的，网格之间是带颜色的，读者可以扫二维码查看彩图效果。

利用三维曲面函数，可以绘制各种复杂曲面。

例如，绘制圆柱面、椭圆面和球面可以用 cylinder 函数、ellipsoid 函数和 sphere 函数，其命令的格式如表3-11所示。

表3-11 绘制圆柱面、椭圆面和球面的命令的格式

| 格式 | 说明 |
| --- | --- |
| [x,y,z]=cylinder(r,n) | 基于矢量 r 定义的剖面曲线返回圆柱的 x、y 和 z 坐标。该圆柱绕其周长有 n 个等距点。默认 r=1，n=20 |
| [x,y,z]=ellipsoid (xc,yc,zc,xr,yr,zr,n) | 生成通过 3 个(n+1)×(n+1)矩阵描述的曲面网格，使 surf(x,y,z)可以绘制中心为(xc,yc,zc)、半轴长度为(xr,yr,zr)的椭圆面 |
| [x,y,z]=sphere(n) | 返回一个半径为1，由 n×n 个面构成的球面的 x、y、z 坐标值，默认 n=20 |

【例3-15】分别绘制由 400 个面和 2 500 个面构成的球面。

在命令行窗口中输入以下程序：

| | |
| --- | --- |
| [x1,y1,z1]=sphere; | % 返回一个半径为1，由 20×20 个面构成的球面的 x1、y1、z1 坐标值 |
| [x2,y2,z2]=sphere(50); | 返回一个半径为1，由 50×50 个面构成的球面的 x2、y2、z2 坐标值 |
| subplot(1,2,1) | % 将图形窗口分割成 1×2 个子窗口，并把第 1 个子窗口作为当前窗口 |
| surf(x1,y1,z1) | % 绘制分别以 x1、y1 为网格坐标矩阵，z1 为网格高度矩阵的三维曲面图 |
| title('400 个面构成的球面') | % 图的标题 |

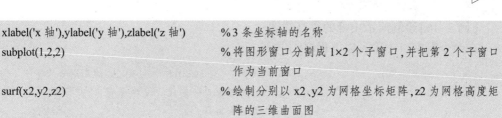

| | |
|---|---|
| xlabel('x 轴'),ylabel('y 轴'),zlabel('z 轴') | %3 条坐标轴的名称 |
| subplot(1,2,2) | %将图形窗口分割成1×2 个子窗口,并把第 2 个子窗口作为当前窗口 |
| surf(x2,y2,z2) | %绘制分别以 x2、y2 为网格坐标矩阵,z2 为网格高度矩阵的三维曲面图 |
| title('2 500 个面构成的球面') | %图的标题 |
| xlabel('x 轴'),ylabel('y 轴'),zlabel('z 轴') | %3 条坐标轴的名称 |

输出结果如图 3-15 所示。

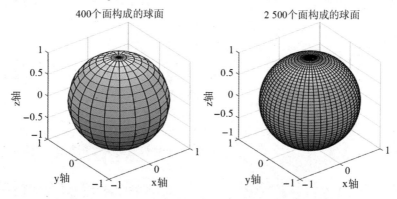

图 3-15 绘制由 400 个面和 2 500 个面构成的球面

## ▶▶▶ 3.2.4 等高线图的绘制 ▶▶▶

等高线图就是将高度相同的点连成环线,直接投影到平面形成水平曲面,不同高度的环线不会相合。

绘制等高线图的函数和命令的格式如表 3-12 所示。

表 3-12 绘制等高线图的函数和命令的格式

| 格式 | 说明 |
|---|---|
| contour(Z)/contour(X,Y,Z) | 绘制以 X、Y 为网格坐标矩阵, Z 为网格高度矩阵所确定的三维曲面在 xy 平面投影产生的二维等高线图 |
| contour(Z,n)/contour(X,Y,Z,n) | 其中标量 n 表示绘制 n 条等高线, n 值越大, 等高线越密集 |
| contour(Z,v)/contour(X,Y,Z,v) | 其中矢量 v 中元素的值决定了所要绘制的等高线的高度值, v 中元素的个数决定了所要绘制的等高线的条数 |
| [C,h]＝contour(⋯) | 返回等高线矩阵 C( 包含定义等高线的数据) 和 contour 对象 h |
| C＝contourc(⋯) | 返回等高线矩阵 C |
| clabel(C) | 使用加号"+"和垂直向上的文本为等高线添加标签 |
| clabel(C,h) | 为等高线图添加高度值标签,系统自动将标签旋转到合适的角度,插入等高线中 |
| contourf() | 格式与 contour 函数相同, 在相邻等高线之间用同一颜色填充 |
| contour3() | 格式与 contour 函数相同, 绘制三维等高线图 |

【例3-16】绘制演示山峰的等高线图。

在命令行窗口中输入以下程序：

```
[X,Y,Z]=peaks(30);          % 峰值数,peaks(30)时产生30×30的高斯分布矩阵
subplot(2,2,1)              % 将图形窗口分割成2×2个子窗口,并把第1个子窗口作
                             为当前窗口
surf(X,Y,Z)                 % 绘制分别以X、Y为网格坐标矩阵,Z为网格高度矩阵的
                             三维曲面图
title('演示山峰的三维曲面图')  % 图的标题
subplot(2,2,2)              % 将图形窗口分割成2×2个子窗口,并把第2个子窗口作
                             为当前窗口
contour(X,Y,Z,5)           % 其中标量5表示绘制5条等高线
title('演示山峰的等高线图')   % 图的标题
subplot(2,2,3)              % 将图形窗口分割成2×2个子窗口,并把第3个子窗口作
                             为当前窗口
contourf(Z,5)              % 其中标量5表示绘制5条等高线
title('在相邻等高线之间用颜色填充图')  % 图的标题
subplot(2,2,4)              % 将图形窗口分割成2×2个子窗口,并把第4个子窗口作
                             为当前窗口
[C,h]=contour(Z,5);        % 返回等高线矩阵(包含定义等高线的数据)和等高线对象
clabel(C,h)                % 为等高线图添加高度值标签,系统自动将标签旋转到合
                             适的角度,插入等高线中
title('为等高线添加高度值')   % 图的标题
```

输出结果如图3-16所示。

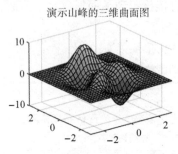

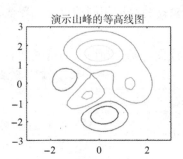

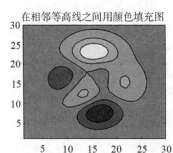

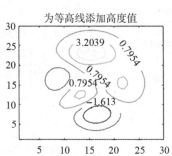

图3-16　利用山峰函数绘制的等高线图

【例3-17】绘制 $z=\sin(x)\cos(y)$ 在 $x\in[\pi/2,3\pi/2]$ 和 $y\in[\pi/2,3\pi/2]$ 上的三维等高线图。

在命令行窗口中输入以下程序：

```
x=pi/2:pi/100:pi*3/2;          % 在 π/2 到 3π/2 之间以 π/100 为步长取点
y=pi/2:pi/100:pi*3/2;          % 在 π/2 到 3π/2 之间以 π/100 为步长取点
[X,Y]=meshgrid(x,y);           % 利用 meshgrid 命令生成格点矩阵
Z=cos(X). *sin(Y);             % 计算所取点的函数值
contour3(X,Y,Z,30)             % 绘制三维等高线图
```

输出结果如图 3-17 所示。

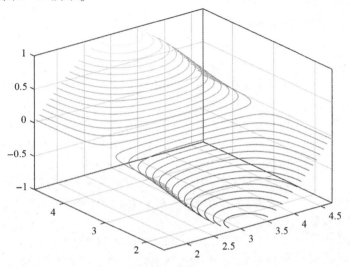

图 3-17 绘制的三维等高线图

# 3.3 特殊图形的绘制

除了使用 plot 函数绘制二维连续曲线，MATLAB 还提供了丰富的函数用于绘制复数、矢量、极坐标、对数坐标等特殊的函数关系，以及柱状图、火柴棍图、饼图等特殊图形。

### ▶▶▶ 3.3.1 对数坐标图、极坐标图的绘制 ▶▶▶

1. 绘制对数坐标图

对数坐标图分为单对数坐标图和双对数坐标图，绘制对数坐标图的函数的格式如表 3-13 所示。

表 3-13 绘制对数坐标图的函数的格式

| 格式 | 说明 |
| --- | --- |
| semilogx(x,y,'修饰') | 绘制以 x 为对数坐标、以 y 为线性坐标的单对数坐标图，其中'修饰'包括颜色、线型及标记点形状 |
| semilogy(x,y,'修饰') | 绘制以 y 为对数坐标、以 x 为线性坐标的单对数坐标图，其中'修饰'包括颜色、线型及标记点形状 |

续表

| 格式 | 说明 |
|------|------|
| loglog(x,y,'修饰') | 绘制以 x 和 y 为对数坐标的双对数坐标图,其中'修饰'包括颜色、线型及标记点形状 |

【例 3-18】绘制 $y=2x^3$ 的曲线图、单对数坐标图和双对数坐标图,并要求双对数坐标图的曲线为红色虚线。

在命令行窗口中输入以下程序:

```
x=0:1:100;              % 在 0 到 100 之间以 1 为步长取点
y=2*x.^3;               % 计算所取点的函数值
subplot(2,2,1)          % 将图形窗口分割成 2×2 个子窗口,并把第 1 个子窗口作为当前窗口
plot(x,y)               % 绘制平面坐标图
title('曲线图')          % 图的标题
subplot(2,2,2)          % 将图形窗口分割成 2×2 个子窗口,并把第 2 个子窗口作为当前窗口
semilogx(x,y)           % 绘制以 x 为对数坐标、以 y 为线性坐标的单对数坐标图
title('x 单对数坐标图')  % 图的标题
subplot(2,2,3)          % 将图形窗口分割成 2×2 个子窗口,并把第 3 个子窗口作为当前窗口
semilogy(x,y)           % 绘制以 y 为对数坐标、以 x 为线性坐标的单对数坐标图
title('y 单对数坐标图')  % 图的标题
subplot(2,2,4)          % 将图形窗口分割成 2×2 个子窗口,并把第 4 个子窗口作为当前窗口
loglog(x,y,'r--')       % 绘制以 x 和 y 为对数坐标的红色虚线双对数坐标图
title('双对数坐标图')    % 图的标题
```

输出结果如图 3-18 所示。

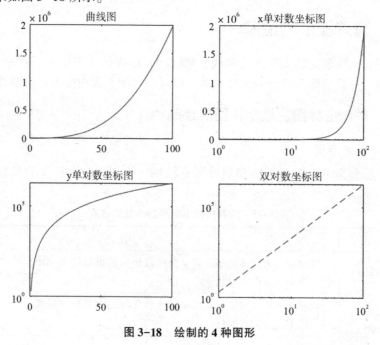

图 3-18　绘制的 4 种图形

## 2. 绘制极坐标图

极坐标图是指在极坐标系中绘制的图，绘制极坐标图的函数的格式如表 3-14 所示。

表 3-14　绘制极坐标图的函数的格式

| 格式 | 说明 |
| --- | --- |
| polar(theta,rho) | 绘制以 theta 为极角、以 rho 为极径的极坐标图 |
| polar(theta,rho,'修饰') | 绘制以 theta 为极角、以 rho 为极径的极坐标图，其中'修饰'表示极坐标图中曲线的颜色、线型及标记点形状 |

【例 3-19】在极坐标中绘制 $y = 2(1-\sin(x))$ 的极坐标图。

在命令行窗口中输入以下程序：

```
x=-2*pi:0.01:2*pi;        % 在-2π 到 2π 之间以 0.01 为步长取点
y=2*(1-sin(x));           % 计算所取点的函数值
polar(x,y,'r')            % 绘制红色实线极坐标图
```

输出结果如图 3-19 所示。

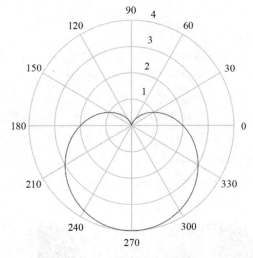

图 3-19　绘制的极坐标图

### 3.3.2　饼状图、条形图、直方图的绘制

#### 1. 饼状图的绘制

饼状图显示一个数据系列中各项的大小与各项综合的比例。饼状图中的数据点显示为整个饼状图的百分比，绘制饼状图的函数的格式如表 3-15 所示。

表 3-15　绘制饼状图的函数的格式

| 格式 | 说明 |
| --- | --- |
| pie(x) | 使用 x 中的元素绘制二维饼状图 |
| pie(x,explode) | explode 是一个由与 x 值对应的零值和非零值组成的向量或矩阵。pie 函数仅将对应于 explode 中的非零元素的扇区偏移一定的位置 |

续表

| 格式 | 说明 |
|---|---|
| pie3(x) | 使用 x 中的元素绘制三维饼状图 |
| pie3(x,explode) | explode 是一个与 x 值相同的矢量，explode 中的非零元素所对应 x 中元素从饼状图中的扇区偏移一定的位置 |

表中 x 代表饼状图中所有扇区元素的总和，当 x 中的值的个数大于 1 时，会转化成 100% 的比例进行绘制。

【例 3-20】绘制二维饼状图和三维饼状图。

在命令行窗口中输入以下程序：

```
x=[46 23 10 23 32];          %各元素数据
subplot(2,2,1)               %将图形窗口分割成2×2个子窗口,并把第1个子窗口作为当前窗口
pie(x)                       %使用 x 中的元素绘制二维饼状图
title('二维饼状图')          %图的标题
subplot(2,2,2)               %将图形窗口分割成2×2个子窗口,并把第2个子窗口作为当前窗口
pie(x,[1 0 1 0 1])           %
title('带偏移扇区二维饼状图') %图的标题
subplot(2,2,3)               %将图形窗口分割成2×2个子窗口,并把第3个子窗口作为当前窗口
pie3(x)                      %使用 x 中的元素绘制三维饼状图
title('三维饼状图')          %图的标题
subplot(2,2,4)               %将图形窗口分割成2×2个子窗口,并把第4个子窗口作为当前窗口
pie3(x,[1 0 1 0 1])
title('带偏移扇区三维饼状图') %图的标题
```

输出结果如图 3-20 所示(图中数据都是取整后的，故它们的和不是 100%)。

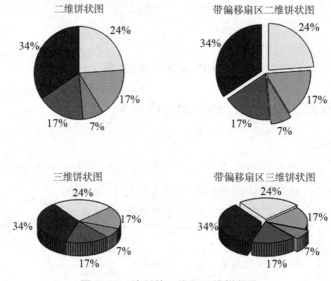

图 3-20　绘制的二维和三维饼状图

## 2. 条形图的绘制

条形图是一种用宽度相同的条形的高度来表示度量数据多少的图形。条形图可以是横向或纵向的，纵向条形图也称为柱形图，绘制条形图的函数的格式如表 3-16 所示。

表 3-16 绘制条形图的函数的格式

| 格式 | 说明 |
|---|---|
| bar(y) | 绘制二维纵向条形图，y 中的每个元素对应一个条形柱。如果 y 是矢量，对其每一个元素绘制一个条形柱，横坐标是矢量 y 的元素序列；如果 y 是矩阵，则 对每一行的元素进行分组 |
| bar(x,y) | 绘制二维纵向条形图。在 x 指定的位置绘制条形 |
| barh(x,y) | 绘制二维横向条形图 |
| bar3(z) | 绘制三维纵向条形图。z 中的每个元素对应一个条形图。如果 z 是矢量，y 轴的刻度范围是 1 到 length(z)；如果 z 是矩阵，则 y 轴的刻度范围是 1 到 z 的行数 |
| bar3(y,z) | 绘制三维纵向条形图。在 y 指定的位置绘制 z 中各元素的条形图，其中 y 是为纵向条形定义 y 值的矢量。y 值可以是非单调的，但不能包含重复值。如果 z 是矩阵，则 z 中位于同一行内的元素将出现在 y 轴上的相同位置 |
| bar3h(z,y) | 绘制三维横向条形图。在 z 指定的位置绘制 y 中各元素的条形图，其中 z 是为横向条形定义 z 值的矢量。z 值可以是非单调的，但不能包含重复值。如果 y 是矩阵，则 y 中位于同一行内的元素将出现在 z 轴上的相同位置 |
| bar_(___,width) | 同时适应 bar 和 barh 函数，其中 width 表示设置条形的相对宽度与控制组中各个条形的间隔。默认值为 0.8 |
| bar_(___,color) | 同时适应 bar( ) 和 barh( )、bar3( ) 和 bar3h( ) 函数，其中 color 表示设置所有条形的颜色 |

【例 3-21】绘制矩阵的纵向和横向条形图。并且对矩阵的纵向条形图进行宽度修饰，对 y 的横向条形图进行颜色修饰。

在命令行窗口中输入以下程序：

```
y=[5 6 7;9 5 7;3 8 4;5 6 4];    %定义矩阵
subplot(2,2,1)                   %将图形窗口分割成2×2个子窗口,并把第1个子窗口作为当前
                                   窗口
bar(y,0.6)                       %绘制二维纵向条形图
title('纵向条形图')              %图的标题
subplot(2,2,2)                   %将图形窗口分割成2×2个子窗口,并把第2个子窗口作为当前
                                   窗口
barh(y,'k')                      %绘制黑色实线二维横向条形图
title('横向条形图')              %图的标题
```

输出结果如图 3-21 所示。

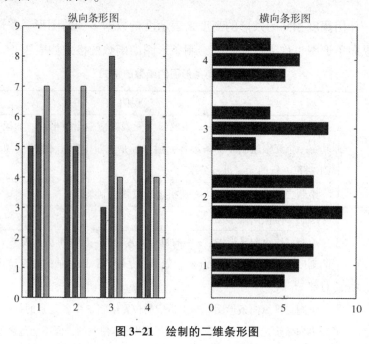

图 3-21　绘制的二维条形图

【例 3-22】绘制某年汽车每月销量的二维条形图和三维条形图，并且对三维条形图进行颜色修饰。

在命令行窗口中输入以下程序：

```
Y=[1 2 3 4 5 6 7 8 9 10 11 12];   %各元素数据
x=Y;                              %将 Y 赋值给 x
Z=[270.8 185.4 241.9 241.6 215.6 238.4 198.3 204.0 239.3 221.0 253.4 290.1];   %各元素数据
y=Z;                              %将 Z 赋值给 y
subplot(1,2,1)                    %将图形窗口分割成 1×2 个子窗口,并把第 1 个子窗口作为当前
                                    窗口
bar(x,y)                          %绘制二维纵向条形图,在 x 指定的位置绘制条形
xlabel('月份')                    %添加 x 轴标签
ylabel('销量(万辆)')              %添加 y 轴标签
title('二维条形图')               %图的标题
subplot(1,2,2)                    %将图形窗口分割成 1×2 个子窗口,并把第 2 个子窗口作为当前
                                    窗口
bar3(Y,Z,'c')                     %绘制青蓝色实线三维纵向条形图
ylabel('月份')                    %添加 y 轴标签
zlabel('销量(万辆)')              %添加 z 轴标签
title('三维条形图')               %图的标题
```

输出结果如图 3-22 所示。

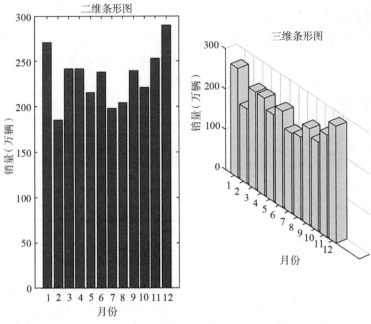

图 3-22　绘制的二维和三维条形图

## 3. 直方图的绘制

直方图是一种二维统计图表，它的两个坐标分别是统计样本和该样本对应的某个属性的度量，绘制直方图的函数的格式如表 3-17 所示。

表 3-17　绘制直方图的函数的格式

| 格式 | 说明 |
| --- | --- |
| histogram(x) | 基于 x 创建直方图。histogram 函数使用自动 bin（数据被划分的区间段）划分算法，然后返回均匀宽度的 bin，这些 bin 可涵盖 x 中的元素范围并显示分布的基本形状。histogram 函数将 bin 显示为矩形，这样每个矩形的高度就表示 bin 中的元素数量 |
| histogram2(x,y) | 创建 x 和 y 的二元直方图。histogram2 函数使用自动 bin 划分算法，然后返回均匀面积的 bin，这些 bin 可涵盖 x 和 y 中的元素范围并显示分布的基本形状。histogram2 将 bin 显示为三维矩形条形，这样每个条形的高度就表示 bin 中的元素数量 |

【例 3-23】生成 10 000 个随机数，并分别创建一个直方图 histogram 函数和一个二元直方图 histogram2 函数，自动选择合适的 bin 数量，以便于分别涵盖 x 中和 x、y 中的值的范围并显示基本分布的形状。

在命令行窗口中输入以下程序：

```
x=randn(10000,1);         %生成 10 000 行 1 列的随机矩阵
y=randn(10000,1);         %%生成 10 000 行 1 列的随机矩阵
subplot(1,2,1)            %将图形窗口分割成 1×2 个子窗口,并把第 1 个子窗口作为当前窗口
histogram(x)             %基于 x 创建直方图
title('一元直方图')        %图的标题
subplot(1,2,2)            %将图形窗口分割成 1×2 个子窗口,并把第 2 个子窗口作为当前窗口
histogram2(x,y)          %创建 x 和 y 的二元直方图
xlabel('x')              %添加 x 轴标签
ylabel('y')              %添加 y 轴标签
title('二元直方图')        %图的标题
```

输出结果如图 3-23 所示。

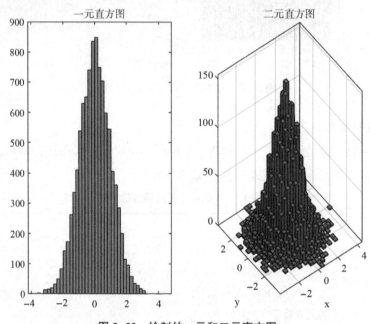

图 3-23　绘制的一元和二元直方图

### ▶▶▶ 3.3.3　离散数据图的绘制 ◀◀◀ ▶

离散数据图包含阶梯图和火柴杆图等。

1. 阶梯图的绘制

绘制阶梯图的函数的格式如下。

stairs(x,y):在 y 中由 x 指定的位置绘制元素, x 和 y 必须是相同大小的矢量或矩阵。

【例 3-24】绘制正弦函数 y=sin(x)的阶梯图。

在命令行窗口中输入以下程序:

| | |
|---|---|
| x1＝0:pi/25:2*pi; | ％在 0 到 2π 之间以 π/25 为步长取点 |
| x＝180*x1/pi; | ％计算所取点的函数值 |
| y＝sin(x1); | ％计算所取点的函数值 |
| stairs(x,y,'b') | ％在 y 中由 x 指定的位置用蓝色实线绘制元素 |
| xlabel('角度/(°)') | ％x 轴标签 |
| ylabel('幅值') | ％y 轴标签 |

输出结果如图 3-24 所示。

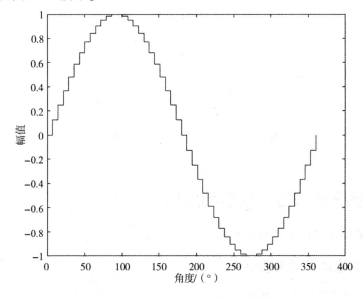

**图 3-24　绘制的正弦函数的阶梯图**

### 2. 火柴杆图的绘制

绘制火柴杆图的函数的格式如下。

stem(x,y)：在 x 指定的位置绘制数据序列 y，x 和 y 必须是大小相同的矢量或矩阵。

【例 3-25】绘制余弦函数 y＝cos(2x) 的火柴杆图。

在命令行窗口中输入以下程序：

| | |
|---|---|
| x1＝0:pi/25:2*pi; | ％％在 0 到 2π 之间以 π/25 为步长取点 |
| x＝180*x1/pi; | ％计算所取点的函数值 |
| y＝cos(2*x1); | ％计算所取点的函数值 |
| stem(x,y,'k--x') | ％在 x 指定的位置用带叉号的虚线绘制数据序列 y |
| xlabel('角度/(°)') | ％x 轴标签 |
| ylabel('幅值') | ％y 轴标签 |

输出结果如图 3-25 所示。

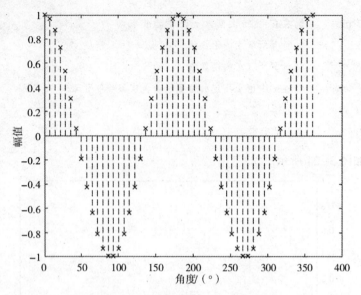

图 3-25　绘制的余弦函数的火柴杆图

## 3.4　图像的读取、显示和处理

在 MATLAB 中可以读取和分析各种格式的图像文件。

### ▶▶▶ 3.4.1　图像的读取和显示 ▶▶▶ ▶

读取图像的函数的格式如表 3-18 所示。

表 3-18　读取图像的函数的格式

| 格式 | 说明 |
| --- | --- |
| imread(filename) | 从 filename 指定的文件中读取图像，并由文件内容推断出其格式；如果 filename 为多图像文件，则 imread 读取该文件中的第一个图像 |
| imread(filename,fmt) | 指定具有 fmt 指示的标准文件扩展名的文件的格式；如果 imread 找不到具有 filename 指定的名称的文件，则会查找名为 filename. fmt 的文件 |

显示图像的函数的格式如表 3-19 所示。

表 3-19　显示图像的函数的格式

| 格式 | 说明 |
| --- | --- |
| imshow(I) | 在图窗中显示灰度图像 I，常用于优化图窗、坐标区和图像对象属性，以便显示图像 |
| imshow(I,[ low high ]) | 显示灰度图像 I，以二元素矢量[ low high ]为指定显示灰度图像的灰度范围，高于 high 值的像素显示成白色，低于 low 值的像素显示成黑色，介于 high 值和 low 值之间的像素按比例拉伸显示成各种等级的灰色 |

【例 3-26】由路径"D:\桌面文件\"读取原始图像文件 shuiguo. jpg，并显示文件。

在命令行窗口中输入以下程序：

| I=imread(['D:\桌面文件\shuiguo.jpg']); | %读取图像,并由文件内容推断出其格式 |
| imshow(I) | %在图窗中显示灰度图像 I |

输出结果如图 3-26 所示。

图 3-26　读取和显示图像

### 3.4.2　转换图像类型

MATLAB 支持的图像类型主要有彩色图像(RGB)、灰度图像、二值图像(黑白图像)和索引图像等。

(1)彩色图像。彩色图像用一组红(R)、绿(G)、蓝(B)值代表每个像素的颜色,这些值直接存放在图像数组中,而不是存放在颜色图中,数据类型一般为 uint8,彩色像素的数组为 $m×n×3$,$m$ 和 $n$ 表示图像像素的行数和列数。

(2)灰度图像。灰度图像是指每个像素只有一个采样颜色的图像,这类图像通常显示为从最暗黑色到最亮白色的灰度。灰度图像是保存在一个矩阵中的,矩阵中的每个元素代表一个像素点。矩阵可以是双精度(double)型,其值域为[0,1];也可以是 uint8 型,其值域为[0,255]。矩阵的每个元素代表不同的亮度或灰度级,对于 double 型,0 代表黑色,1 代表白色;对于 uint8 型,0 代表黑色,255 代表白色。

(3)二值图像。二值图像是指每个像素点只有 0 和 1 两种可能,0 代表黑色,1 代表白色,数据类型通常为一个二进制位。

(4)索引图像。索引图像包括图像矩阵和颜色图数组,其中颜色图数组是按照图像中颜色值进行排序后的数组。对于每个像素,图像矩阵包含一个值,这个值就是颜色图数组中的索引。颜色图数组为双精度型矩阵,各行分别指定红、绿、蓝单色值。

图像类型转化的函数的格式如表 3-20 所示。

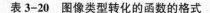
表 3-20　图像类型转化的函数的格式

| 格式 | 说明 |
|---|---|
| im2bw(I,level) | 设置阈值,将灰度图像、索引图像、彩色图像转化为二值图像,I 为源图像,level 为指定的阈值 |
| rgb2gray(I) | 将彩色图像转化为灰度图像 |
| rgb2ind(I,n) | 将彩色图像转化为索引图像,n 为索引图像包含的颜色数量 |
| gary2ind(I) | 将灰度图像或二值图像转化为索引图像 |
| im2uint8(I) | 将图像转化为 uint8 型 |
| im2uint16(I) | 将图像转化为 uint16 型,但不支持二值图像的转化 |
| im2double(I) | 将图像转化为 double 型 |

【例 3-27】将例 3-26 中的彩色图像转化为灰度图像、二值图像和索引图像。

在命令行窗口中输入以下程序:

```
I=imread(['D:\桌面文件\shuiguo.jpg']);   %读取图像,并由文件内容推断出其格式

subplot(2,2,1)          %将图形窗口分割成2×2个子窗口,并把第1个子窗口作为当前窗口

imshow(I)               %在图窗中显示灰度图像I。优化图窗、坐标区和图像对象属性,以便显示
                         图像

title('原始图像')        %图的标题

I1=rgb2gray(I);         %将彩色图像转化为灰度图像

subplot(2,2,2)          %将图形窗口分割成2×2个子窗口,并把第2个子窗口作为当前窗口

imshow(I1)              %在图窗中显示灰度图像I1。优化图窗、坐标区和图像对象属性,以便显示
                         图像

title('灰度图像')        %图的标题

I2=im2bw(I1);           %设置阈值,将灰度、索引、彩色图像转化为二值图像

subplot(2,2,3)          %将图形窗口分割成2×2个子窗口,并把第3个子窗口作为当前窗口

imshow(I2)              %在图窗中显示灰度图像I2。优化图窗、坐标区和图像对象属性,以便显示
                         图像

title('二值图像')        %图的标题

I3=rgb2ind(I,100);      %将彩色图像转化为索引图像,100为索引图像包含的颜色数量

subplot(2,2,4)          %将图形窗口分割成2×2个子窗口,并把第4个子窗口作为当前窗口

imshow(I3)              %在图窗中显示灰度图像I3

title('索引图像')        %图的标题
```

输出结果如图 3-27 所示,可扫描二维码查看彩图效果。

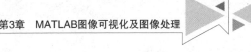

原始图像

灰度图像

图 3-27  彩图效果

二值图像

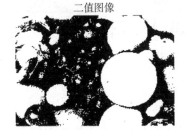

索引图像

图 3-27  图像类型转化

## 3.5  练习题

3.1  在区间 $[0, 4\pi]$ 中画 $\sin x$ 和 $\cos x$ 的图像，其中 $\cos x$ 图像用红色小圆圈画，并在图像上标注 $y = \sin x$ 和 $y = \cos x$，标出 $x$ 轴、$y$ 轴，标题为"正弦、余弦函数图像"。

3.2  画出椭圆 $\dfrac{x^2}{16} + \dfrac{y^2}{9} = 1$ 的图像。

3.3  用 subplot 函数分别在不同的坐标系中作出下列图像，并为每幅图像加上标题。

(1)标题为"概率曲线"，$y = \mathrm{e}^{-x^2}$。

(2)标题为"双扭线"，$r^2 = 4\cos(2t)$。

(3)标题为"叶形线"，$\begin{cases} x = \dfrac{3t}{1 + t^3} \\ y = \dfrac{3t^2}{1 + t^3} \end{cases}$。

(4)标题为"曳物线"，$x = \ln \dfrac{1 \pm \sqrt{1 - y^2}}{y} \mp \sqrt{1 - y^2}$。

3.4  为数组 $[66\ 49\ 71\ 56\ 38]$ 绘制二维饼图，并将第 5 个切块分离出来。

# 第4章
## Simulink 建模与仿真基础

Simulink 是 MATLAB 最重要的组件之一，它提供了一个动态建模、仿真和综合分析的集成环境。在该环境中，无须大量书写程序，只需要通过简单、直观的操作，就可构造出复杂的系统。Simulink 具有适应面广、结构和流程清晰、仿真精细、贴近实际、效率高、灵活等优点。基于以上优点，Simulink 已被广泛应用于控制理论和数字信号处理的复杂仿真和设计，同时有大量的第三方软件和硬件可应用于或被要求应用于 Simulink。

本章主要介绍 Simulink 的模块库、Simulink 建模与动态仿真的基本方法，以及 Simulink 建模实例。

 ## 4.1 Simulink 的启动

Simulink 的启动方式有两种：一种是通过菜单栏启动，如图 4-1 所示；另一种是在命令行窗口中输入"Simulink"，按【Enter】键启动。

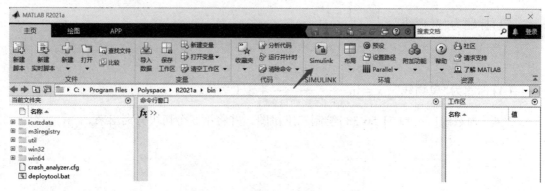

**图 4-1 通过菜单栏启动 Simulink**

启动 Simulink 后就可以创建新模型了，如图 4-2 所示。如果有定制化的模板，也可以选择创建相应的模板。

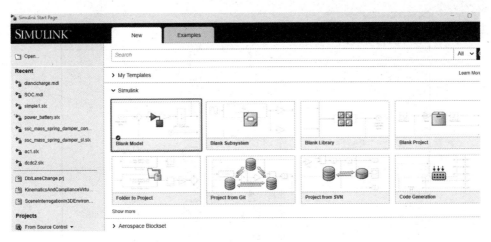

**图4-2　创建新模型**

## 4.2　Simulink 模块库

启动 Simulink，单击"Library Browser"按钮，如图4-3所示，即可打开模块库。

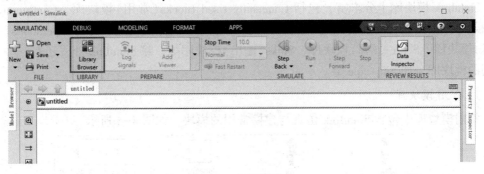

**图4-3　打开模块库**

Simulink 模块库包括很多工具箱，方便用户针对不同行业的数学模型进行快速设计。Simulink 模块库如图4-4所示，左侧列表中列出了各领域开发的仿真环节库，其中主要的仿真环节库如下。

（1）Communications System Toolbox（通信系统工具箱）。

（2）Control System Toolbox（控制系统工具箱）。

（3）DSP System Toolbox（数字信号处理模块工具箱）。

（4）Fuzzy Logic Toolbox（模糊逻辑工具箱）。

（5）Model Predictive Control Toolbox（模型预测控制工具箱）。

（6）Neural Network Toolbox（神经网络模块工具箱）。

（7）Robust Control Toolbox（鲁棒控制工具箱）。

（8）Stateflow（状态流）。

（9）System Identification Toolbox（系统辨识模块工具箱）。

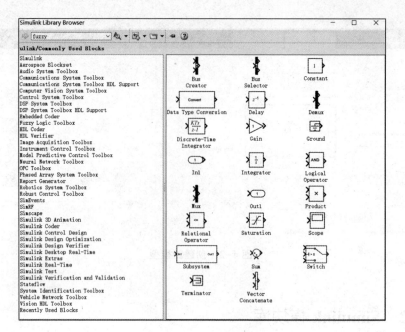

图 4-4　Simulink 模块库

Simulink 模块库十分丰富，包括 Commonly Used Blocks（常用）模块库、Continuous（连续）模块库、Discontinuities（非连续）模块库、Discrete（离散）模块库、Math Operations（数学运算）模块库、Sources（源）模块库、Sinks（输出）模块库等。除 Simulink 外，还有一些其他常用的模块库，如 Simscape 等。

1. 常用模块库

常用模块库中包含 Simulink 仿真与建模常用的模块，如图 4-5 所示。

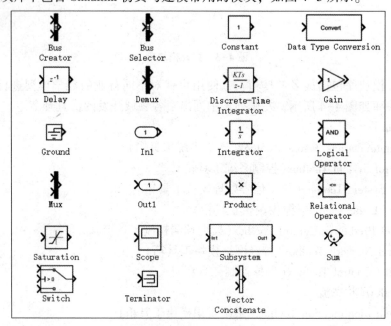

图 4-5　常用模块库

常用模块库中主要模块的功能如表 4-1 所示。

**表 4-1  常用模块库中主要模块的功能**

| 模块 | 功能 |
|---|---|
| Constant(常数模块) | 恒值输出，数值可以设置 |
| Delay(延迟信号模块) | 将信号延迟一个时间单位，可设置初始条件 |
| Demux(分路器模块) | 将一路信号分解成多路信号 |
| Gain(增益模块) | 将模块的输入信号乘设定的增益值 |
| In1(输入端口模块) | 标准输入端口，生成子系统或者作为外部输入的输入端口 |
| Integrator(积分模块) | 对输入变量进行积分 |
| Mux(混路器模块) | 将几路信号按矢量形式混合成一路信号 |
| Out1(输出端口模块) | 标准输出端口，生成子系统或作为模型的输出端口 |
| Saturation(饱和模块) | 实现饱和特性；可以设置线性段的宽度 |
| Scope(示波器模块) | 显示实时信号 |
| Subsystem(子系统模块) | 子系统模块 |
| Sum(求和模块) | 实现代数求和 |

## 2. 连续模块

连续模块库如图 4-6 所示，该模块库主要用于控制系统的拉氏变换。

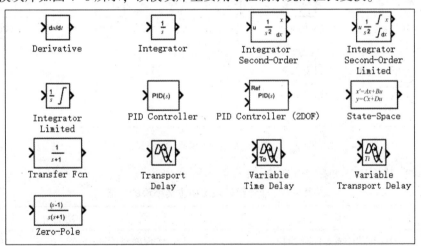

**图 4-6  连续模块库**

连续模块库中主要模块的功能如表 4-2 所示。

**表 4-2  连续模块库中主要模块的功能**

| 模块 | 功能 |
|---|---|
| Derivative(微分模块) | 计算微分 |
| Integrator(积分模块) | 计算积分 |
| Integrator Second-Order(二阶积分模块) | 计算二阶积分 |

续表

| 模块 | 功能 |
|------|------|
| Integrator Second-Order Limited(二阶定积分模块) | 计算二阶定积分 |
| Integrator Limited(定积分模块) | 计算定积分 |
| PID Controller(PID 控制模块) | 进行 PID 控制 |
| State-Space(状态空间模块) | 创建空间状态模型 |
| Transfer Fcn(传递函数模块) | 创建传递函数模型 |
| Transport Delay(传输延迟模块) | 将输入端信号按指定时间延迟后再输出 |
| Variable Transport Delay(可变传输延迟模块) | 将输入端信号进行可变时间的延迟 |
| Zero-Pole(零极点传递函数模块) | 创建零极点增益模型 |

### 3. 非连续模块库

非连续模块库如图 4-7 所示，其主要包括死区、信号的模块、约定信号的输出的上下界模块等。

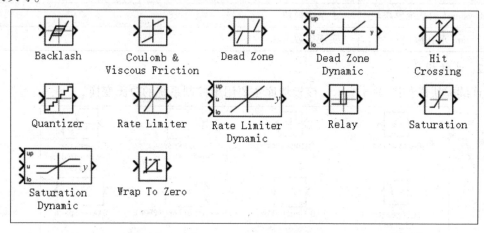

**图 4-7　非连续模块库**

非连续模块库中主要模块的功能如表 4-3 所示。

**表 4-3　非连续模块库中主要模块的功能**

| 模块 | 功能 |
|------|------|
| Backlash(磁滞回环模块) | 实现磁滞回环 |
| Coulomb & Viscous Friction(库仑与黏性摩擦模块) | 实现库仑摩擦加黏性摩擦 |
| Dead Zone(死区模块) | 实现死区非线性特性 |
| Dead Zone Dynamic(动态死区模块) | 实现动态死区 |
| Quantizer(量化模块) | 对输入信号进行数字化处理 |
| Relay(滞环继电模块) | 实现有滞环的继电特性 |
| Saturation(饱和模块) | 实现饱和特征 |

### 4. 离散模块库

离散模块库如图4-8所示，其主要将拉氏变换后的传递函数经Z变换离散化，从而实现传递函数的离散化建模。离散化系统容易进行程序移植，因此广泛应用在各种控制器仿真设计中。

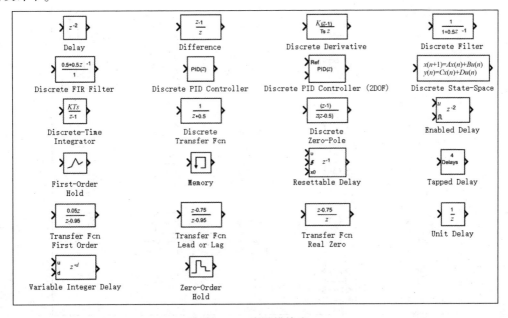

**图4-8 离散模块库**

离散模块库中主要模块的功能如表4-4所示。

**表4-4 离散模块库中主要模块的功能**

| 模块 | 功能 |
|------|------|
| Delay(延迟模块) | 实现Z域延迟 |
| Discrete Filter(离散滤波器模块) | 创建数字滤波器的数字模型 |
| Discrete State-Space(离散状态空间模块) | 创建离散状态空间模型 |
| Discrete-Time Integrator(离散时间积分模块) | 实现离散时间变量积分 |
| Discrete Transfer Fcn(离散传递函数模块) | 创建脉冲传递函数模型 |
| Discrete Zero-Pole(离散零极点增益模块) | 创建零极点增益形式的脉冲传递函数模型 |
| First-Order Hold(一阶保持器模块) | 实现一阶保持器的功能 |
| Zero-Order Hold(零阶保持器模块) | 实现零阶保持器的功能 |

### 5. 数学运算模块库

数学运算模块库如图4-9所示，其主要包括绝对值运算算、加减运算、放大缩小倍数运算、乘除运算等模块。用户可根据相应的模型表达式选择不同的模块配合使用，该模块库基本涵盖了所有基本运算功能。

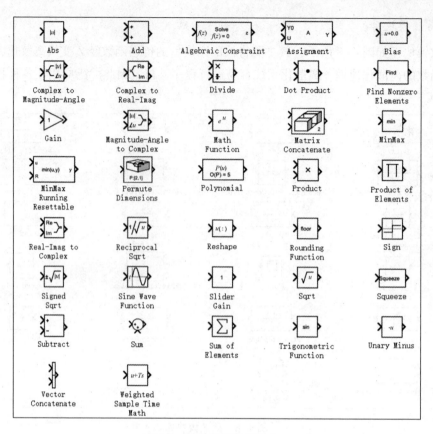

**图4-9　数学运算模块库**

数学运算模块库中主要模块的功能如表4-5所示。

**表4-5　数学运算模块库中主要模块的功能**

| 模块 | 功能 |
| --- | --- |
| Add(相加模块) | 对输入信号进行加法运算 |
| Dot Product(矢量的点乘模块) | 对输入信号进行点积运算 |
| Gain(增益模块) | 将输入信号乘一个指定的增益因子，使输出信号产生增益 |
| Math Function(数学函数模块) | 执行多个通用数学函数，如exp、log、square、sqrt、pow、reciprocal、rem等 |
| Product(乘法模块) | 对多路输入信号进行乘法运算 |
| Relational Operator(关系运算模块) | 对输入信号进行关系运算，关系符号包括==、≠、<、<=、>、>=等 |
| Subtract(相减模块) | 对输入信号进行减法运算 |
| Sum(求和模块) | 对多路输入信号进行求和运算 |
| Trigonometric Function(三角函数模块) | 对输入信号进行三角函数运算 |

续表

| | 模块 | 功能 |
|---|---|---|
| 特殊数学运算模块 | MinMax(最大最小值模块) | 输出输入信号的最小或最大值 |
| | Abs(取绝对值模块) | 输出输入信号的绝对值 |
| | Sign(符号函数模块) | 指明输入信号的符号 |
| | Rounding Function(取整函数模块) | 执行圆整函数 |
| 数字逻辑函数模块 | Combinational Logic(符合逻辑模块) | 实现逻辑表达式的运算 |
| | Logical Operator(逻辑运算符模块) | 对输入信号进行逻辑运算 |
| | Bitwise Logical Operator(位逻辑运算符模块) | 对输入信号进行逻辑或位运算 |

### 6. 源模块库

源模块库如图 4-10 所示。

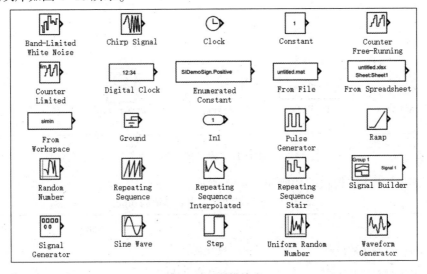

**图 4-10　源模块库**

源模块库中主要模块的功能如表 4-6 所示。

**表 4-6　源模块库中主要模块的功能**

| 模块 | 功能 |
|---|---|
| Band-limited White Noise(带宽限制白噪声模块) | 实现对连续或者混杂系统的白噪声输入 |
| Clock(时钟信号) | 产生连续仿真时钟 |
| Constant(输入常数信号) | 产生一个常数信号，可以是实数，也可以是复数 |
| Digital Clock(数字时钟模块) | 产生离散仿真时钟 |
| From File(从文件读取信号模块) | 从一个 .m 文件中读取信号 |
| From Workspace(从工作空间读取信号模块) | 从 MATLAB 工作空间读取信号作为当前输入信号 |
| Ground(接地模块) | 将未连接的输入端接地，输出为零 |
| Ramp(斜坡信号模块) | 产生斜坡信号 |

续表

| 模块 | 功能 |
|------|------|
| Random Number(随机数模块) | 产生正态分布的随机数，默认的随机数是期望为0、方差为1的标准正态分布 |
| Signal Builder(信号源发生器模块) | 产生不同的信号，如正弦波、方波等 |
| Signal Generator(脉冲信号发生器模块) | 产生脉冲信号 |
| Sine Wave(正弦波信号模块) | 产生正弦波信号 |
| Step(阶跃信号模块) | 产生阶跃信号 |

#### 7. 输出模块库

输出模块库如图 4-11 所示，其包含显示数据、输出端口、示波器等模块，方便用户搭建模型后进行仿真观察，输出参数值的变化图。

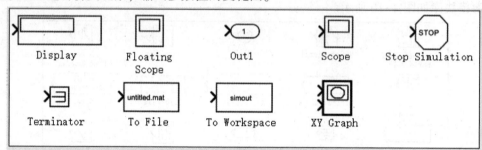

图 4-11　输出模块库

输出模块库中主要模块的功能如表 4-7 所示。

表 4-7　输出模块库中主要模块的功能

| 模块 | 功能 |
|------|------|
| Display(显示数据模块) | 数值显示 |
| Out1(输出端口模块) | 标准输出端口 |
| Scope(示波器模块) | 显示仿真过程中产生的输出信号 |
| Stop Simulation(结束仿真模块) | 停止仿真过程 |
| Terminator(终止信号模块) | 中断一个未连接的信号输出端口 |
| To File(输出到文件模块) | 按照矩阵的形式把信号保存到一个指定的 .m 文件 |
| To Workspace(输出到工作空间模块) | 把信号保存到 MATLAB 的当前工作空间 |
| XY Graph(XY 示波器模块) | 显示 XY 平面图形 |

## 4.3　Simulink 建模的基本方法

Simulink 建模的基本方法包括模块的查找与选择、模块的基本操作、模型的搭建、模块参数的设置、仿真参数的设置以及 Simulink 仿真的运行与保存。为了更直观地介绍建模的步骤，下面通过一个简单的例子说明。

**【例4-1】**对简化的汽车运动进行仿真。当踩下加速踏板时，汽车通常处于行进状态，轻踩并松开加速踏板后，汽车先会处于息速状态，然后停止。

要创建这个简单的模型，需要4个模块，如表4-8所示。

表4-8　例4-1所用的模块

| 模块 | 库 | 功能 | 模型目的 |
|---|---|---|---|
| Pulse Generator | Sources | 为模型生成输入信号 | 模拟轻踩加速踏板后的输出信号 |
| Gain | Math Operations | 将输入信号乘以常量值 | 计算踩下加速踏板后汽车的加速度 |
| Integrator Second-Order | Continuous | 对输入信号执行二阶积分 | 根据加速度计算得到汽车的位置 |
| Out1 | Sinks | 指定一个信号作为模型的输出 | 指定汽车位置作为模型的输出 |

### 1. 构建模型

（1）启动 Simulink 并创建新模型，在 Simulink Start Page 对话框中单击"Blank Model"按钮，然后单击 Create Model 按钮，打开一个空的编辑窗口。在 Editor 工具条的 Simulation 选项卡中选择 Save→Save As 命令，为新模型指定名称。

（2）根据表4-8拖放模块并连线，通过在输出端口和输入端口之间创建线条来连接模块，完成后如图4-12所示。

①单击 Pulse Generator 模块右侧的输出端口。

②单击 Gain 模块的输入端口。

③将 Gain 模块的输出端口连接到 Integrator Second-Order 模块的输入端口。

④将 Integrator Second-Order 模块的两个输出端口与两个 Out 模块连接。

⑤保存模型，选择 File→Save 命令，并为模型指定一个文件名。

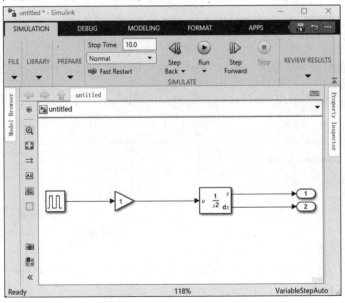

图4-12　Simulink 仿真模块

（3）模块参数的设置。双击模型中的每个模块，为模块设置参数。

①设置 Pulse Generator 模块。双击 Pulse Generator 模块以打开其参数设置对话框，把周期设置为 1 s，如图 4-13 所示。

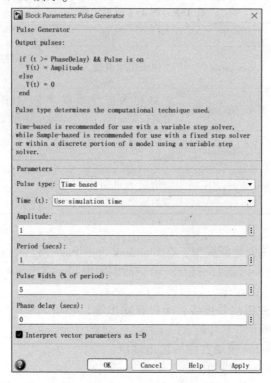

**图 4-13　设置 Pulse Generator 模块**

②设置 Gain 模块。双击 Gain 模块以打开其参数设置对话框，设置增益为 2，如图 4-14 所示。

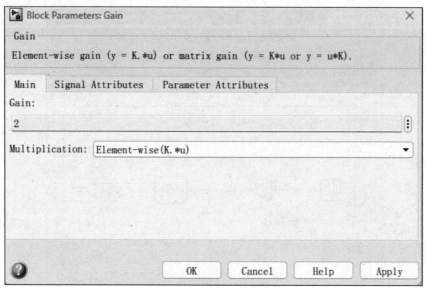

**图 4-14　设置 Gain 模块**

③设置 Integrator Second-Order 模块。双击 Integrator Second-Order 模块以打开其参数设置对话框。在 x 选项卡中设置积分上限为 10(其他选项卡保持默认设置)，表示汽车位置到达 10 m 时的紧急刹车，如图 4-15 所示。

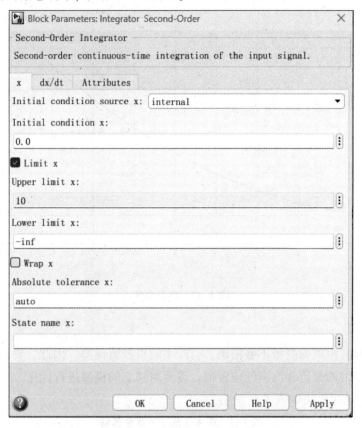

**图 4-15　设置 Intergrator Second-Order 模块**

(4)为信号添加注释，并添加信号查看器，将第一个输出连接到一个信号查看器上。右击位置输出信号线，选择 Create & Connect Viewer→Simulink→Scope 命令，信号上会出现查看器，如图 4-16 所示。

**图 4-16　添加信号查看器**

(5)默认仿真时间为 10 s，单击 Run 按钮 ，得到仿真曲线，如图 4-17 所示。

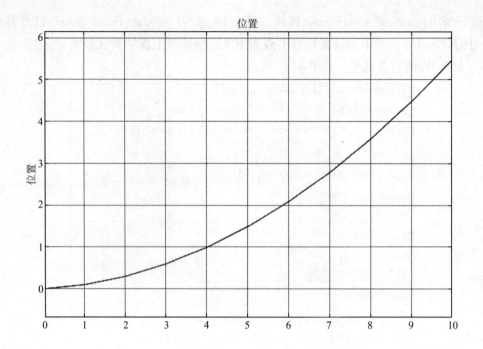

图 4-17 仿真曲线

### 2. 优化模型

如果传感器对距离的测量不够精确，会产生随机数值误差。因此，要使建立的模型能精确输出传感器的测量值和汽车的位置值，需要对建立的模型进行优化。

（1）添加的优化模块如表 4-9 所示。

表 4-9　例 4-1 添加的优化模块

| 模块 | 库 | 功能 | 目的 |
|---|---|---|---|
| Subtract | Math Operations | 将两个输入值相减 | 求出障碍物位置和车辆位置之间的实际距离 |
| Constant | Sources | 设置常量值 | 为障碍物的位置设置常量值 10 |
| Band-Limited White Noise | Sources | 产生噪声 | 模拟真实传感器测量中常见的误差 |
| Add | Math Operations | 将两个输入值相加 | 将白噪声添加进数字传感器的采样数据中 |
| Zero-Order Hold | Discrete | 让采集的信号样本数据保持一定的时间间隔 | 模拟离散系统对数字传感器采样 |

添加另一个 Out 模块，用来连接传感器的输出端口，修改后的模型如图 4-18 所示。

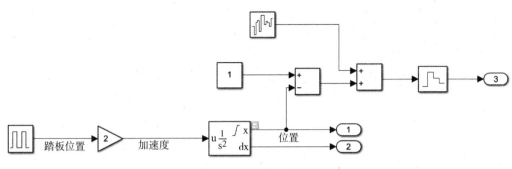

图 4-18 修改后的模型

（2）配置新模块。

双击模型中的每个模块，为模块设置参数。

①设置 Constant 模块。双击 Constant 模块以打开其参数设置对话框，为障碍物的位置设置常量值 10，如图 4-19 所示。

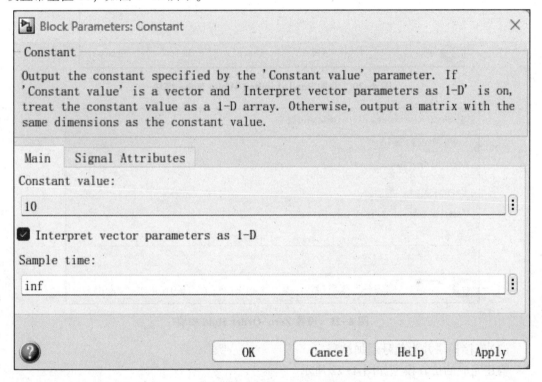

图 4-19 设置 Constant 模块

②设置 Band-Limited White Noise 模块。双击 Band-Limited White Noise 模块以打开其参数设置对话框。设置产生高斯白噪声的功率谱密度为 0.001，可以弥补传感器对距离的测量不够精确从而产生的随机误差，如图 4-20 所示。

③设置 Zero-Order Hold 模块。双击 Zero-Order Hold 模块以打开其参数设置对话框。将采样时间设置为 0.1，可以每 0.1 s 触发一次数字传感器，如图 4-21 所示。

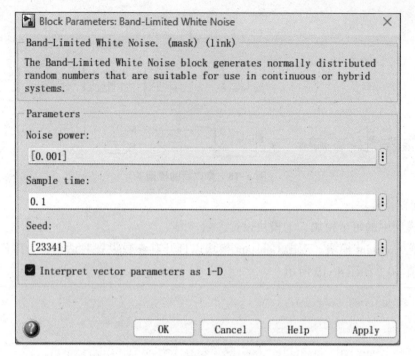

图 4-20　设置 Band-Limited White Noise 模块

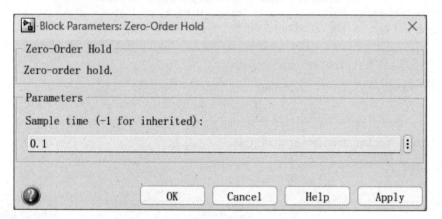

图 4-21　设置 Zero-Order Hold 模块

（3）连接模块并为信号添加注释。

构建完成的仿真模型如图 4-22 所示。

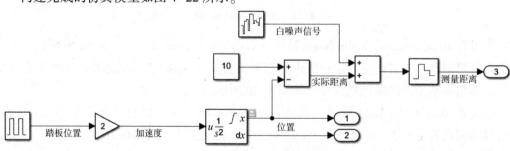

图 4-22　构建完成的仿真模型

（4）仿真输出。

输出图形，将实际距离信号与测量距离信号进行比较。

①创建一个示波器并将其与实际距离信号连接。

②将测量距离信号添加到同一个查看器中。右击信号，选择Connect to Viewer→Scope命令，确保将信号连接到在上一步中创建的查看器上。

仿真图形的比较如图4-23所示。

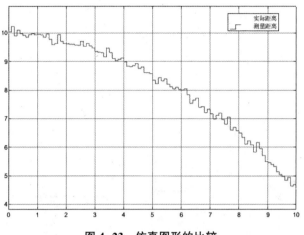

**图4-23　仿真图形的比较**

（5）放大图形以观察噪声和采样的影响。单击Zoom按钮，放大想要查看的区域，如图4-24所示。从图中可以看到，测量值可偏离实际值达0.3 m。此信息在设计安全功能（如碰撞警告）时非常有用。

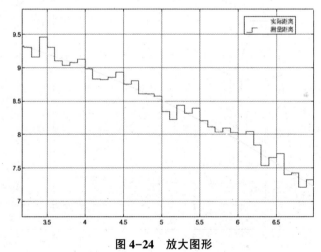

**图4-24　放大图形**

【例4-2】某控制系统结构图如图4-25所示，建立仿真模型并显示初始信号为单位阶跃信号的仿真结果。

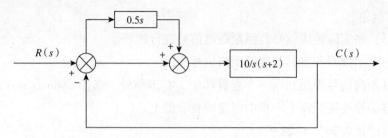

图 4-25　控制系统结构图

系统结构框图已经给出，只需找到 Simulink 中对应的模块，并设置初始值即可。将增益模块设置为 0.5，求和模块设置为 +-，零极点增益模块参数 Zero 设置为 [ ]，Pole 设置为 [0 -2]，Gain 设置为 [10]，仿真模型如图 4-26 所示。

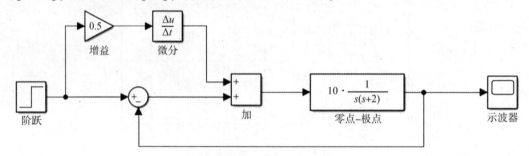

图 4-26　仿真模型

单击 Run 按钮，得到仿真曲线，如图 4-27 所示。

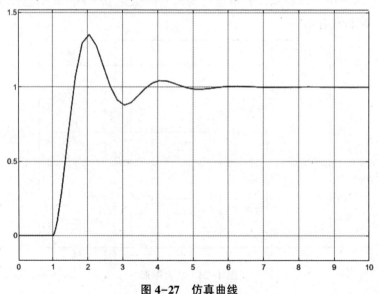

图 4-27　仿真曲线

【例 4-3】图 4-28 所示为运动小车模型，分别用积分模块、传递函数模块和状态空间模块完成连续系统的建模（外力函数为幅值为 1 的阶跃函数）。

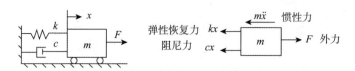

图 4-28 运动小车模型

首先建立系统数学模型,根据其已知条件列出微分方程:

$$m\ddot{x} + c\dot{x} + kx = F \tag{4-1}$$

系统参数为:

$$m = 5,\ k = 2,\ c = 1$$

## 1. 采用积分模块建模

由式(4-1)得

$$\ddot{x} = -\frac{c}{m}\dot{x} - \frac{k}{m}x + \frac{1}{m}F \tag{4-2}$$

代入参数,得:

$$\ddot{x} = -0.2\dot{x} - 0.4x + 0.2F$$

假设系统处于零平衡位置,外力函数为幅值为 1 的阶跃函数,建立模型,积分模块模型如图 4-29 所示。

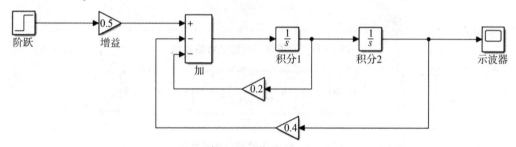

图 4-29 积分模块模型

## 2. 采用传递函数模块建模

对式(4-1)进行拉氏变换,得:

$$ms^2 X(s) + csX(s) + kX(s) = F(s)$$

传递函数为:

$$G(s) = \frac{X(s)}{F(s)} = \frac{1}{ms^2 + cs + k} = \frac{1/m}{s^2 + \frac{c}{m}s + \frac{k}{m}}$$

$$= \frac{0.2}{s^2 + 0.2s + 0.4}$$

已知条件为假设系统处于零平衡位置,外力函数为幅值为 1 的阶跃函数。

双击传递函数模块,设置传递函数模型参数,如图 4-30 所示,建立仿真模型,如图

4-31 所示。

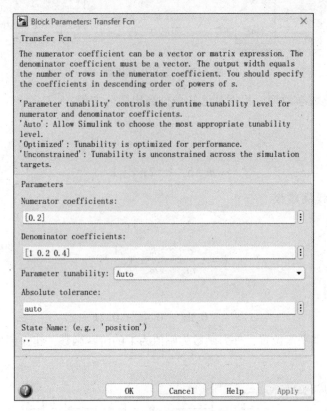

**图 4-30　设置传递函数模块的参数**

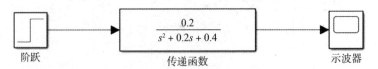

　　　阶跃　　　　　　　　　　传递函数　　　　　　　　　示波器

**图 4-31　传递函数模块仿真模型**

### 3. 采用状态空间模块建模

设该系统的状态变量为 $Y = [x, \dot{x}]^{\mathrm{T}}$，则式(4-1)可以改写成：

$$Y = \begin{bmatrix} \dot{x} \\ \ddot{x} \end{bmatrix} = \begin{bmatrix} 0 & 1 \\ -0.4 & -0.2 \end{bmatrix} \begin{bmatrix} x \\ \dot{x} \end{bmatrix} + \begin{bmatrix} 0 \\ 0.2 \end{bmatrix} F(t)$$

$$= AY(t) + BF(t) \tag{4-3}$$

输出量为 $Z = CY$，要求输出位移量，则 $C = [1, 0]$。建立仿真模型，如图 4-32 所示。

状态空间

**图 4-32　状态空间模块仿真模型**

设置状态空间模块的参数，如图 4-33 所示。

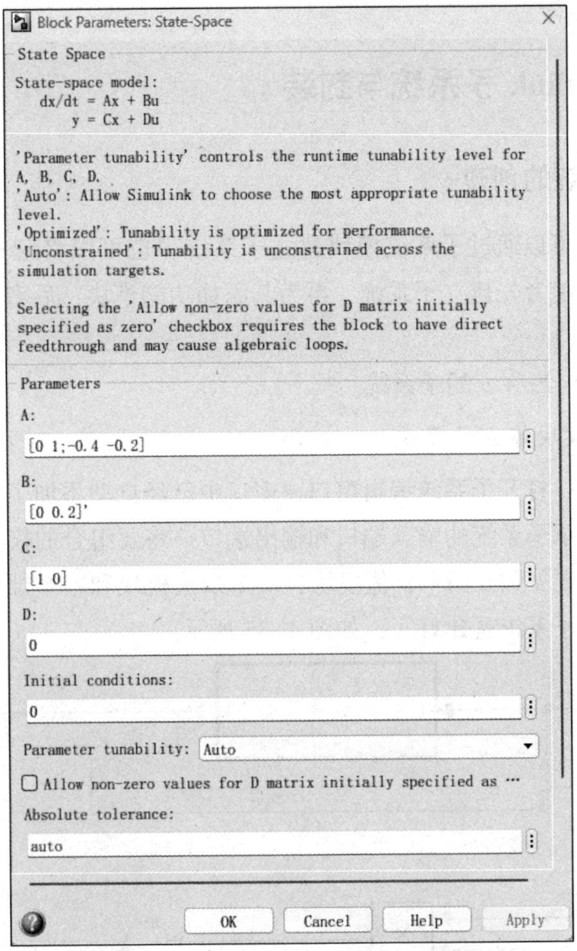

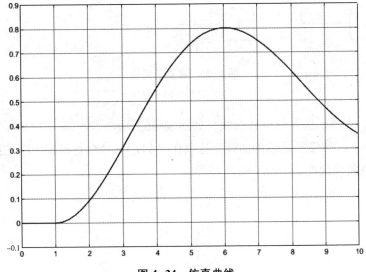

图 4-33　设置线性状态空间模块的参数

单击 Run 按钮，得到仿真曲线，如图 4-34 所示。

图 4-34　仿真曲线

## 4.4　Simulink 子系统与封装

### ▶▶▶ 4.4.1　子系统的创建 ▶▶ ▶

要建立子系统，可以通过子系统模块建立子系统，也可以将已有的模块转换为子系统，两者的区别是：前者先建立子系统，再为其添加功能模块；后者先选择模块，再建立子系统。

【例4-4】创建 $y = kx + b$ 的子系统。

1. 通过子系统模块建立子系统

双击子系统模块，打开子系统编辑窗口，窗口中已经自动添加了相互连接的一个输入模块和输出模块，表示子系统的输入端口和输出端口。将要组合的模块插入输入模块和输出模块中间，这里需要 $k$ 和 $b$ 两个常值模块，一个乘法模块和一个加法模块。将这些模块重新连接起来，一个子系统就建好了，如图 4-35 所示。

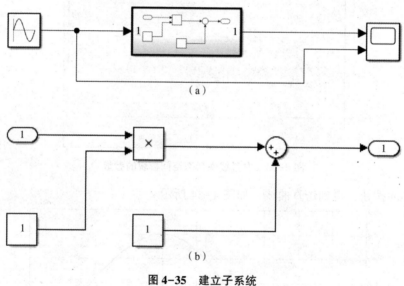

（a）

（b）

**图 4-35　建立子系统**

（a）主程序；（b）子程序

运行仿真，查看示波器的仿真曲线，如图 4-36 所示，其中深色曲线是正弦曲线，浅色曲线是经过 $y=kx+b$ 变换之后的曲线，这里在 MATLAB 命令行窗口中事先给 $k$ 赋值 3，$b$ 赋值 2，即浅色曲线代表 $y = 3\sin t + 2$。

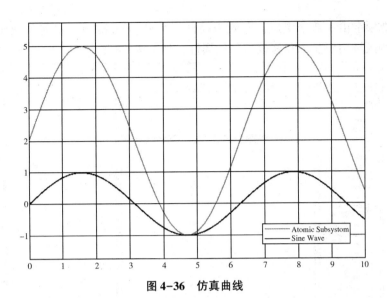

图4-36　仿真曲线

2. 通过已有的模块建立子系统

选择建立的系统模型中的所有模块，在模型编辑窗口中选择 Diagram→Subsystem&Model Reference→Create Subsystem from Selection 命令或按【Ctrl+G】组合键建立子系统。如果想要查看子系统的内部结构，可以双击子系统。

### ▶▶▎4.4.2　子系统的封装 ▶▶ ▶

（1）先选中要封装的子系统，再在模型窗口中选择 Component→Create Mask 命令，或按【Ctrl+M】组合键，这时将出现 Mask Editor：Subsystem（封装编辑器：子系统）对话框。

该对话框中的第一个选项卡用于设置被封装模块的图标，第二个选项卡用于设置子系统的封装参数，第三个选项卡用于设置初始化命令，第四个选项卡用于定义封装模块的类型、描述和帮助文本，如图4-37所示。

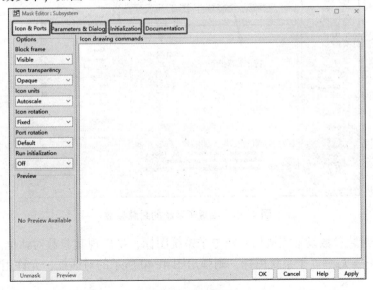

图4-37　4个选项卡

第二个选项卡由 3 部分组成，左侧为控件工具箱（Controls），中间区域显示对话框中的控件，右侧区域用于显示和修改控件的属性，如图 4-38 所示。

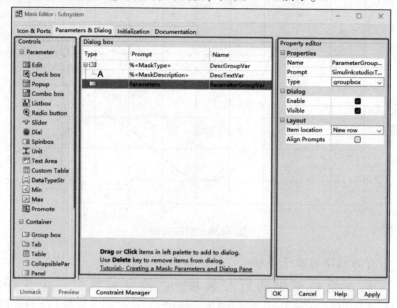

**图 4-38　设置子系统封装参数的选项卡**

（2）下面以 $y = kx + b$ 子系统为例，说明第二个选项卡的设置方法。

在左侧的控件工具箱中双击 Edit 按钮，为子系统的两个变量准备输入位置。在中间区域分别输入该控件的提示信息和控件名，单击 OK 按钮确认设置，如图 4-39 所示。

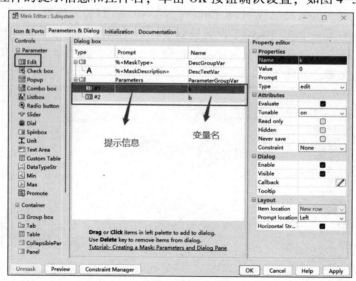

**图 4-39　设置子系统的封装参数**

子系统的封装参数设置完成后，双击子系统图标，将出现其参数对话框。例如，双击仿真模型中的 $y = kx + b$ 子系统图标，则弹出图 4-40 所示的对话框，允许用户输入参数 $k$ 和 $b$。

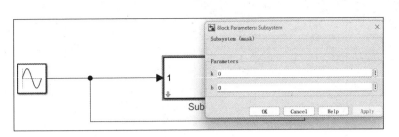

图4-40 输入参数

### ▶▶▶ 4.4.3 子系统的条件执行 ▶▶▶

子系统的执行可以由输入信号来控制,用于控制子系统执行的信号称为控制信号,而由控制信号控制的子系统称为条件执行子系统。在一个复杂模型中,有的模型的执行依赖于其他模块,这种情况下,条件执行子系统是很有用的。在条件执行子系统中,输出信号取决于输入信号和控制信号。

条件执行子系统包括使能子系统、触发子系统和使能加触发子系统。

1. 使能子系统

使能子系统是指当控制信号由负变正时开始执行,直到控制信号再次变为负时结束执行的子系统。控制信号可以是标量,也可以是矢量。如果是标量,则当标量的值大于0时,子系统开始执行。如果是矢量,则当矢量中任何一个元素大于0时,子系统开始执行。

使能子系统的外部有一个"使能"控制信号输入端口,"使能"是指当且仅当"使能"输入信号为正时,该模块才接收输入端口的信号。可直接选择使能子系统模块来建立使能子系统,也可以展开已有的子系统,添加端口与子系统(Ports&Subsystems)模块库中的使能模块(Enable),将该子系统转换为使能子系统。

【例4-5】利用使能子系统构成一个正弦半波整流器。

建立仿真模型,如图4-41所示。

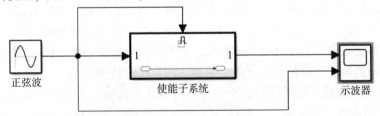

图4-41 建立仿真模型

单击 Run 按钮,得到仿真曲线,如图4-42所示。

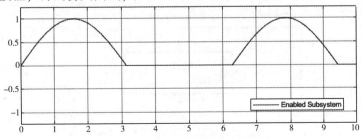

图4-42 仿真曲线

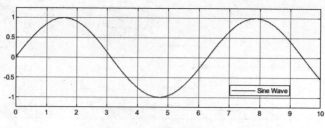

图 4-42　仿真曲线(续)

## 2. 触发子系统

触发子系统是指当触发事件发生时开始执行的子系统。与使能子系统类似，要建立触发子系统，可以直接选择触发子系统模块[见图 4-43(a)]，也可以展开已有的子系统，添加端口与子系统模块中的触发模块(Trigger)来将该子系统转换为触发子系统。建立好的触发子系统模型如图 4-43(b)所示。

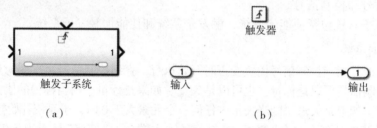

图 4-43　触发子系统模块与模型

(a)触发子系统模块；(b)触发子系统模型

触发事件有 4 种类型：上升沿触发(rising)、下降沿触发(falling)、跳变触发(either)和回调函数触发(function-call)。双击触发子系统中的触发器模块，在弹出的对话框中可以选择触发事件的类型。

(1)上升沿触发：触发信号以增大的方式穿越 0 时，子系统开始接收输入值。

(2)下降沿触发：触发信号以减小的方式穿越 0 时，子系统开始接收输入值。

(3)跳变触发：每当触发信号穿越 0 时，子系统就开始接收输入值。

(4)回调函数触发：这种触发方式必须和 S 函数配合使用。

触发器模块参数设置对话框中有 Show output port 复选框，用于设置是否为该模块添加一个输出端口用来输出控制信号。勾选该复选框后，下面的 Output data type 选项被激活，在这里可以选择输出控制信号的类型，有 auto、int8、double 类型。

【例 4-6】利用触发子系统将锯齿波转换为方波。

建立仿真模型，如图 4-44 所示。

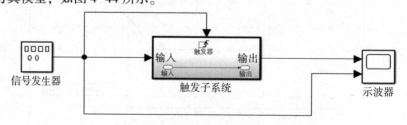

图 4-44　建立仿真模型

双击各个模块进行设置，将信号发生器的幅值设置为4，频率设置为1，选择锯齿波信号，如图4-45所示。

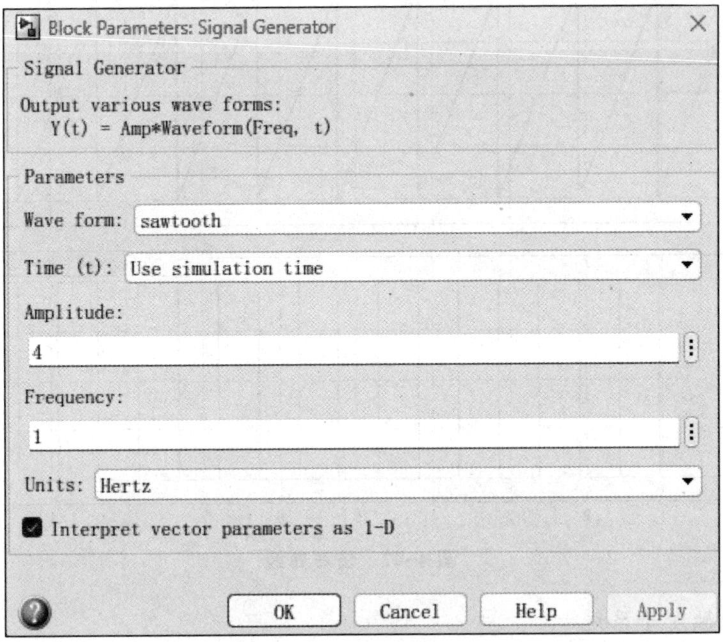

**图 4-45 设置信号发生器**

将子系统的触发事件设置成跳变触发，如图4-46所示。

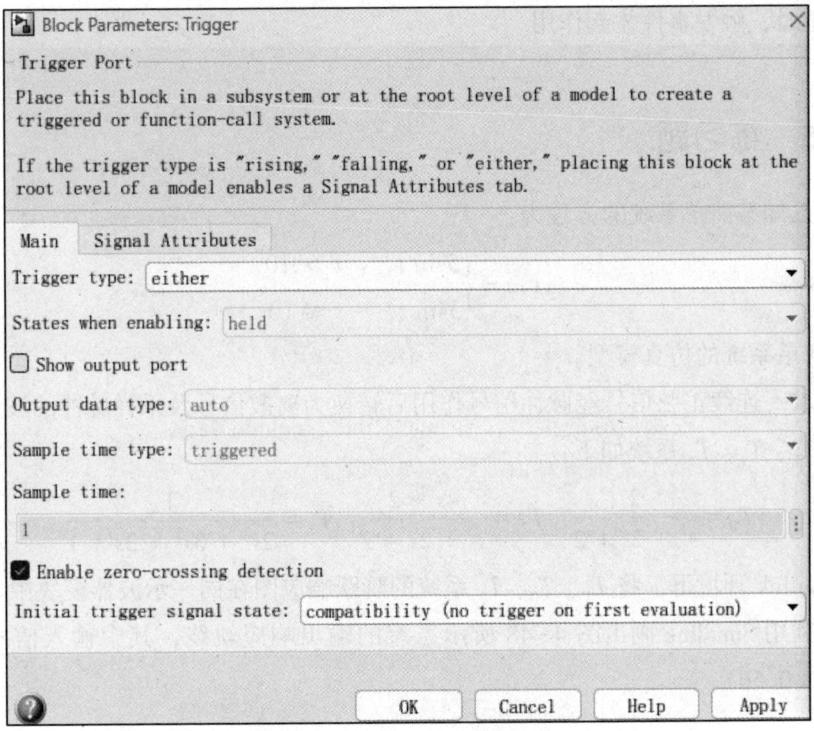

**图 4-46 设置子系统的触发事件**

单击 Run 按钮，得到仿真曲线，如图 4-47 所示。

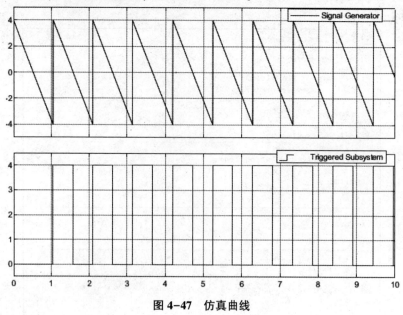

图 4-47  仿真曲线

### 3. 使能加触发子系统

所谓使能加触发子系统，就是当使能控制信号和触发控制信号共同作用时开始执行的子系统。该系统的行为方式与触发子系统相似，在此不再赘述。需要注意的是，只有当使能信号为正时，触发事件才起作用。

## 4.5  练习题

4.1  已知某简单系统的方程为：

$$y(t) = \begin{cases} 5\sin t, & t > 10 \\ 3\sin t, & t \leq 10 \end{cases}$$

试建立此简单系统的仿真模型。

4.2  求一连续正弦信号经脉冲信号作用后转换为离散信号及采样脉冲的波形。

4.3  $T_1$、$T_2$、$T_3$ 系统如下：

$$T_1 = \frac{2}{s^2 + 2s + 2}, \ T_2 = \frac{4s + 2}{s^2 + 2s + 2}, \ T_3 = \frac{1}{2s^3 + 3s^2 + 3s + 1}$$

在 Simulink 环境下，将 $T_1$、$T_2$、$T_3$ 系统的阶跃响应图在同一示波器模块中显示。

4.4  利用 Simulink 画出图 4-48 所示系统的输出响应轨线，其中输入信号为 $r(t) = 3\sin(2.5t - 0.56)$。

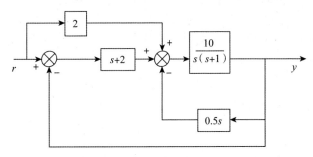

**图 4-48 题 4.4 图**

4.5 试用 Simulink 建立一个图 4-49 所示的典型 PID 控制系统模型，其中输入信号 $r(t)$ 为单位阶跃信号，输出端口接示波器。在 Simulink 中选择 PID 参数为 $K_p = 2K_d = 0.01K_i = 4$。

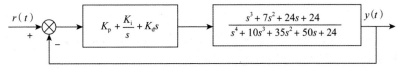

**图 4-49 题 4.5 图**

# 第 5 章
## 轮毂电机驱动电动汽车平顺性仿真

轮毂电机驱动电动汽车时，由于轮毂电动机的引入，传统的机械传动方式被取代，整车的质量有所降低。但是，由于轮毂电机集成在轮毂上，与传统的汽车相比，非簧载质量有所增加，因此直接引起簧载质量与非簧载质量的比值减小，导致轮胎动载荷变大，给汽车的平顺性和操纵稳定性带来一定影响。另外，轮毂电机自身存在磁固耦合问题，且轮毂电机工作在汽车悬架之下，受到路面的冲击激励，易造成电机的定子偏心，导致电机气隙不均匀，产生不平衡径向力，使自身的工作环境恶化，也导致汽车的平顺性和操纵稳定性变差。因此，本章分别应用 MATLAB 和 Simulink 建立路面输入模型、1/4 车辆垂直振动模型和七自由度整车平顺性模型，对轮毂电机驱动的电动汽车进行平顺性仿真分析。

## 5.1 路面输入模型的建立与仿真

路面不平度的产生是基于一个已知的平坦面来讲的，它并不是一个定值，而是随着汽车的行驶而不断改变的。由于汽车所受的主要激励来自轮胎所接触的路面，因此需要对路面不平度建模来得到激励的变化曲线，这条变化的曲线是进行特性分析必不可少的工具。

### ▶▶▶ 5.1.1 单轮路面输入模型的建立与仿真 ▶▶▶ ▶

如果采用不同的形式去描述功率谱密度，会由于过分强调功率谱密度的真实性而使运算过于复杂。通过查阅相关文献可知，路面功率谱密度 $G_q(n)$ 可利用最小二乘法进行拟合，具体的表达式可写为：

$$G_q(n) = G_q(n_0) \left( \frac{n}{n_0} \right)^{-w} \tag{5-1}$$

式中，$n$ 为空间频率，单位为 $m^{-1}$；$n_0$ 为参考空间频率，$n_0 = 0.1 \ m^{-1}$；$G_q(n_0)$ 为 $n_0$ 下的位移功率谱密度，单位为 $m^3$；$w$ 为拟合指数，一般取 2。

当拟合指数为 2 时，经过傅里叶变换后的函数关系为：

$$G_v(n) = G_q(n_0) (2\pi n_0)^2 \tag{5-2}$$

$$G_v(f) = G_v(n)v \tag{5-3}$$

式中，$f$ 为时间频率，单位为 Hz；$v$ 为车速，单位为 m·s$^{-1}$；$G_v(n)$ 为速度功率谱密度函数。

将式(5-2)和式(5-3)合并，得到：

$$G_v(f) = 4\pi^2 n_0^2 v G_q(n_0) \tag{5-4}$$

通过式(5-4)可以看出，速度功率谱密度函数 $G_v(f)$ 仅随汽车的行驶速度的变化而变化，与其他因素无关。当汽车行驶平稳，速度保持不变时，其速度功率谱密度就是恒定值。用一个特定的白噪声来描述路面随机激励模型，得出单轮路面不平度的微分方程，其所对应的函数关系为：

$$\dot{q}(t) = -2\pi n_c q(t) + 2\pi \sqrt{G_q(n_0)v}\, w(t) \tag{5-5}$$

式中，$q(t)$ 为车轮受到的路面随机激励；$G_q(n_0)$ 为路面不平度；$w(t)$ 为特定的白噪声；$n_c$ 为空间下截止频率；$n_0$ 为所选路面的空间频率；$v$ 为车速。

根据式(5-5)，在 MATLAB 和 Simulink 中建立单轮路面输入仿真模型，如图 5-1 所示。

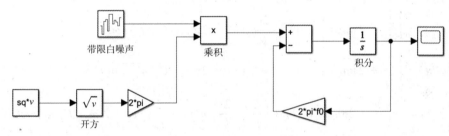

**图5-1 单轮路面输入仿真模型**

在命令行窗口中输入以下程序：

```
v=40;              % 车速
f0=0.07;           % 空间下截止频率
sq=0.000005;       % 路面不平度
```

设置仿真时间为 10 s，得到路面不平度仿真曲线，如图 5-2 所示。

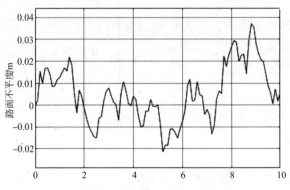

**图5-2 路面不平度仿真曲线**

### ▶▶|5.1.2 四轮路面输入模型的建立与仿真 ▶▶ ▶

建立四轮路面输入模型，如图 5-3 所示。

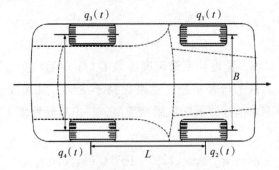

图 5-3 四轮路面输入模型

汽车在直线路面上等速行驶的过程中，左右车轮的路面不平度函数不同，需要考虑左右车轮的相关函数。通过推导，可得如下四轮相关随机路面激励时域模型：

$$\begin{cases} \dot{q}_1(t) = -2\pi n_{00} q_1(t) + 2\pi n_0 \sqrt{G_q(n_0)v}\,\omega(t) \\ \dot{q}_2(t) = \left(\dfrac{2v}{b} + 2\pi n_{00}v\right) q_1(t) - \dfrac{2v}{b}q_2(t) - 2\pi n_0 \sqrt{G_q(n_0)v}\,\omega(t) \\ \dot{q}_3(t) = \left(\dfrac{2}{t_d} + 2\pi n_{00}v\right) q_1(t) - \dfrac{2}{t_d}q_3(t) - 2\pi n_0 \sqrt{G_q(n_0)v}\,\omega(t) \\ \dot{q}_4(t) = -\left(\dfrac{2v}{b} + 2\pi n_{00}v\right) q_1(t) + \left(\dfrac{2}{t_d} + \dfrac{2v}{b}\right) q_2(t) - \dfrac{2}{t_d}q_4(t) + 2\pi n_0 \sqrt{G_q(n_0)v}\,\omega(t) \end{cases} \quad (5\text{-}6)$$

式中，$t_d = \dfrac{1}{v}$；$b$ 为左右轮距。选取 $[q_1(t), q_2(t), q_3(t), q_4(t)]$ 为状态变量，将上式写为如下的状态空间表达式：

$$\begin{cases} \dot{x} = \boldsymbol{A}X + \boldsymbol{B}v \\ y = \boldsymbol{C}X + \boldsymbol{D}v \end{cases} \quad (5\text{-}7)$$

式中，

$$\boldsymbol{A} = \begin{bmatrix} -2\pi n_{00} & 0 & 0 & 0 \\ \dfrac{2v}{b} + 2\pi n_{00}v & -\dfrac{2v}{b} & 0 & 0 \\ \dfrac{2}{t_d} + 2\pi n_{00}v & 0 & -\dfrac{2}{t_d} & 0 \\ -\left(\dfrac{2v}{b} + 2\pi n_{00}v\right) & \dfrac{2}{t_d} + \dfrac{2v}{b} & 0 & -\dfrac{2}{t_d} \end{bmatrix}, \quad \boldsymbol{B} = 2\pi n_0 \sqrt{G_q(n_0)v}\,\begin{bmatrix} 1 & -1 & -1 & 1 \end{bmatrix}^{\mathrm{T}}$$

$$\boldsymbol{C} = \begin{bmatrix} 1 & 0 & 0 & 0 \\ 0 & 1 & 0 & 0 \\ 0 & 0 & 1 & 0 \\ 0 & 0 & 0 & 1 \end{bmatrix}, \quad \boldsymbol{D} = [0]_{4\times1}$$

根据式(5-7)在 Simulink 中搭建四轮路面输入仿真模型，如图 5-4 所示。

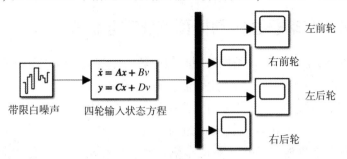

**图 5-4　四轮路面输入仿真模型**

在车速 $v$、路面不平度 $G_q(n_0)$、左右轮距 $b$、路面空间截止频率 $n_{00} = 0.01 \text{ m}^{-1}$ 等参数已知的情况下，可以得到四轮路面输入值，将车速 $v$ 设为 40 km/h，可以得到 B 级随机路面输入谱，如图 5-5 所示。

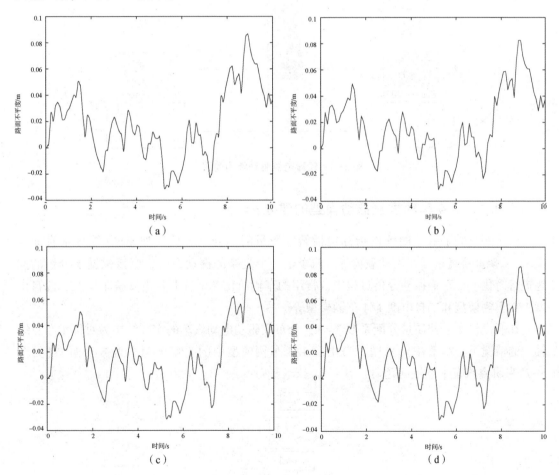

**图 5-5　B 级随机路面输入谱**

(a) 左前轮；(b) 右前轮；(c) 左后轮；(d) 右后轮

## 5.2 1/4 车辆垂直振动模型的建立与仿真 ● ▶ ▶ ▷

图 5-6 所示为轮毂电机驱动结构简图。用轮毂电机驱动汽车和用传统燃油发动机驱动汽车,其动力系统有着很大的不同。用燃油发动机驱动汽车,动力由发动机输出,需要经过离合器、变速箱、传动轴等部件把动力传递到车轮。用轮毂电机驱动汽车,4 个轮毂电机分别同轴安装在 4 个车轮内,直接通过各个车轮上单独的电机控制器(Motor Control Unit,MCU)使轮毂电机输出转矩,驱使车辆运动,该结构汽车又称为分布式驱动汽车。通过开发相应稳定性算法,可以精确输出车轮状态。

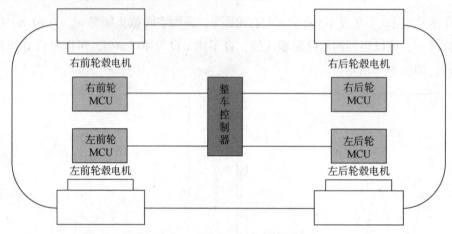

图 5-6 轮毂电机驱动结构简图

### ▶▶▎5.2.1 1/4 车辆垂直振动模型的建立 ▶▶ ▶

汽车的行驶平顺性的评价指标包括簧载质量的车身垂直振动加速度(简称垂直加速度)、悬架动挠度以及车轮动载荷等。汽车是一个复杂的振动系统,应该根据要分析的问题进行简化。在车辆振动分析过程中,常用的车辆简化模型有七自由度整车模型、四自由度 1/2 车辆模型和二自由度 1/4 车辆模型等。

在假设汽车悬挂质量分配系数 $\zeta = 1$,分布式驱动电动汽车的实际结构为对称于车身纵轴线的情况下,本节主要采用二自由度 1/4 车辆模型中的 1/4 车辆垂直振动模型(见图 5-7)来研究汽车平顺性问题。

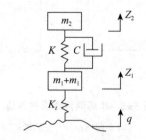

图 5-7 1/4 车辆垂直振动模型

（1）建立微分方程：

$$\begin{cases} m_2\ddot{Z}_2 + C(\dot{Z}_2 - \dot{Z}_1) + K(Z_2 - Z_1) = 0 \\ (m_1 + m_3)\ddot{Z}_1 + C(\dot{Z}_1 - \dot{Z}_2) + K(Z_1 - Z_2) + K_t(Z_1 - q) = 0 \end{cases} \tag{5-8}$$

式中，$m_2$ 为车身质量；$m_1$ 为车轮质量；$m_3$ 为轮毂电机质量；$K_t$ 为轮胎刚度；$K$ 为悬架刚度；$C$ 为减振器阻尼系数；$Z_2$ 为车身垂直位移坐标；$Z_1$ 为车轮垂直位移坐标；$q$ 为路面不平度函数。

电动汽车在随机路面上行驶的过程中，通常把路面速度输入谱看作白噪声，其表达式为：

$$G_q(f) = 4\pi^2 G_q(n_0)n_0^2 v \tag{5-9}$$

根据车辆随机振动的原理，响应的均方值为：

$$\sigma_x^2 = \int_{-\infty}^{+\infty} |H(j\omega)_{Z\sim\dot{q}}|^2 \frac{G_q(f)}{2}df \tag{5-10}$$

式中，$|H(j\omega)_{x\sim\dot{q}}|$ 为响应量 $Z$ 对路面不平度输入速度 $\dot{q}$ 的频率响应函数，其中响应量代表悬架动挠度 $f_d$、车身垂直加速度 $\ddot{Z}_2$、车轮动载荷 $F_d$。

将有关各复振幅代入式（5-8），得系统各传递函数：

$$H(j\omega)_{Z_2\sim Z_1} = \frac{Z_2}{Z_1} = \frac{j\omega C + K}{-\omega^2 m_2 + K + j\omega C} = \frac{A_1}{A_2} \tag{5-11}$$

$$H(j\omega)_{Z_1\sim q} = \frac{Z_1}{q} = \frac{A_2 K_t}{A_3 A_2 - A_1^2} = \frac{A_2 K_t}{N} \tag{5-12}$$

$$H(j\omega)_{Z_2\sim q} = \frac{Z_2}{q} = \frac{Z_1}{Z_2}\frac{Z_1}{q} = \frac{A_1}{A_2}\frac{A_2 K_t}{N} = \frac{A_1 K_t}{N} \tag{5-13}$$

$$A_1 = j\omega C + K, \quad A_2 = -\omega^2(m_2 + m_3) + j\omega C + K, \quad A_3 = -\omega^2 m_1 + j\omega C + K + K_t$$

$$N = A_3 A_2 - A_1^2$$

$$\Delta = \left\{\left[1 - (\omega/\omega_0)^2\right]\left[1 + \gamma - \frac{1}{\mu}(\omega/\omega_0)^2\right] - 1\right\}^2 +$$

$$4\zeta^2(\omega/\omega_0)^2\left[\gamma - \left(\frac{1}{\mu} + 1\right)(\omega/\omega_0)^2\right]^2$$

（2）传递函数的分子、分母分别进行复数运算，然后求模，得幅频特性：

$$|H(j\omega)_{Z_2\sim q}| = \left|\frac{Z_2}{q}\right| = |Z_2/Z_1||Z_1/q| = \gamma\left[\frac{1 + 4\zeta^2\lambda^2}{(1 - \lambda^2)^2 + 4\zeta^2\lambda^2}\right]^{\frac{1}{2}} \times \left[\frac{(1 - \lambda^2)^2 + 4\zeta^2\lambda^2}{\Delta}\right]^{\frac{1}{2}}$$

$$= \gamma\left(\frac{1 + 4\zeta^2\lambda^2}{\Delta}\right)^{\frac{1}{2}} \tag{5-14}$$

式中，$\gamma = K_t/K$ 为刚度比；$\mu = m_2/m_1$ 为质量比。

车身垂直加速度 $\ddot{Z}_2$ 对 $\dot{q}$ 的幅频特性为：

$$|H(j\omega)|_{Z\sim\dot{q}} = \left|\frac{\ddot{Z}_2}{\dot{q}}\right| = \omega\left|\frac{Z_2}{q}\right| \tag{5-15}$$

$$|H(j\omega)|_{Z\sim\dot{q}} = \left|\frac{\ddot{Z}_2}{\dot{q}}\right|\omega\gamma\left(\frac{1 + 4\zeta^2\lambda^2}{\Delta}\right)^{\frac{1}{2}} \tag{5-16}$$

（3）车轮相对动载荷 $F_d/G$ 对 $\dot{q}$ 的幅频特性如下。

车轮动载荷 $F_d = K_t(Z_1 - q)$ ，静载荷 $G = (m_1 + m_2)g = m_1(v + 1)g_0 F_d/G_0$

车轮动载荷对 $q$ 的频率响应函数为：

$$\left| \frac{F_d}{G\dot{q}} \right| = \frac{\gamma\omega}{g} \left[ \frac{\left( \frac{\lambda^2}{1 + v} - 1 \right)^2 + 4\zeta^2\lambda^2}{\Delta} \right]^{\frac{1}{2}} \tag{5-17}$$

（4）悬架动挠度对 $\dot{q}$ 的幅频特性如下。

悬架动挠度的响应函数为：

$$\left| \frac{f_d}{\dot{q}} \right| = \frac{\gamma}{\omega} \lambda^2 \left( \frac{1}{\Delta} \right)^{\frac{1}{2}} \tag{5-18}$$

（5）根据上述公式，分别可以计算出车身垂直加速度均方值 $\sigma_{\ddot{Z}_2}^2$ 、悬架动挠度均方值 $\sigma_{f_d}^2$ 、车轮动载荷均方值 $\sigma_{F_d}^2$ ；

$$\sigma_{\ddot{Z}_2}^2 = \pi^2 G_q(n_0) n_0^2 v \frac{\omega_0^3(1 + \mu + 4\mu\gamma\zeta^2)}{2\zeta\mu} \tag{5-19}$$

$$\sigma_{f_d}^2 = \pi^2 G_q(n_0) n_0^2 v \frac{(1 + \mu)}{2\zeta\mu\omega_0} \tag{5-20}$$

$$\sigma_{F_d}^2 = K_t \pi^2 G_q(n_0) n_0^2 v \frac{\mu\gamma(\mu\gamma - 2 - 2v) + (1 + \mu)^3 + 4\mu\gamma\zeta^2(1 + \mu)^2}{2\zeta\mu^3\gamma^2\omega_0} \tag{5-21}$$

### ▶▶▶ 5.2.2 仿真实例 ▶▶ ▶

通过图 5-7，得到 1/4 车辆垂直振动模型的仿真参数，如表 5-1 所示，进行路面随机激励工况下的分布式驱动电动汽车的平顺性仿真分析。

**表 5-1  1/4 车辆垂直振动模型的仿真参数**

| 参数 | $m_1$ | $m_2$ | $m_3$ | $K_t$ | $K$ | $C$ |
|------|-------|-------|-------|-------|-----|-----|
| 数据 | 40 kg | 380 kg | 20 kg | 196 000 N·m$^{-1}$ | 20 000 N·m$^{-1}$ | 1 496 $\frac{\text{N}}{\text{m}\cdot\text{s}^{-1}}$ |

本实例主要研究分布式驱动电动汽车，在轮毂电机引起汽车非簧载质量增加的情况下，对车辆平顺性的影响。

在参考车速 $v = 40$ km/h 和 B 级随机路面的情况下，通过建立的 1/4 车辆垂直振动模型，利用所建立的传递函数模型，在 MATLAB 中进行仿真分析，最终可以得到振动系统的频域特性曲线。为了能够更加直观地研究非簧载质量的增加对汽车平顺性的影响，分别绘制非簧载质量为 50 kg、60 kg 和 70 kg 时的平顺性频域仿真曲线，程序如下：

```
m2=380;mw=50;K=20 000;C=1 496;Kt=196 000;        % 参数设置
b3=Kt*C;b2=Kt*K;b1=0;b0=0;                       % 分子多项式系数
a4=m2*mw;a3=(m2+mw)*C;a2=m2*K+m2*Kt+mw*K;        % 分母多项式系数
a1=C*Kt;a0=Kt*K;
w=[0,logspace(-1,3,200)];                        % 在 0.1～1 000 rad/s 之间产生 200
                                                    个对数均匀分布的频率点
```

```
H1 = tf([b3,b2,b1,b0],[a4,a3,a2,a1,a0]);          %建立车身垂直加速度传递函数
figure(1)                                          %建立图窗
hold on                                            %保持图窗
bode(H1,w)                                         %画出伯德图
figure(2)
c2 = -mw*Kt;c1 = 0;c0 = 0;
H2 = tf([c2,c1,c0],[a4,a3,a2,a1,a0]);             %建立悬架动挠度传递函数
hold on
bode(H2,w)
figure(3)
d4 = m2*mw*Kt;d3 = (m2+mw)*C*Kt;
d2 = (m2+mw)*K*Kt;d1 = 0;d0 = 0;
H3 = tf([d4,d3,d2,d1,d0],[a4,a3,a2,a1,a0]);       %建立轮胎动载荷传递函数
hold on
bode(H3,w)
m2 = 380;mw = 60;K = 20 000;C = 1 496;Kt = 196 000; %参数设置
b3 = Kt*C;b2 = Kt*K;b1 = 0;b0 = 0;
a4 = m2*mw;a3 = (m2+mw)*C;a2 = m2*K+m2*Kt+mw*K;
a1 = C*Kt;a0 = Kt*K;
w = [0,logspace(-1,3,200)];
H1 = tf([b3,b2,b1,b0],[a4,a3,a2,a1,a0]);
figure(1)
hold on
bode(H1,w)
figure(2)
c2 = -mw*Kt;c1 = 0;c0 = 0;
H2 = tf([c2,c1,c0],[a4,a3,a2,a1,a0]);
hold on
bode(H2,w)
figure(3)
d4 = m2*mw*Kt;d3 = (m2+mw)*C*Kt;
d2 = (m2+mw)*K*Kt;d1 = 0;d0 = 0;
H3 = tf([d4,d3,d2,d1,d0],[a4,a3,a2,a1,a0]);
hold on
bode(H3,w)
m2 = 380;mw = 70;K = 20 000;C = 1 496;Kt = 196 000;
b3 = Kt*C;b2 = Kt*K;b1 = 0;b0 = 0;
a4 = m2*mw;a3 = (m2+mw)*C;a2 = m2*K+m2*Kt+mw*K;
```

```
a1 = C*Kt;a0 = Kt*K;
w = [0,logspace(-1,3,200)];
H1 = tf([b3,b2,b1,b0],[a4,a3,a2,a1,a0]);
figure(1)
bode(H1,w)
figure(2)
c2 = -mw*Kt;c1 = 0;c0 = 0;
H2 = tf([c2,c1,c0],[a4,a3,a2,a1,a0]);
bode(H2,w)
figure(3)
d4 = m2*mw*Kt;d3 = (m2+mw)*C*Kt;
d2 = (m2+mw)*K*Kt;d1 = 0;d0 = 0;
H3 = tf([d4,d3,d2,d1,d0],[a4,a3,a2,a1,a0]);
bode(H3,w)
```

由对比图5-8、图5-9、图5-10可知，幅频特性有低、高两处共振峰。在低频段，当非簧载质量增加时，车身垂直加速度、悬架动挠度、轮胎动载荷对应曲线基本相同。在高频段，随着非簧载质量的增加，这3个响应量的幅频特性的高频共振峰向低频方向移动，而峰值升高。也就是说，非簧载质量的增加使汽车平顺性变差，车身垂直加速度变大会使汽车的舒适性变差，悬架动挠度过大则会使撞击限位块的次数增加，影响汽车行驶，而轮胎动载荷过大则影响轮胎与路面的接地性，从而对汽车的操纵稳定性造成影响，危及行车安全。

图5-8 彩图效果

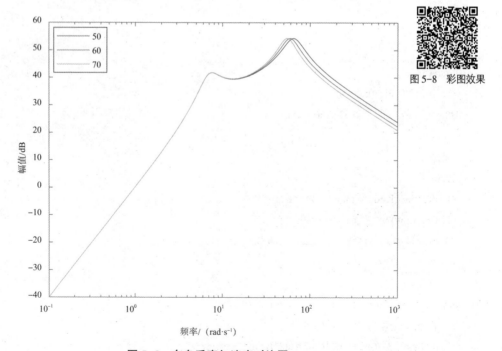

图5-8 车身垂直加速度对比图

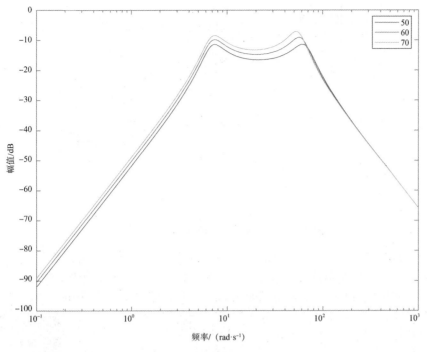

图 5-9 彩图效果

图 5-9 悬架动挠度对比图

图 5-10 彩图效果

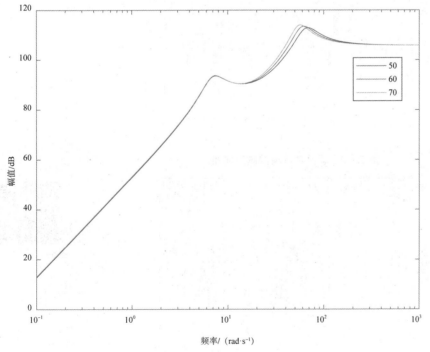

图 5-10 轮胎动载荷对比图

根据式(5-8)，用所建立的路面激励作为振动系统的激励输入，在 MATLAB 和 Simulink 中建立 1/4 车辆垂直振动模型，如图 5-11 所示。

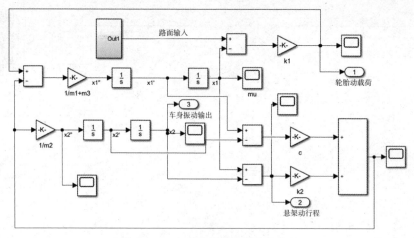

**图5-11  1/4车辆垂直振动仿真模型**

可以看到，分布式驱动电动汽车的平顺性通常可以采用车身垂直加速度、悬架动挠度，以及能反映汽车行驶安全的轮胎动载荷来综合评价。当汽车以 $v=40$ km/h 的速度在 B 级路面上行驶时，不同非簧载质量对应的三者的响应曲线如图 5-12、图 5-13、图 5-14 所示。

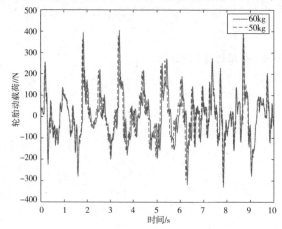

**图 5-12  彩图效果**

**图 5-12  轮胎动载荷的响应曲线**

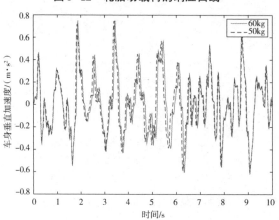

**图 5-13  彩图效果**

**图 5-13  车身垂直加速度的响应曲线**

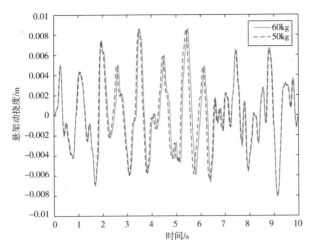

图 5-14　彩图效果

**图 5-14　悬架动挠度的响应曲线**

从图 5-12~图 5-14 中可以看出，非簧载质量的增加将导致轮胎动载荷与车身垂直加速度增大，而悬架动挠度变化不大。

（1）仿真车速 $v = 40$ km/h，B 级路面。

车身垂直加速度、悬架动挠度与轮胎动载荷的时域响应如表 5-2 所示。

**表 5-2　车速为 40 km/h 的时域响应（B 级路面）**

| 非簧载质量/kg | 车身垂直加速度均方根值 $\sigma_{\ddot{z}_2} / (\text{m} \cdot \text{s}^{-2})$ | 悬架动挠度均方根值 $\sigma_{f_d} / \text{m}$ | 轮胎动载荷均方根值 $\sigma_{F_d} / \text{N}$ |
|---|---|---|---|
| 50 | 0.445 4 | 0.004 4 | 325.555 2 |
| 60 | 0.476 9 | 0.004 5 | 348.200 5 |
| 增幅 | 7.07% | 2.27% | 6.96% |

可以看到，分布式驱动电动汽车随着非簧载质量的增加，其车身垂直加速度均方根值增加了 7.07%，轮胎动载荷均方根值增加了 6.96%，而悬架动挠度均方根值增加了 2.27%。虽然悬架动挠度均方根值的增幅不是太大，但是车身垂直加速度均方根值的增大会导致汽车舒适性变差，轮胎动载荷均方根值的增大会降低汽车行驶过程中和地面相接触的能力，轮胎的接地性能下降，对汽车的操纵稳定性产生了不利影响。经过对比，轮胎动载荷与加速度的变化范围更大，幅度更明显，因而汽车非簧载质量的增加会使汽车的平顺性恶化。

（2）仿真车速 $v = 80$ km/h，B 级路面。

国内道路的情况比较复杂，城市出行中的路面多为 B 级路面。在其他参数不变的情况下，汽车以 80 km/h 的速度行驶在 B 级路面上的车身垂直加速度、悬架动挠度、轮胎动载荷的时域响应如表 5-3 所示。

**表 5-3　车速为 80 km/h 的时域响应（B 级路面）**

| 非簧载质量/kg | 车身垂直加速度均方根值 $\sigma_{\ddot{z}_2} / (\text{m} \cdot \text{s}^{-2})$ | 悬架动挠度均方根值 $\sigma_{f_d} / \text{m}$ | 轮胎动载荷均方根值 $\sigma_{F_d} / \text{N}$ |
|---|---|---|---|
| 50 | 0.600 1 | 0.006 4 | 460.404 5 |
| 60 | 0.632 0 | 0.006 5 | 492.429 9 |
| 增幅 | 5.32% | 1.56% | 6.69% |

可以看到，在高速工况下，悬架动挠度均方根值的增幅不是很明显，但是车身垂直加速度与轮胎动载荷的均方根值都有较大的增加，从而导致汽车在高速工况下随着非簧载质量的增加舒适性变差，操纵稳定性降低。

## 5.3 七自由度整车平顺性模型的建立与仿真

本节为了完整地反映汽车行驶过程中车身状态的变化（即垂直、侧倾、俯仰等运动变化），通过 MATLAB 和 Simulink 建立七自由度整车平顺性模型，进行仿真分析，得出汽车的垂直、侧倾、俯仰等加速度变化曲线，研究在不同车速下，汽车非簧载质量的变化对车辆平顺性产生的影响。

### ▶▶▶ 5.3.1 整车模型的建立 ▶▶ ▶

分布式驱动电动汽车是在 4 个车轮内装载轮毂电机，以带动 4 个轮胎行驶，这与常规的汽车结构有巨大的区别。为了研究结构变化对整车平顺性的影响，需要重新建立一个可以体现出整车行驶过程中的性能的动力学模型。在目前的研究中，多采用 1/2 车辆模型和 1/4 车辆模型，但均不能很好地反映车辆的性能指标，因此下面建立整车模型。

图 5-15 所示为汽车悬架系统的性能评价指标。汽车动力学的研究目标是提高驾驶安全性、操控性和舒适性，同时减轻驾驶员的压力。在紧急情况下，车辆动态控制可以控制车辆垂直、水平和横摆的移动。车辆动态控制的执行系统应包括驱动系统、制动系统和转向系统。根据运动中的自由度不同，车辆动态控制可分为 4 类：垂直控制、纵向控制、综合控制和横摆控制。前面建立的 1/4 车辆模型不能很好地展现汽车的各种性能状况，为了全面地分析、解决问题，下面建立分布式驱动电动汽车七自由度整车平顺性模型。

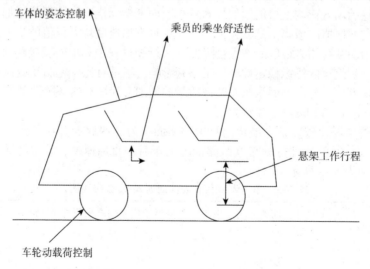

图 5-15　汽车悬架系统的性能评价指标

假设汽车悬架以上的部分是一个刚体，将汽车看作由多个零件构成的复杂振动系统，分布式驱动电动汽车模型由5个部分的质量块组成：车身质量块和4个轮胎的质量块。每个质量块都由悬架和轮胎的刚性元件相互耦合组成，汽车在水平面上以一定的车速行驶，考虑到研究的重点，对车辆系统进行了简化，每个电动车轮都变为一个简化的独立悬架模型。为了降低计算机计算的复杂性并忽略车辆建模过程中的某些因素，模型简化如下。

（1）车辆具有动态平衡，轻微振动只出现在平衡点上下，簧载质量和弹性元件下的非簧载质量为刚性质量。

（2）汽车振动系统为线性振动系统。

（3）忽略悬架的作用，车辆只做平行于地面的运动，不考虑车身转向。

（4）车轮被简化为一个一般弹簧，并忽略其阻尼特性。

（5）汽车车身具有较小的俯仰角和侧倾角。

建立图5-16所示的七自由度整车平顺性模型，由于轮胎和悬架的共同作用，车身具有垂直、俯仰、侧倾3个方向的自由度，而且4个车轮会分别产生上下垂直运动的4个自由度。

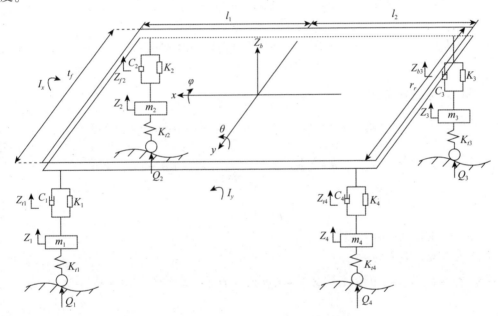

**图5-16　七自由度整车平顺性模型**

图中，$m_1$、$m_2$、$m_3$、$m_4$为前、后车轮的质量，单位为 kg；$m_b$为车身的质量，单位为 kg；

$K_{t1}$、$K_{t2}$、$K_{t3}$、$K_{t4}$为轮胎的刚度，单位为 N/m；$K_1$、$K_2$、$K_3$、$K_4$为前、后悬架的刚度，单位为 N/m；

$C_1$、$C_2$、$C_3$、$C_4$为前、后悬架的阻尼，单位为 N/m；$Q_1$、$Q_2$、$Q_3$、$Q_4$为路面不平度函数，单位为 m；

$l_1$、$l_2$为前、后轮到汽车质心的水平距离，单位为 m；

$t_f$、$t_r$为前、后轴轮距，单位为 m；

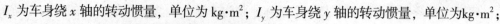
$I_x$ 为车身绕 $x$ 轴的转动惯量，单位为 kg·m$^2$； $I_y$ 为车身绕 $y$ 轴的转动惯量，单位为kg·m$^2$；

$\varphi$ 为汽车的质心绕 $x$ 轴转动的角度，单位为 rad；

$\theta$ 为汽车的质心绕 $y$ 轴转动的角度，单位为 rad。

分布式驱动电动汽车的七自由度数学模型有很多种，不同的数学模型会根据不同的使用工况，采用不同的数值方法。在这里采用拉格朗日定理来建立数学模型：

$$\frac{\mathrm{d}\left(\dfrac{\partial L}{\partial \dot{q_i}}\right)}{\mathrm{d}t} - \frac{\partial F}{\partial q_i} + \frac{\partial D}{\partial \dot{q_i}} = Q_i \tag{5-22}$$

系统的动能方程为：

$$T = \frac{1}{2}m_1\dot{Z}_1^2 + \frac{1}{2}m_2\dot{Z}_2^2 + \frac{1}{2}m_3\dot{Z}_3^2 + \frac{1}{2}m_4\dot{Z}_4^2 + \frac{1}{2}m_b\dot{Z}_b^2 + \frac{1}{2}I_x\dot{\varphi}^2 + \frac{1}{2}I_y\dot{\theta}^2 \tag{5-23}$$

系统的势能方程为：

$$V = \frac{1}{2}K_{t1}(Z_1 - Q_1)^2 + \frac{1}{2}K_{t2}(Z_2 - Q_2)^2 + \frac{1}{2}K_{t3}(Z_3 - Q_3)^2 + \frac{1}{2}K_{t4}(Z_4 - Q_4)^2 +$$

$$\frac{1}{2}K_1(Z_b - l_1\theta + t_f\varphi - Z_1)^2 + \frac{1}{2}K_2(Z_b - l_1\theta + t_f\varphi - Z_2)^2 +$$

$$\frac{1}{2}K_3(Z_b - l_2\theta + t_r\varphi - Z_3)^2 + \frac{1}{2}K_4(Z_b - l_2\theta + t_r\varphi - Z_4)^2 \tag{5-24}$$

系统的耗散能方程为：

$$D = \frac{1}{2}C_1(\dot{Z}_b - l_1\dot{\theta} - t_f\dot{\varphi} - \dot{Z}_1) + \frac{1}{2}C_2(\dot{Z}_b - l_1\dot{\theta} - t_f\dot{\varphi} - \dot{Z}_2) +$$

$$\frac{1}{2}C_3(\dot{Z}_b - l_2\dot{\theta} - t_r\dot{\varphi} - \dot{Z}_3) + \frac{1}{2}C_4(\dot{Z}_b - l_2\dot{\theta} - t_r\dot{\varphi} - \dot{Z}_4) \tag{5-25}$$

系统的动势能方程为：

$$L = T - V \tag{5-26}$$

整车模型的振动微分方程如下。

汽车左前轮的方程为：

$$m_1\ddot{Z}_1 - C_1(\dot{Z}_b - l_1\dot{\theta} + t_f\dot{\varphi} - \dot{Z}_1) + K_{t1}(Z_1 - Q_1) - K_1(Z_b - l_1\theta + t_f\varphi - Z_1) = 0 \tag{5-27}$$

汽车右前轮的方程为：

$$m_2\ddot{Z}_2 - C_2(\dot{Z}_b - l_1\dot{\theta} + t_f\dot{\varphi} - \dot{Z}_2) + K_{t2}(Z_2 - Q_2) - K_2(Z_b - l_1\theta - t_f\varphi - Z_2) = 0 \tag{5-28}$$

汽车左后轮的方程为：

$$m_3\ddot{Z}_3 - C_3(\dot{Z}_b + l_2\dot{\theta} + t_r\dot{\varphi} - \dot{Z}_3) + K_{t3}(Z_3 - Q_3) - K_3(Z_b + l_2\theta + t_r\varphi - Z_3) = 0 \tag{5-29}$$

汽车右后轮的方程为：

$$m_4\ddot{Z}_4 - C_4(\dot{Z}_b + l_2\dot{\theta} - t_r\dot{\varphi} - \dot{Z}_4) + K_{t4}(Z_4 - Q_4) - K_4(Z_b + l_2\theta + t_r\varphi - Z_4) = 0 \tag{5-30}$$

车身垂直方向的方程为：

$$m_b\ddot{Z}_b + C_1(\dot{Z}_b - l_1\dot{\theta} + t_f\dot{\varphi} - \dot{Z}_1) + C_2(\dot{Z}_b - l_1\dot{\theta} - t_f\dot{\varphi} - \dot{Z}_2) +$$
$$C_3(\dot{Z}_b + l_2\dot{\theta} + t_r\dot{\varphi} - \dot{Z}_3) + C_4(\dot{Z}_b + l_2\dot{\theta} - t_r\dot{\varphi} - \dot{Z}_4) +$$
$$K_1(Z_b - l_1\theta + t_f\varphi - Z_1) + K_2(Z_b - l_1\theta - t_f\varphi - Z_2) +$$
$$K_3(Z_b + l_2\theta + t_r\varphi - Z_3) + K_4(Z_b + l_2\theta - t_r\varphi - Z_4) = 0 \tag{5-31}$$

车身侧倾方向的方程为：

$$I_x\ddot{\varphi} + C_1 t_f(\dot{Z}_b - l_1\dot{\theta} + t_f\dot{\varphi} - \dot{Z}_1) - C_2 t_f(\dot{Z}_b - l_1\dot{\theta} - t_f\dot{\varphi} - \dot{Z}_2) +$$
$$C_3 t_r(\dot{Z}_b + l_2\dot{\theta} + t_r\dot{\varphi} - \dot{Z}_3) - C_4 t_r(\dot{Z}_b + l_2\dot{\theta} - t_r\dot{\varphi} - \dot{Z}_4) +$$
$$K_1 t_f(Z_b - l_1\theta + t_f\varphi - Z_1) - K_2 t_f(Z_b - l_1\theta - t_f\varphi - Z_2) +$$
$$K_3 t_r(Z_b + l_2\theta + t_r\varphi - Z_3) - K_4 t_r(Z_b + l_2\theta - t_r\varphi - Z_4) = 0 \tag{5-32}$$

车身俯仰方向的方程为：

$$I_y\ddot{\theta} - C_1 l_1(\dot{Z}_b - l_1\dot{\theta} + t_f\dot{\varphi} - \dot{Z}_1) - C_2 l_1(\dot{Z}_b - l_1\dot{\theta} - t_f\dot{\varphi} - \dot{Z}_2) +$$
$$C_3 l_2(\dot{Z}_b + l_2\dot{\theta} + t_r\dot{\varphi} - \dot{Z}_3) + C_4 l_2(\dot{Z}_b + l_2\dot{\theta} - t_r\dot{\varphi} - \dot{Z}_4)$$
$$- K_1 l_1(Z_b - l_1\theta + t_f\varphi - Z_1) - K_2 l_1(Z_b - l_1\theta - t_f\varphi - Z_2) +$$
$$K_3 l_2(Z_b + l_2\theta + t_r\varphi - Z_3) + K_4 l_2(Z_b + l_2\theta - t_r\varphi - Z_4) = 0 \tag{5-33}$$

由于该系统比较复杂，因此以上方程可以用矩阵的形式表示：

$$M\ddot{Z} + C\dot{Z} + KZ = F = K_T Q \tag{5-34}$$

式中，$M$ 为质量矩阵；$C$ 为阻尼矩阵；$K$ 为刚度矩阵；$K_T$ 为车轮刚度矩阵；$Q$ 为激励输入。各矩阵为：

$$Z = [Z_1, Z_2, Z_3, Z_4, Z_b, \varphi, \theta]^T$$
$$\dot{Z} = [\dot{Z}_1, \dot{Z}_2, \dot{Z}_3, \dot{Z}_4, \dot{Z}_b, \dot{\varphi}, \dot{\theta}]^T$$
$$\ddot{Z} = [\ddot{Z}_1, \ddot{Z}_2, \ddot{Z}_3, \ddot{Z}_4, \ddot{Z}_b, \ddot{\varphi}, \ddot{\theta}]^T$$
$$Q = [Q_1, Q_2, Q_3, Q_4]^T$$

$$K_T = \begin{bmatrix} 0 & 0 & 0 & 0 \\ 0 & 0 & 0 & 0 \\ 0 & 0 & 0 & 0 \\ K_{t1} & 0 & 0 & 0 \\ 0 & K_{t2} & 0 & 0 \\ 0 & 0 & K_{t3} & 0 \\ 0 & 0 & 0 & K_{t4} \end{bmatrix}$$

$$M = \begin{bmatrix} m_1 & 0 & 0 & 0 & 0 & 0 & 0 \\ 0 & m_2 & 0 & 0 & 0 & 0 & 0 \\ 0 & 0 & m_3 & 0 & 0 & 0 & 0 \\ 0 & 0 & 0 & m_4 & 0 & 0 & 0 \\ 0 & 0 & 0 & 0 & m_b & 0 & 0 \\ 0 & 0 & 0 & 0 & 0 & I_x & 0 \\ 0 & 0 & 0 & 0 & 0 & 0 & I_y \end{bmatrix}$$

$$C = \begin{bmatrix} C_1 & 0 & 0 & 0 & -C_1 & -C_1 t_f & C_1 l_1 \\ 0 & C_2 & 0 & 0 & -C_2 & C_2 t_f & C_2 l_1 \\ 0 & 0 & C_3 & 0 & -C_3 & -C_3 t_r & C_3 l_2 \\ 0 & 0 & 0 & C_4 & -C_4 & C_4 t_r & C_4 l_2 \\ -C_1 & -C_2 & -C_3 & -C_4 & (C_1+C_2+C_3+C_4) & C_{56} & C_{57} \\ -C_1 t_f & C_2 t_f & -C_3 t_r & C_4 t_r & C_{65} & C_{66} & C_{67} \\ C_1 l_1 & C_2 l_1 & C_3 l_2 & C_4 l_2 & C_{75} & C_{76} & C_{77} \end{bmatrix}$$

其中

$$C_{56} = C_1 t_f - C_2 t_f + C_3 t_r - C_4 t_r$$
$$C_{57} = -C_1 l_1 + C_2 l_2 - C_3 l_2 + C_4 l_2$$
$$C_{65} = C_1 t_f - C_2 t_f + C_3 t_r - C_4 t_r$$
$$C_{66} = C_1 t_f^2 + C_2 t_f^2 + C_3 t_r^2 + C_4 t_r^2$$
$$C_{67} = -C_1 l_1 t_f + C_2 l_1 t_f + C_3 l_2 t_r - C_4 l_2 t_r$$
$$C_{75} = -C_1 l_1 + C_2 l_1 - C_3 l_2 + C_4 l_2$$
$$C_{76} = -C_1 l_1 t_f + C_2 l_1 t_f + C_3 l_2 t_r - C_4 l_2 t_r$$
$$C_{77} = C_1 l_1^2 - C_2 l_1^2 + C_3 l_2^2 - C_4 l_2^2$$

$$K = \begin{bmatrix} K_{f1}+K_1 & 0 & 0 & 0 & -K_1 & -K_1 t_f & K_1 l_1 \\ 0 & K_{f2}+K_2 & 0 & 0 & -K_2 & K_2 t_f & K_2 l_1 \\ 0 & 0 & K_{f3}+K_3 & 0 & -K_3 & -K_3 t_r & -K_3 l_2 \\ 0 & 0 & 0 & K_{f4}+K_4 & -K_4 & K_4 t_r & -K_4 l_2 \\ -K_1 & -K_2 & -K_3 & -K_4 & K_{55} & K_{56} & K_{57} \\ -K_1 t_f & K_2 t_f & -K_2 t_r & K_4 t_r & K_{65} & K_{66} & K_{67} \\ -K_1 l_1 & K_2 l_1 & -K_3 l_2 & -K_4 l_2 & K_{75} & K_{76} & K_{77} \end{bmatrix}$$

其中

$$K_{55} = K_1 + K_2 + K_3 + K_4$$
$$K_{56} = K_1 t_f - K_2 t_f + K_3 t_r - K_4 t_r$$

$$K_{57} = -K_1 l_1 - K_2 l_1 + K_3 l_2 + K_4 l_2$$

$$K_{65} = K_1 t_f - K_2 t_f + K_3 t_r - K_4 t_r$$

$$K_{66} = K_1 t_f^2 + K_2 t_f^2 + K_3 t_r^2 + K_4 t_r^2$$

$$K_{75} = -K_1 l_1 - K_2 l_1 + K_3 l_2 + K_4 l_2$$

$$K_{76} = -K_1 l_1 t_f + K_2 l_1 t_f + K_3 l_2 t_r - K_4 l_2 t_r$$

$$K_{77} = K_1 l_1^2 + K_2 l_1^2 + K_3 l_2^2 + K_4 l_2^2$$

### ▶▶▶ 5.3.2　仿真模型建立 ▶▶ ▶

在路面状况以及汽车所受载荷相同的情况下，分布式驱动电动汽车的 4 个轮毂电动机直接驱动汽车的 4 个车轮。通过建立的整车力学模型，依靠力学模型得出分布式驱动汽车整车七自由度的微分方程，通过微分方程建立整车 MATLAB 和 Simulink 仿真模型。在通过模型进行仿真之前，需要对某些参数进行输入。整车参数如表 5-4 所示。

表 5-4　整车参数

| 参数 | 数据 |
|---|---|
| 簧载质量（车身的质量）$m_b$ | 1 260 kg |
| 非簧载质量（车轮+电机）$m$ | 60 kg |
| 侧倾转动惯量 $I_x$ | 614 kg·m² |
| 俯仰转动惯量 $I_y$ | 1 783 kg·m² |
| 车身质心到前轮的距离 $l_1$ | 1.25 m |
| 车身质心到后轮的距离 $l_2$ | 1.326 m |
| 前轴轮距 $t_f$ | 0.72 m |
| 后轴轮距 $t_r$ | 0.725 m |
| 悬架刚度 $K$ | 200 000 N·m⁻¹ |
| 车轮刚度 $K_t$ | 7 400 000 N·m⁻¹ |
| 减振器阻尼系数 $C_1$ | 1 700 N·s·m⁻¹ |
| 减振器阻尼系数 $C_2$ | 2 200 N·s·m⁻¹ |

根据前面所建立的数学模型，在 MATLAB 和 Simulink 中创建模型。本节所用输入信号为 5.1.2 节建立的四轮 B 级路面输入模型，以汽车车身垂直加速度、俯仰角加速度和侧倾加速度作为汽车平顺性的评价指标，建立七自由度整车仿真模型，如图 5-17 所示。

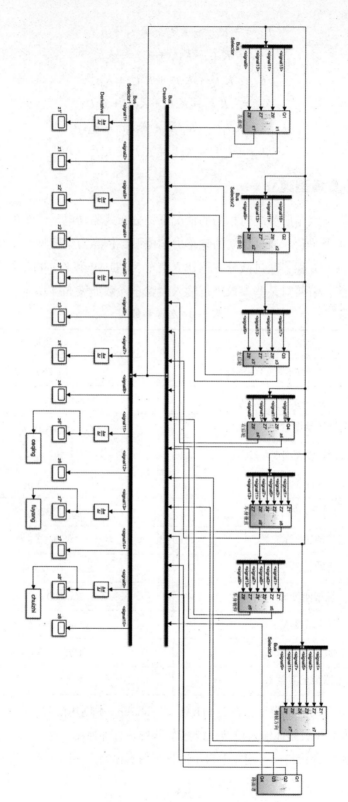

图 5-17　七自由度整车仿真模型

由于系统整体比较庞大，自由度众多，因此搭建整车模型时采用 MATLAB 和 Simulink 子系统模块，经过分装过后的系统变得更加简洁易懂。图 5-18 所示为左前轮仿真模型，图 5-19 所示为左后轮仿真模型。以此类推，搭建其他两个车轮的子系统。

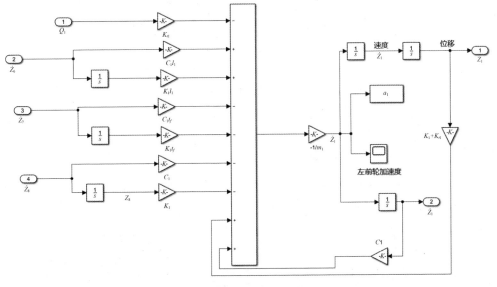

图 5-18　左前轮仿真模型

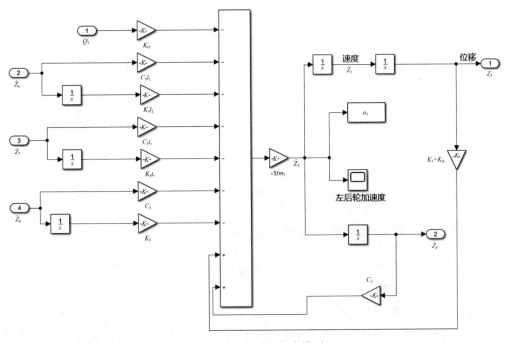

图 5-19　左后轮仿真模型

由于搭建的模型为七自由度模型，因此还需搭建车身垂直振动仿真模型，如图 5-20 所示。以此类推，搭建车身的侧倾、俯仰仿真模型。

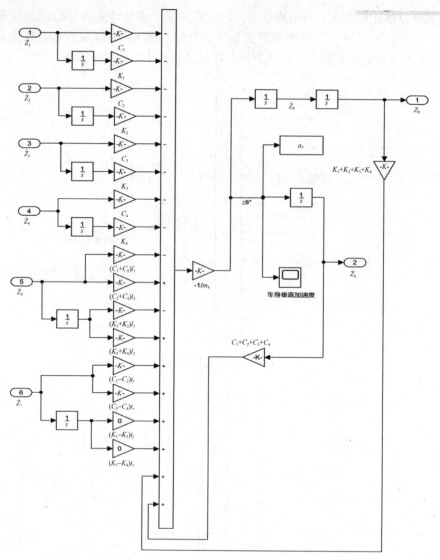

图 5-20　车身垂直振动仿真模型

### ▶▶▶ 5.3.3　基于整车平顺性模型的平顺性分析 ▶▶▶

轮毂电机的引入导致分布式驱动电动汽车非簧载质量增加，因此需要研究不同的非簧载质量对汽车平顺性的影响。

（1）仿真车速 $v=40$ km/h 时的影响。

根据 5.3.1 节建立的七自由度整车平顺性模型，以 B 级路面作为系统输入，当非簧载质量为 50 kg、60 kg、70 kg 时，在 $v=40$ km/h 时进行时域仿真。

图 5-21 所示为不同非簧载质量下的车身垂直加速度仿真曲线，可以看出，随着非簧载质量的增大，垂直加速度不断增大，虽然局部点上存在异常，但对整体影响不大。

图 5-21　彩图效果

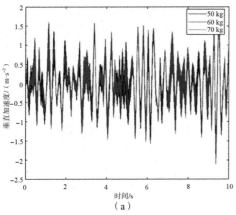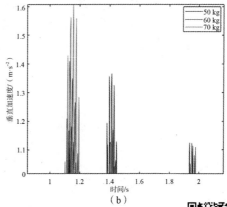

（a）　　　　　　　　　（b）

**图 5-21　不同非簧载质量下的车身垂直加速度仿真曲线**

（a）垂直加速度；（b）局部放大图

图 5-22 所示为不同非簧载质量下的侧倾角加速度仿真曲线，可以看出，随着非簧载质量的增大，车身侧倾角加速度不断增大，影响了汽车的稳定性。

图 5-22　彩图效果

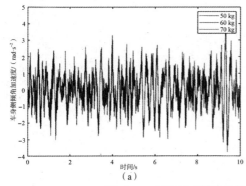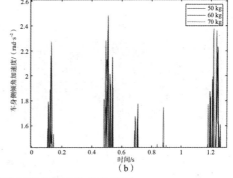

（a）　　　　　　　　　（b）

**图 5-22　不同非簧载质量下的侧倾角加速度仿真曲线**

（a）侧倾角加速度；（b）局部放大图

图 5-23 所示为不同非簧载质量下的俯仰角加速度仿真曲线，可以看出，随着非簧载质量的增大，俯仰角加速度仿真曲线的走势不太明显，但是由局部放大图可以看出，非簧载质量越大，车辆的俯仰角加速度越大，但不是每一时刻都增大，其变化趋势为非线性。

图 5-23　彩图效果

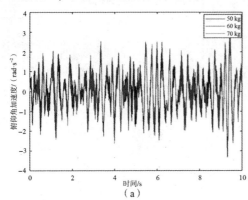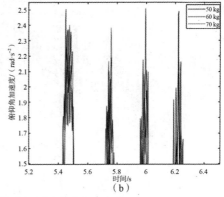

（a）　　　　　　　　　（b）

**图 5-23　不同非簧载质量下的俯仰角加速度仿真曲线**

（a）俯仰角加速度；（b）局部放大图

图 5-24 所示为不同非簧载质量下的轮胎动载荷仿真曲线，从图中可以看出，随着非簧载质量的增大，轮胎动载荷明显变大，这对汽车的平顺性和操纵稳定性有较大的影响。

图 5-24　彩图效果

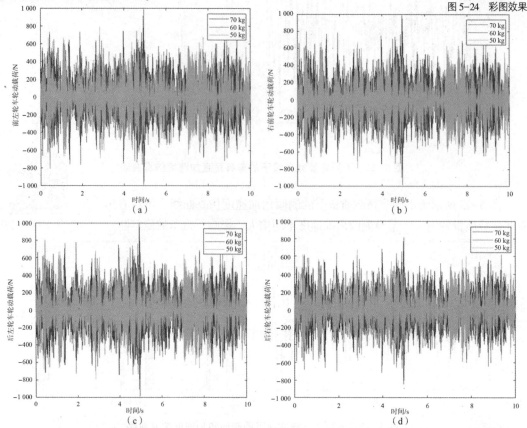

**图 5-24　不同非簧载质量下的轮胎动载荷仿真曲线**

（a）左前轮轮胎动载荷；（b）右前轮轮胎动载荷；（c）左后轮轮胎动载荷；（d）右后轮轮胎动载荷

　　图 5-25 所示为不同非簧载质量下的悬架动行程仿真曲线，从图中可以看出，随着非簧载质量的增大，4 个车轮的悬架动行程也随之增大，增加了汽车撞击限位块的概率，这对汽车的平顺性不利。

图 5-25　彩图效果

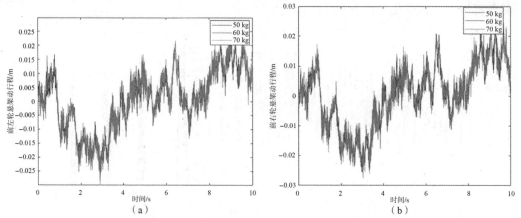

**图 5-25　不同非簧载质量下的悬架动行程仿真曲线**

（a）左前轮悬架动行程；（b）右前轮悬架动行程

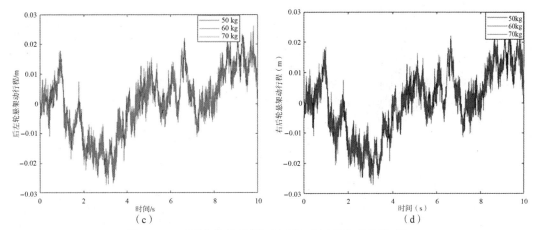

图 5-25　不同非簧载质量下的悬架动行程仿真曲线（续）

（c）左后轮悬架动行程；（d）右后轮悬架动行程

（2）仿真车速 $v = 120$ km/h 高速工况时的影响。

根据建立的七自由度整车平顺性模型，以 B 级路面作为系统输入，在 $v = 120$ km/h 时进行时域仿真，当非簧载质量为 50 kg、60 kg、70 kg 时，车身垂直加速度仿真曲线如图 5-26 所示，侧倾角加速度与俯仰角加速度仿真曲线如图 5-27 和图 5-28 所示。

图 5-26　彩图效果

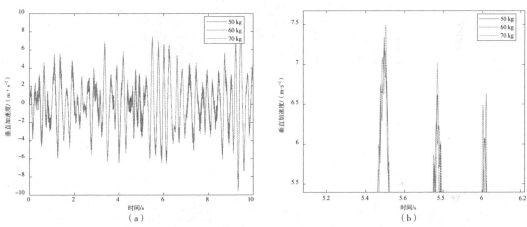

图 5-26　不同非簧载质量下的车身垂直加速度仿真曲线

（a）车身垂直加速度仿真曲线；（b）局部放大图

从图 5-26 中可以看到，随着非簧载质量的增大，车身垂直加速度不断增大，虽然局部点上存在异常，但对整体影响不大。

图 5-27 所示为 $v = 120$ km/h 高速工况时，不同非簧载质量下的侧倾角加速度仿真曲线。从图中可以看出，随着非簧载质量的增大，侧倾角加速度不断增大，对汽车的稳定性产生影响。

图 5-28 所示为 $v = 120$ km/h 高速工况时，不同非簧载质量下的俯仰角加速度仿真曲线。从图中可以看出，随着非簧载质量的增大，仿真曲线的走势不太明显，但是从局部的区域可以看出，非簧载质量越大，车辆的俯仰角加速度越大，但不是每一时刻都增大，其变化趋势为非线性。

图 5-27　彩图效果

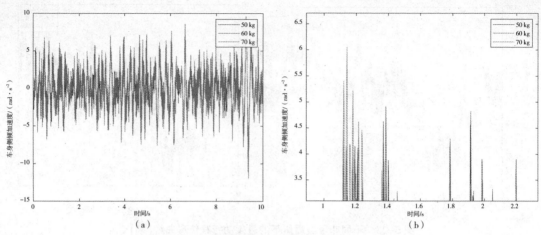

图 5-27　不同非簧载质量下的侧倾角加速度仿真曲线

（a）侧倾角加速度仿真曲线；（b）局部放大图

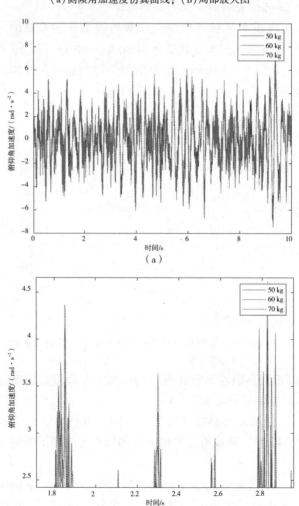

图 5-28　彩图效果

图 5-28　不同非簧载质量下的俯仰角加速度仿真曲线

（a）俯仰角加速度仿真曲线；（b）局部放大图

图 5-29 所示为 $v = 120$ km/h 高速工况时，不同非簧载质量下的悬架动行程仿真曲线。从图中可以看出，随着非簧载质量的增大，4 个车轮的悬架动行程也随之增大，增加了汽车撞击限位块的概率，这对汽车的平顺性不利。

图 5-29　彩图效果

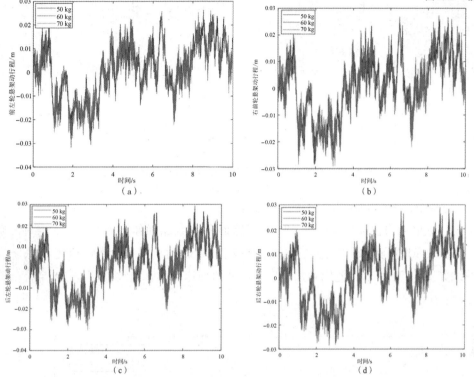

（a）　　　　　　　　　　　　（b）

（c）　　　　　　　　　　　　（d）

**图 5-29　不同非簧载质量下的悬架动行程仿真曲线**

（a）左前轮悬架动行程；（b）右前轮悬架动行程；（c）左后轮悬架动行程；（d）右后轮悬架动行程

图 5-30 所示为不同非簧载质量下轮胎动载荷仿真曲线，可以看出，随着非簧载质量的增加，轮胎动载荷明显变大，对车的平顺性和操纵稳定性有较大的影响。

通过低速工况与高速工况对比可得，高速工况下的车身垂直、侧倾角、俯仰角加速度均有所提高。

图 5-30　彩图效果

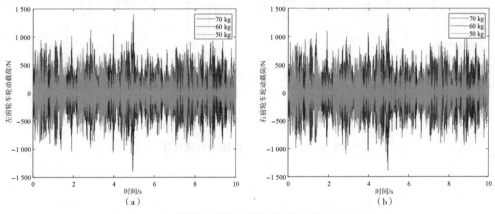

（a）　　　　　　　　　　　　（b）

**图 5-30　不同非簧载质量下轮胎动载荷仿真曲线**

（a）左前轮；（b）右前轮

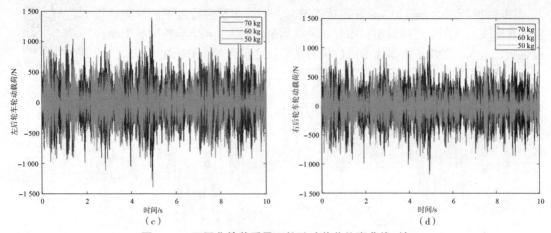

（c）

**图5-30  不同非簧载质量下轮胎动载荷仿真曲线（续）**

（c)右左轮；(d)右后轮

（3）仿真车速 $v=30$ km/h 时不同路面的影响。

根据建立的七自由度整车模型，以 B 级路面和 D 级路面作为系统输入，在 $v=30$ km/h 时进行时域仿真。当非簧载质量为 60 kg 时，车身垂直加速度仿真曲线如图 5-31 所示，侧倾角加速度与俯仰角加速度仿真曲线如图 5-32 和图 5-33 所示。

图 5-31  彩图效果

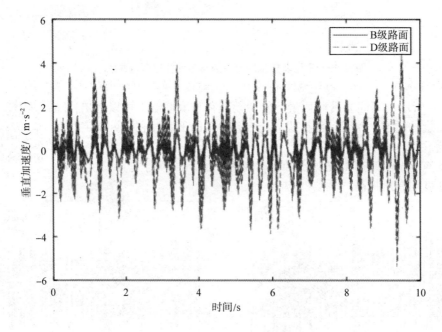

**图 5-31  车身垂直加速度仿真曲线**

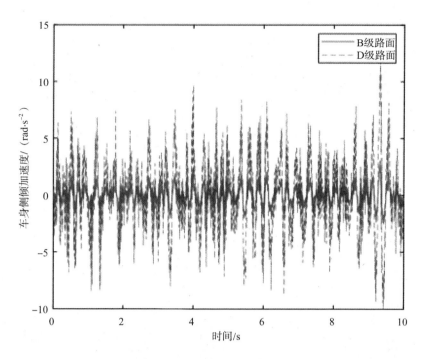

图 5-32 彩图效果

图 5-32 侧倾角加速度仿真曲线

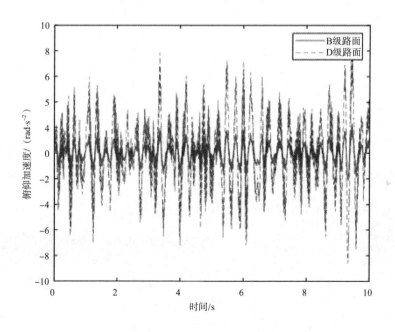

图 5-33 彩图效果

图 5-33 俯仰角加速度仿真曲线

图 5-34 和图 5-35 所示为 $v = 30$ km/h 时，相同非簧载质量下，不同路面工况下悬架动行程和轮胎动载荷的仿真曲线，从图中可以看出，当路面工况由 B 级变为 D 级时，4 个车轮的悬架动行程也随之增大，增加了汽车撞击限位块的概率，这对汽车的平顺性不利。

图 5-34 彩图效果

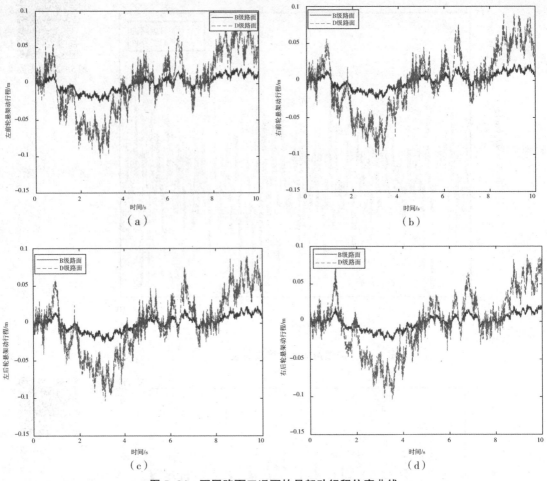

**图 5-34　不同路面工况下的悬架动行程仿真曲线**

（a）左前轮悬架动行程；（b）右前轮悬架动行程；（c）左后轮悬架动行程；（d）右后轮悬架动行程

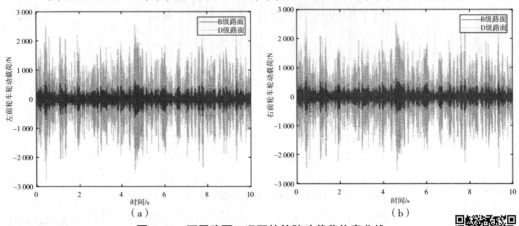

**图 5-35　不同路面工况下的轮胎动载荷仿真曲线**

（a）左前轮车轮动载荷；（b）右前轮车轮动载荷

图 5-35　彩图效果

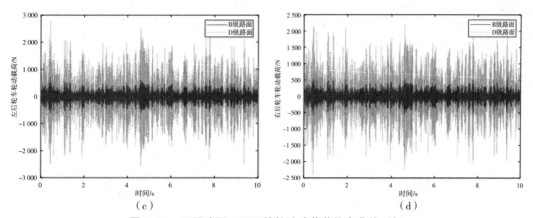

图 5-35 不同路面工况下的轮胎动载荷仿真曲线（续）

（c）左后轮车轮动载荷；（d）右后轮车轮动载荷

# 第6章
## 电动汽车用动力电池的建模与仿真

为了保证电池储能系统安全、可靠地运行，电池管理系统需对储能系统中锂电池的多种状态做出估计和预测，如荷电状态（state of charge，SoC）、健康状态、内阻等，而实现这些功能的前提是建立精确、可靠的锂电池模型。动力锂电池的非线性特性使许多方法难以得到准确的估计结果，因此必须建立一个合适的电池模型。

Simulink 物理建模是一种基于图形化界面的建模和仿真方法，它可以用于创建、调试和验证各种物理系统的模型。通过选择适当的物理库（如 Simscape 或 SimPowerSystems），以及在模型中添加物理组件（如电容、电感、电阻等）并连接它们，用户可以表示物理系统中的相互作用和动态行为。用户可以配置组件参数，以指定它们的初始条件和特性，然后在 Simulink 中启动模型仿真，以进行性能分析和优化。因此，可采用 Simscape 组件建立锂电池模型。本章主要通过几个物理建模的仿真实例，介绍 Simscape 建模方法和电动汽车用动力电池的建模仿真应用。

## 6.1 Simscape 基础建模

Simscape 是一种基于物理建模的仿真工具，可以用于建立和仿真各种物理系统。使用 Simscape，可以将系统建模为一组物理组件，并定义它们之间的相互作用。

在 MATLAB R2021a 中，Simscape 模块库包含以下子库。

（1）Simscape Fundamentals Library：包含 Simscape 基础组件，如物理信号源、物理传感器和物理参考等。

（2）Simscape Electronics Library：包含电子元件，如电阻、电容、电感和二极管等。

（3）Simscape Driveline Library：包含机械元件，如齿轮、轴、轮胎和传动系统等。

（4）Simscape Fluids Library：包含液压和气动元件，如泵、管道、阀门和喷嘴等。

（5）Simscape Heat Transfer Library：包含热力学元件，如热源、散热器、传热管和热传感器等。

（6）Simscape Multibody Library：包含多体动力学元件，如刚体、关节、约束和力元件等。

（7）Simscape Physical Signals Library：包含 Simscape 物理信号的建模和处理工具，如物理信号转换、噪声源和调制器等。

（8）Simscape Power Systems Library：包含电力系统建模所需的元件和工具，如电源、传输线、变压器和控制器等。

（9）Simscape Add-Ons Library：包含来自 MathWorks 和第三方开发者的 Simscape 附加组件，如液晶显示器、电池模型和机器人控制器等。

每个库中的元件大致分为以下 4 类，分别是 Elements（元件）、Sensors（传感器）、Sources（信号源）和 Utilities（公用）模块。

此外，在 MATLAB R2021a 中，还有其他一些专用的 Simscape 子库，如 Simscape Aerospace Blockset、Simscape Electronics Cooling Blockset 和 Simscape Driveline Add-Ons 等。这些子库提供了特定领域的物理组件和工具，可以帮助用户更好地建立和分析物理系统。

下面通过一个实例演示建立物理模型的基本步骤，通过该实例熟练使用基本的 Simscape 模块。

【例6-1】图6-1 表示一个简单的汽车悬挂模型。它由一个弹簧和减振器组成，与车身（用质量表示）相连，车身受到力的刺激，可以改变模型的参数，如弹簧的刚度、车身的质量或力的分布。

（1）在命令行窗口中输入"ssc_new"，即可弹出新建立的模型窗口，可见模型已包含一个 Solver Configuration 模块，一个 Simulink-PS Converter 模块，和一个已连接到 Scope 模块的 PS-Simulink Converter 模块，如图6-2 所示。

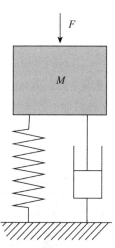

图 6-1 简单的汽车悬挂模型

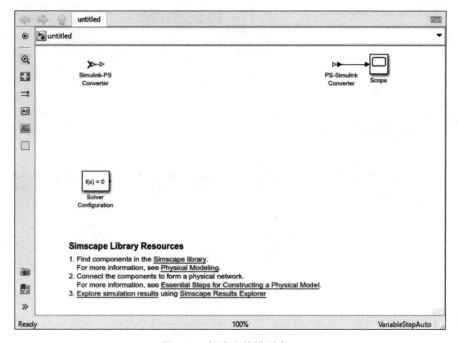

图 6-2 新建立的模型窗口

（2）创建一个等效的 Simscape 图，如图 6-3 所示。

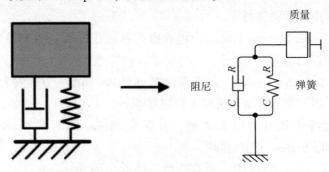

图 6-3　创建一个等效的 Simscape 图

（3）打开 Simscape→Foundation Library→Mechanical→Translational Elements 库，将 Mass（质量）、Translational Spring（平移弹簧，简称弹簧）、Translational Damper（平移阻尼器、简称阻尼）和两个 Mechanical Translational Reference（机械平移参考）等模拖入模型窗口，如图 6-4 所示。

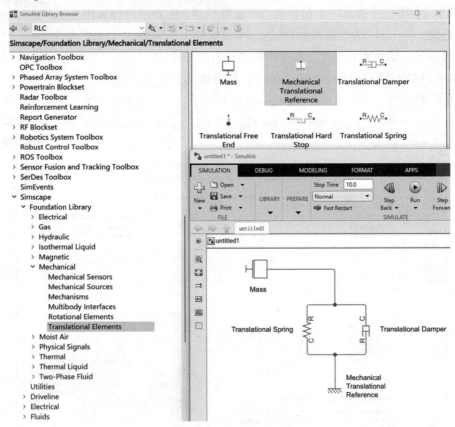

图 6-4　将模块拖入模型窗口

（4）调整添加的模块的参数。依次双击添加的模块，进入相应的参数设置对话框。设置 Spring rate 为 400 N/m，如图 6-5 所示。

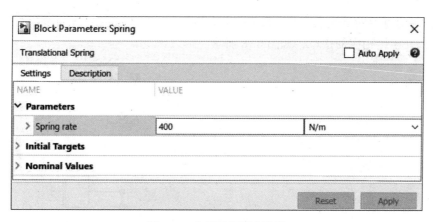

**图 6-5　车辆悬架刚度设置**

设置 Damping coefficient 为 100 N/(m/s)，如图 6-6 所示。

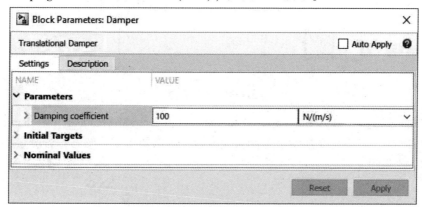

**图 6-6　车辆悬架阻尼设置**

设置 Mass 为 3.6 kg，初始速度为 10 m/s，如图 6-7 所示。

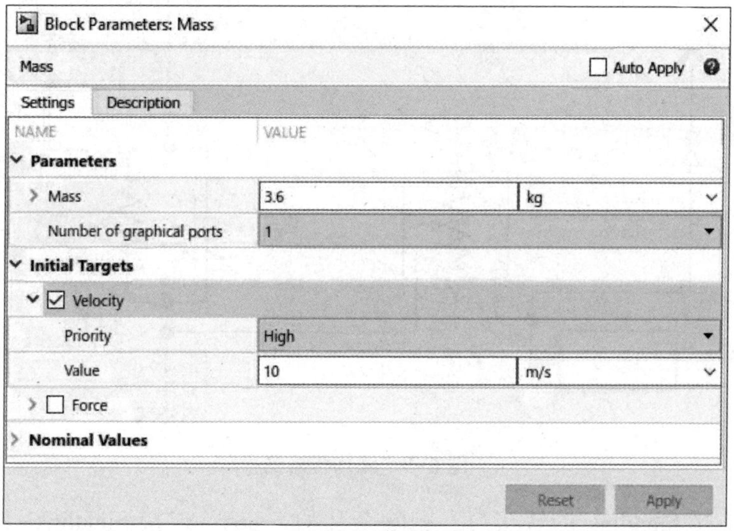

**图 6-7　初始速度设置**

（5）添加力源。打开 Simscape→Foundation Library→Mechanical→Mechanical Sources 库，添加力源，并连接相应的接口，如图 6-8 所示。

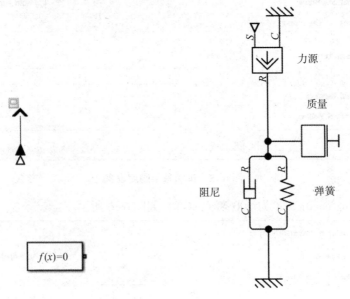

**图 6-8　添加力源**

（6）添加传感器。打开 Simscape→Foundation Library→Mechanical→Mechanical Sensors 库，添加传感器，如图 6-9 所示。若测量流变量，则需要串联传感器；若测量势变量，则需要并联传感器。

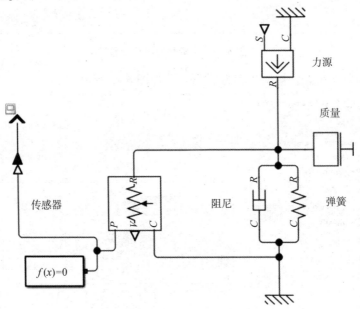

**图 6-9　添加传感器**

（7）添加连接 Simulink 的转接口，删除杂乱的 Scope，连接 Simulink–PS Converter 模块、PS–Simulink Converter 模块和 Solver Configuration 模块，如图 6-10 所示。

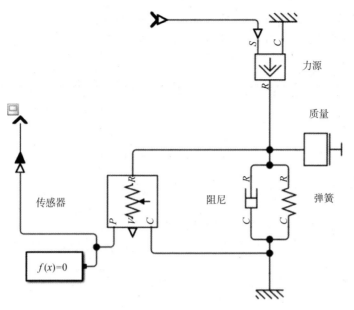

力源

质量

传感器

阻尼

弹簧

$f(x)=0$

图 6-10　添加连接 Simulink 的转接口

打开 Simulink→Sources 库，添加 Pulse Generator 模块，并设置脉冲参数，如图 6-11 所示。

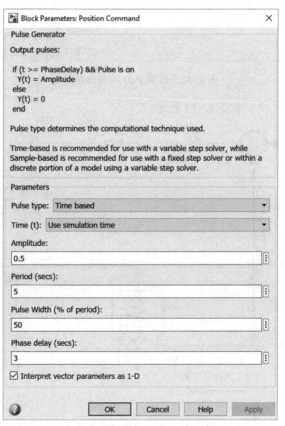

图 6-11　脉冲参数设置

打开 Simulink→Math Operations 库，添加 sum 模块；打开 Simulink→Continuous 库，添加 PID Controller 模块，设置 PID 控制器参数，如图 6-12 所示。

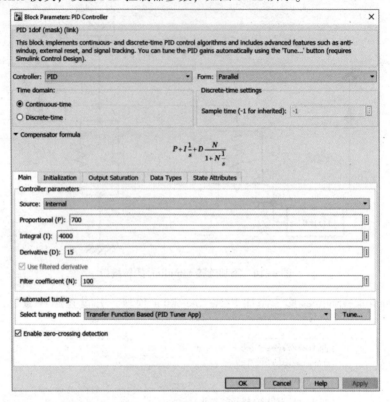

图 6-12　设置 PID 控制器参数

连接上面添加的模块，如图 6-13 所示。

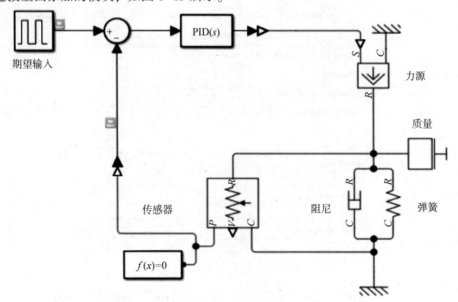

图 6-13　连接上面添加的模块

（8）比较输入与反馈信号。右击脉冲信号线，选择 Create & Connect Viewer→Simulink→Scope，然后右击反馈信号线，选择 Connect To Viewer→Scope。

运行仿真模型，单击"运行"按钮，查看输入与反馈信号，如图 6-14 所示。

图 6-14 彩图效果

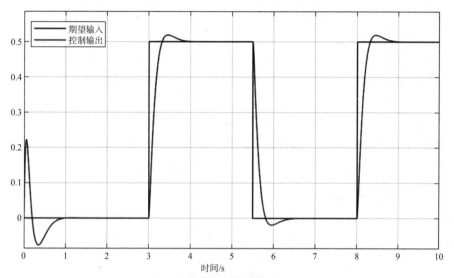

**图 6-14 查看输入与反馈信号**

（9）查看仿真结果。右击 Spring，选择 Simscape→View simulation data→simlog，按住【Ctrl】键可同时查看多个变量的仿真结果，如图 6-15 所示。

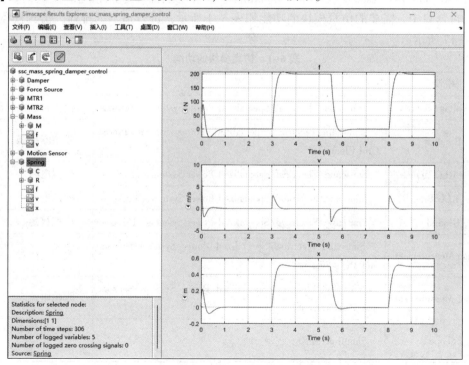

**图 6-15 查看多个变量的仿真结果**

## 6.2 SimPowerSystem 仿真工具箱及其应用

SimPowerSystem 是 Simulink 中专门用于电力电子系统仿真的工具箱，与 Pspice 和 Saber 等仿真软件进行电路级别的仿真分析不同，SimPowerSystem 中的模型更加关注器件的外特性，易于与控制系统相连接。

SimPowerSystem 工具箱中包括多种电力电子元件模型，如变压器、电感、电容、二极管、三极管等，同时包括多种控制器模型，如 PID 控制器、模糊控制器等。

下面通过一个简单的实例来演示 SimPowerSystem 的使用。

【例 6-2】某一直流 RC 电路结构及参数如图 6-16 所示，将电容、电压的暂态过程作为研究对象，求当开关闭合后，电容、电压和线路电流的变化规律。

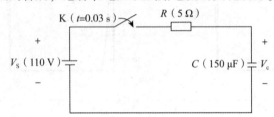

图 6-16　直流 RC 电路结构及参数

（1）单击 Simulink 模块库工具栏中的 按钮，打开一个新的 Simulink 仿真平台窗口。

（2）从 SimPowerSystems 模块库和 Simulink 模块库中选择并添加相应的模块到 Simulink 仿真平台窗口中，需要的仿真模块的功能如表 6-1 所示，进行适当的排列，仿真模型窗口如图 6-17 所示。

表 6-1　仿真模块的功能

| 模块 | 库 | 功能 |
| --- | --- | --- |
| DC Voltage Source | Simscape/Electrical/Specialized Power Systems / Sources | 模拟直流电压源 |
| Breaker | Simscape/Electrical/Specialized Power Systems/Power Grid Elements | 模拟断路器 |
| Series RLC Branch | Simscape/Electrical/Specialized Power Systems/Passives | 模拟电阻 |
| Series RLC Branch1 | Simscape/Electrical/Specialized Power Systems /Passives | 模拟电感 |
| Ground | Simscape/Electrical/Specialized Power Systems/ Utilities | 模拟接地 |
| Voltage Measurement | Simscape/Electrical/Specialized Power Systems/Sensors and Measurements | 模拟电压表 |
| Current Measurement | Simscape/Electrical/Specialized Power Systems/Sensors and Measurements | 模拟电流表 |
| Scope | Simulink/Sinks | 观察电压和电流波形的示波器 |

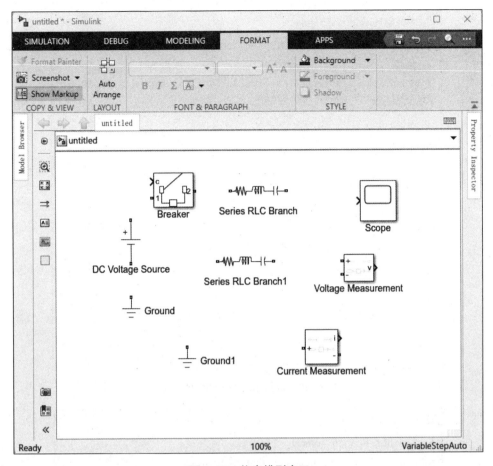

图6-17 仿真模型窗口

（3）按图6-18设置DC Voltage Source模块的参数，按图6-19设置Breaker模块的参数，按图6-20设置Series RLC Branch模块的参数，按图6-21设置Series RLC Branch1模块的参数。

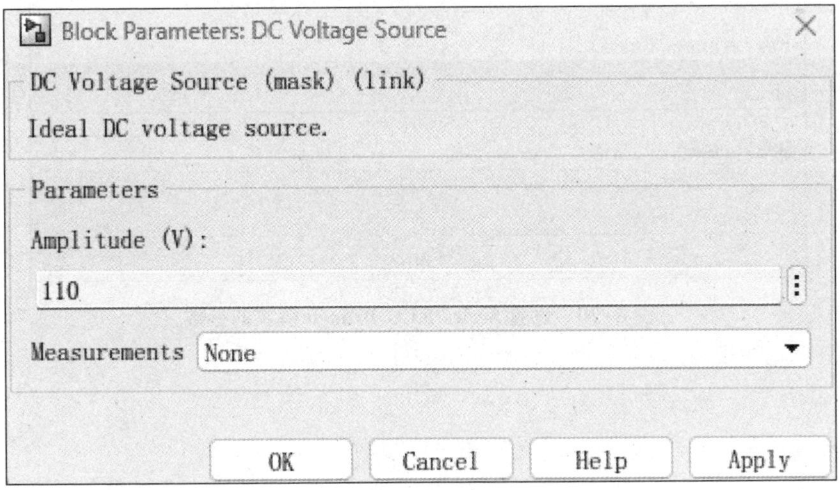

图6-18 设置DC Voltage Source模块的参数

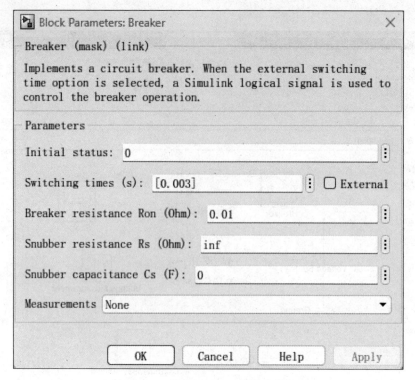

图 6-19　设置 Breaker 模块的参数

图 6-20　设置 Series RLC Branch 模块的参数

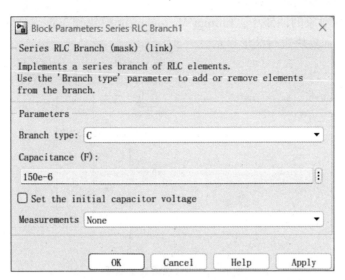

图 6-21　设置 Series RLC Branch1 模块的参数

双击 Scope 模块，进入示波器界面，单击示波器工具栏中的 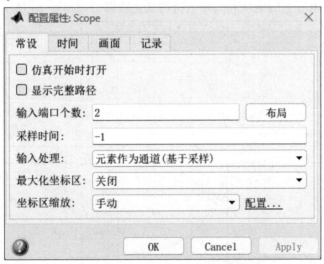 按钮，进入示波器参数设置对话框，如图 6-22 所示，调整示波器输入端口为 2 个，因为要同时显示电压和电流两路信号的波形。

图 6-22　示波器参数设置对话框

（4）选中 Series RLC Branch1 模块，选择 Simulink 仿真平台窗口（Format→Rotate Block）菜单，将 Series RLC Branch1 模块的方向进行调整，使之由横向放置变为竖向放置，便于连接。

（5）修改各模块的标签。由于各模块的默认标签具有文字太长、意义不清、关键信息不能体现等缺点，因此需要进行调整。调整的方法是单击模块的标签后直接修改标签的内容。

（6）按照图 6-16 对各模块进行连线，RC 仿真模型结果如图 6-23 所示。连接模块时需注意：Current Measurement 模块必须串联在目标对象的回路中，Voltage Measurement 模块必须并联在目标对象的回路中, Current Measurement 模块和 Voltage Measurement 模块的输出必须送入 Scope 模块进行波形显示。

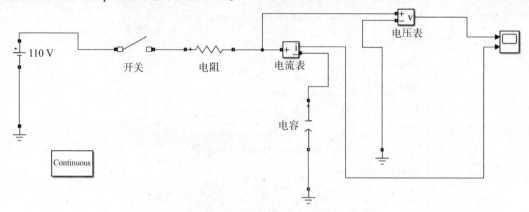

**图 6-23  RC 仿真模型结果**

(7)设置仿真参数。将仿真停止时间由默认的 10.0 改为 0.01, 因为要观察暂态过程。将仿真算法由默认的 ode45 改为 ode23tb, 因为在包含断路器等非线性元件的模型中, ode23tb 算法更优。

(8)运行仿真模型, 仿真结束后, 双击 Scope 模块, 弹出示波器窗口, 观察电路中开关闭合前后加载在电容上的电压和线路电流的变化规律, 如图 6-24 所示。

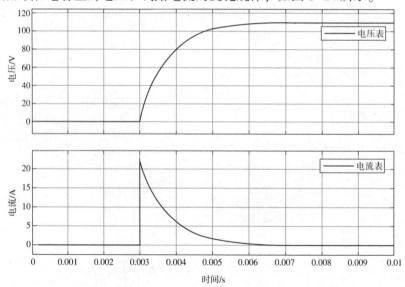

**图 6-24  加载在电容上的电压和线路电流的变化规律**

可见, 当断路器在 0.003 s 时刻闭合后, 加载在电容上的电压幅值非线性递增。递增速度先快后慢, 在 0.004 s 时刻达到 80 V, 在大约 0.007 s 时刻基本达到稳定状态, 稳态值为 110 V。电流在 0.003 s 时刻突变至最大, 然后非线性递减, 在大约 0.007 s 时刻基本为零。

至此, 该电路的建模仿真工作结束。可见, 仿真所得波形反映了电路中电容电压的变化规律, 和理论分析的结果一致。

## 6.3　电池的建模与仿真

电池目前在各个能源密集型行业中用途广泛，如新能源汽车、电力微网、航空航天等。电池模型的建立对研究电池的特性、SoC 估计、健康状态（state of health）估计、电池管理系统（battery management system，BMS）算法开发以及电池系统的快速实时仿真有重要的意义。等效电路建模由于简单且适用性广，因此常常应用在系统级仿真和控制算法设计过程中。

#### ▶▶▶ 6.3.1　电动汽车动力电池模型 ▶▶ ▶

Simulink 自带的电池模型如图 6-25 所示。

**图 6-25　Simulink 自带的电池模型**

该电池模型的等效电路示意图如图 6-26 所示。

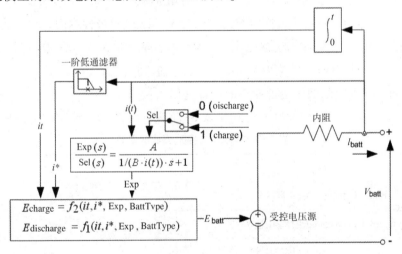

**图 6-26　电池模型的等效电路示意图**

#### 1. 铅酸动力电池

（1）放电模型（$i^* > 0$）方程为：

$$f_1(i_t,\ i^*,\ i,\ \exp) = E_0 - K \cdot \frac{Q}{Q - i_t} \cdot i^* - K \cdot \frac{Q}{Q - i_t} \cdot i_t + L^{-1}\left[\frac{\exp(s)}{\mathrm{Sel}(s)} \cdot 0\right]$$

（2）充电模型（$i^* < 0$）方程为：

$$f_2(i_t,\ i^*,\ i,\ \exp) = E_0 - K \cdot \frac{Q}{i_t + 0.1 \cdot Q} \cdot i^* - K \cdot \frac{Q}{Q - i_t} \cdot i_t + L^{-1}\left[\frac{\exp(s)}{\mathrm{Sel}(s)} \cdot \frac{1}{s}\right]$$

2. 锂离子动力电池

（1）放电模型（$i^* > 0$）方程为：

$$f_1(i_t,\ i^*,\ i) = E_0 - K \cdot \frac{Q}{Q - i_t} \cdot i^* - K \cdot \frac{Q}{Q - i_t} \cdot i_t + A \cdot \exp(-B \cdot i_t)$$

（2）充电模型（$i^* < 0$）方程为：

$$f_2(i_t,\ i^*,\ i) = E_0 - K \cdot \frac{Q}{i_t + 0.1 \cdot Q} \cdot i^* - K \cdot \frac{Q}{Q - i_t} \cdot i_t + A \cdot \exp(-B \cdot i_t)$$

3. 镍氢动力电池

（1）放电模型（$i^* > 0$）方程为：

$$f_1(i_t,\ i^*,\ i,\ \exp) = E_0 - K \cdot \frac{Q}{Q - i_t} \cdot i^* - K \cdot \frac{Q}{Q - i_t} \cdot i_t + L^{-1}\left[\frac{\exp(s)}{\mathrm{Sel}(s)} \cdot 0\right]$$

（2）充电模型（$i^* < 0$）方程为：

$$f_2(i_t,\ i^*,\ i,\ \exp) = E_0 - K \cdot \frac{Q}{|i_t| + 0.1 \cdot Q} \cdot i^* - K \cdot \frac{Q}{Q - i_t} \cdot i_t + L^{-1}\left[\frac{\exp(s)}{\mathrm{Sel}(s)} \cdot \frac{1}{s}\right]$$

上面各式中，$L^{-1}[\ ]$ 为对括号中的内容进行拉普拉斯逆变换 $E_0$ 为常数电压，单位为 V；$\exp(s)$ 为指数区域特性，单位为 V；$\mathrm{Sel}(s)$ 为电池模型，$\mathrm{Sel}(s) = 0$ 表示放电过程，$\mathrm{Sel}(s) = 1$ 表示充电过程；$K$ 为极性常数，单位为 V/Ah（或者极性内阻，单位为 $\Omega$）；$i^*$ 为低频电流特性，单位为 A；$i$ 为电池电流；$i_t$ 为提取容量，单位为 Ah；$Q$ 为最大电池容量，单位为 Ah；$A$ 为指数电压，单位为 V；$B$ 为指数电流，单位为 $\mathrm{Ah}^{-1}$。

下面通过一个实例来演示电池参数的设置过程。

【例6-3】镍氢动力电池模块的参数（见表6-2）进行设置，绘制其放电曲线。

表6-2　镍氢动力电池模块的参数

| 参数 | 数据 |
| --- | --- |
| Rated Capacity（额定容量） | 6.5 Ah |
| Internal Resistance（内部电阻） | 2 mΩ |
| Nominal Voltage（标称电压） | 1.18 V |
| Maximum Capacity（最大容量） | 7 Ah（5.38 h×1.3 A） |
| Fully Charged voltage（满电电压） | 1.39 V |
| Nominal Discharge Current（标称放电电流） | 1.3 A |
| Capacity @ Nominal Voltage（标称电压下的额定容量） | 6.25 Ah |
| Exponential Voltage（指数区域电压） | 1.28 V |
| Exponential Capacity（指数区域容量） | 1.3 Ah |

（1）右击电池模型，设置镍氢动力电池的参数，如图6-27所示。

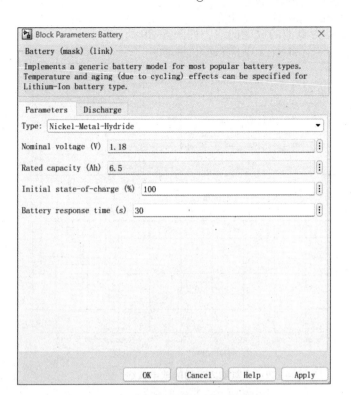

**图 6-27　设置镍氢动力电池的参数**

（2）设置镍氢动力电池的放电参数，如图 6-28 所示，完成后单击 Plot 按钮。

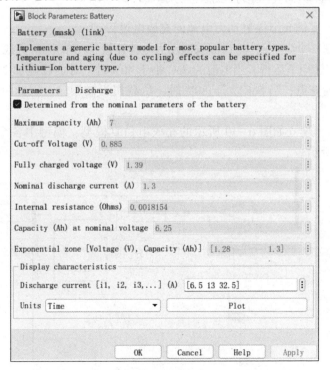

**图 6-28　设置镍氢动力电池的放电参数**

（3）得到镍氢动力电池的放电曲线，如图6-29所示。

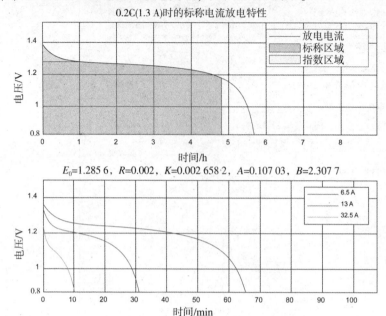

图6-29　彩图效果

图6-29　镍氢动力电池的放电曲线

由镍氢动力电池的放电曲线可以看出放电电流随着放电时间的增大而减小。

### ▶▶▶ 6.3.2　镍氢动力电池的充放电仿真 ▶▶▶

下面通过一个实例介绍镍氢动力电池的充放电过程。

【例6-4】实现一个200 V、6.5 Ah镍氢动力电池连接50 A的恒定负载，直流电机与负载并联，并在无负载转矩下运行。当电池的SoC小于40%时，对负载施加200 N·m的转矩，作为发电机给电池充电；当SoC大于80%时，负载扭矩被删除，因此只有电池提供50 A的负载。

（1）根据要求，建立如图6-30所示的充放电仿真模型，模型中各个模块的名称及提取路径如表6-3所示。

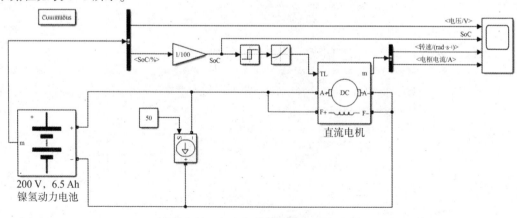

图6-30　充放电仿真模型

表6-3 模块的名称及提取路径

| 模块 | 库 |
| --- | --- |
| Battery(电源) | SimPowerSystems/Eletrical Sources |
| 线路 | SimPowerSystems/Elements |
| Controlled Current Source(电流控制) | SimPowerSystems/Eletrical Sources |
| Relay(切换输出) | Simulink/Discontinuities |
| Rate Limiter(限制信号的变化速度) | Simulink/Discontinuities |
| DC Machine(直流电机) | SimPowerSystems/Motors and Generators |
| Scope(示波器) | Simulink/Sinks |
| Gain(增益)/Constant(定常) | Simulink/Math and Operation |
| Powergui(电源系统环境) | Simscape/Electrical/Specialized Power Systems |

(2)双击各个模块进行参数设置。

设置电源模块的参数,如图6-31所示。

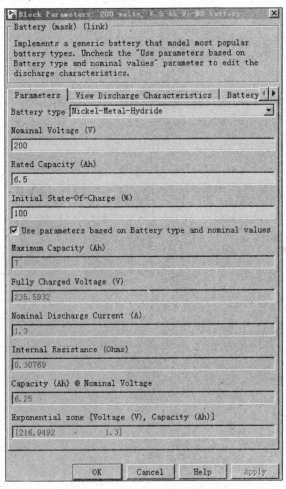

图6-31 设置电源模块的参数

（3）设置切换输出模块的参数，如图 6-32 所示。

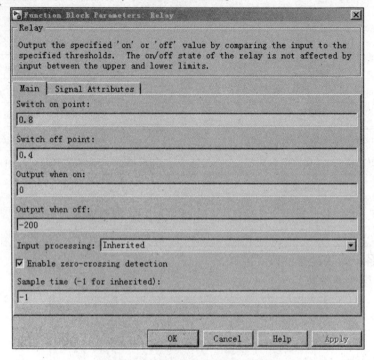

图 6-32　设置切换输出模块的参数

（4）设置限制信号的变化速度模块的参数，如图 6-33 所示。

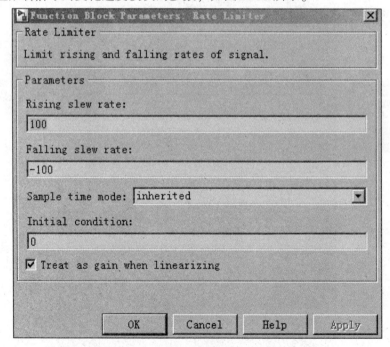

图 6-33　设置限制信号的变化速度模块的参数

（5）设置电流控制模块的参数，如图 6-34 所示。

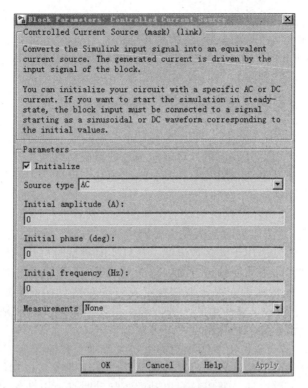

图 6-34　设置电流控制模块

（6）运行仿真模型，查看示波器输出的电池充放电曲线，如图 6-35 所示。

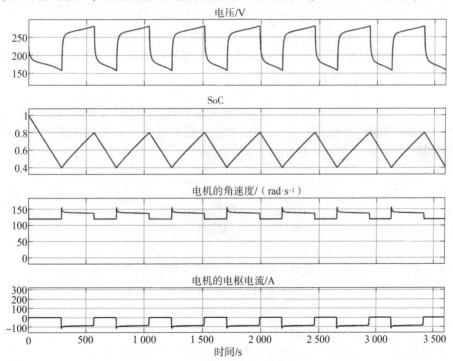

图 6-35　电池充放电曲线

可以看出，在 $t=0$ s 时，用蓄电池供电起动直流电机，速度增加到 120 rad/s。电池以50 A 的恒定电流给负载供电。在 $t=280$ s 时，SoC 下降到40%。在直流电机上施加-200 N·m 的机械扭矩，使其充当发电机并提供 100 A 的电流，其中 50 A 用于给负载供电，50 A 用于给电池充电。在 $t=550$ s 时，SoC 达到80%，机械扭矩被移除，直流电机自由运行。然后循环重新开始。

### ▶▶▶ 6.3.3 电动汽车动力电池的 SoC 估算仿真 ▶▶ ▶

SoC 可以表示电池的剩余电量，即电池使用或长期搁置一段时间后，其剩余容量与总的可用容量的比值，常用百分数表示。对电池 SoC 的准确估算既是电动汽车估算续航里程最基本的要求，又是提升电池利用效率和安全性能的基本保证。工程上常见的 SoC 估计方法主要有安时法、开路电压法、安时-开路电压补偿法、基于模型的方法等。

本节采用安时-开路电压补偿法对动力电池的 SoC 估算进行仿真。

安时-开路电压补偿法以安时法为主，开路电压法为辅。安时法简单稳定、不易受到电池本身影响的优点使其适用于大多数电池，并且实时测量时可达到较高的精度，只需要观测系统的外部特性，而不需要分析电池内部的复杂反应。开路电压法的优点是对电池静置状态下的 SoC 估算非常精确，很好地弥补了安时法对估算初值要求高的缺点，因此安时-开路电压法是优于两者单独估算的一种方法，只要对影响安时法估算的各项因素提出补偿方法，就可以保证很高的估算精度。

（1）SoC 初值的估算。SoC 初值估算的精度很大程度上影响了实时 SoC 估算的准确程度，由于安时法无法消除初值误差，因此使用开路电压法进行 SoC 初值的估算。因为电池的电动势等于电池的开路电压，所以每次电动汽车起动时都对电池的电动势进行测量，然后通过实验得出的开路电压与电池容量的数学关系式即可估算出初始 SoC 值。电动汽车在起动前动力电池处于静置状态，所以通过这种方法估算出的动力电池剩余容量的精度很高，非常有效地解决了安时法无法准确估算电池 SoC 初值的问题。

（2）考虑充放电倍率的补偿方法。1898 年，浦克（Peukert）就找到了放电容量与放电电流的经验公式，如今已经广泛使用该经验公式来计算补偿电池运行时电流剧烈波动导致的实际容量。浦克提出的经验公式为：

$$I^n t = K \tag{6-1}$$

式中，$I$ 为放电电流；$t$ 为放电时间；$n$ 为电池类型常数；$K$ 为活性物质常数。只要实验测出电池在两种不同的放电电流 $I_1$ 和 $I_2$ 下的放电时间 $t_1$ 和 $t_2$，就可以用解联立方程的方法求出常数 $n$ 和 $K$ 的值。求解 $n$ 和 $K$ 的方程分别为：

$$n = \frac{\lg t_2 - \lg t_1}{\lg I_1 - \lg I_2} \tag{6-2}$$

$$\lg K = n\lg I_1 + \lg t_1 \tag{6-3}$$

对式（6-1）两边进行变换，可以得到电池容量 $C_t$ 为：

$$C_t = It = I^{1-n} K \tag{6-4}$$

设最佳放电电流为 $I_0$，以电流 $I$ 放电的电池容量为 $C_I$，则：

$$C_N = I_0^{1-n} K$$
$$C_I = I^{1-n} K \tag{6-5}$$

式中，$C_N$ 为以电流 $I_0$ 放电的电池容量。

将式（6-5）中的 $C_I$ 除以 $C_N$，即可得到充放电倍率补偿系数 $\eta_1$ 为：

$$\eta_1 = \frac{C_I}{C_N} = \left(\frac{I}{I_0}\right)^{1-n} \tag{6-6}$$

考虑充放电倍率对 SoC 的补偿式为

$$SoC = SoC_0 - \frac{1}{C_N}\int_{t_0}^{t_1}\eta_1 I\mathrm{d}t \tag{6-7}$$

（3）考虑温度的补偿方法。目前温度补偿系数 $\eta_2$ 常用的公式为：

$$\eta_2 = 1 - 0.008\,|\,T_B - T\,| \tag{6-8}$$

式中，$T_B$ 为标准温度 20℃；$T$ 为设定的温度。则考虑温度的 SoC 的补偿式为：

$$C_T = \eta_2 C_B \tag{6-9}$$

式中，$C_T$ 为温度为 $T$ 时的电池容量；$C_B$ 为温度为 20℃ 时的电池容量。

（4）考虑电池老化的补偿方法。设电池老化补偿系数为 $\eta_3$，常用的公式为：

$$C_2 = \eta_3 C_N \tag{6-10}$$

式中，$C_2$ 为循环充放电后电池容量衰减后的总容量。

根据考虑各种影响 SoC 估算精度的因素补偿后，用安时-开路电压补偿法估算的电池 SoC 为：

$$SoC = SoC_0 - \frac{1}{C_N}\int_{t_0}^{t_1}\eta_1\eta_2\eta_3 I\mathrm{d}t \tag{6-11}$$

电池管理系统估算的是电池组的剩余容量，使用电压为 48 V、最大放电电流为 3.6 A 的电池组进行实验。

**1. 基于开路电压的补偿**

实验采用恒流放电法，通过测量电池经过静置后开路电压的值，得出不同开路电压与 SoC 的对应关系，如表 6-4 所示。

表 6-4　不同开路电压与 SoC 的对应关系

| SoC | 0.1 | 0.2 | 0.3 | 0.4 | 0.5 | 0.6 | 0.7 | 0.8 | 0.9 | 1.0 |
|---|---|---|---|---|---|---|---|---|---|---|
| 开路电压/V | 26.6 | 28.13 | 29.53 | 31.2 | 33.28 | 35.73 | 38.27 | 40.87 | 43.6 | 46.87 |

（1）在 MATLAB 命令行窗口中输入以下程序：

```
u=[26.6 28.13 29.53 31.2 33.28 35.73 38.27 40.87 43.6 46.87];
soc=0.1:0.1:1.0;
cftool
```

在曲线拟合工具箱中，利用 xdata 和 ydata 读入开路电压和 SoC 数据，选择多项式函数 Polynomial，拟合阶数设为 2，在结果窗口和曲线窗口中得到拟合结果，如图 6-36 所示。

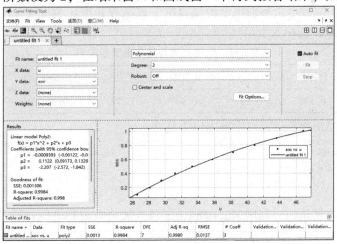

图 6-36　SoC 与开路电压的拟合界面

（2）在 MATLAB 命令行窗口中输入以下程序：

```
u=25:50;
soc=-9.393*10^(-4)*u. ^2+0.112 2*u-2.207;
plot(u,soc)
xlabel('开路电压/V')
ylabel('SoC')
```

得到开路电压与 SoC 的关系曲线，如图 6-37 所示，从图中可以看出，随着开路电压的增大，SoC 也逐渐增大。

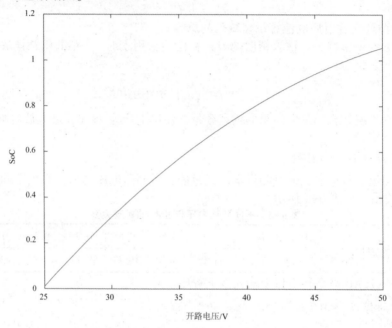

**图 6-37　开路电压与 SoC 的关系曲线**

### 2. 基于充放电倍率的补偿

采用 7 种不同的放电倍率对电池恒流放电，放电截止电压为 0.1 V，得到电池容量与放电电流的关系，如表 6-5 所示。

**表 6-5　电池容量与放电电流的关系**

| 电池容量/Ah | 1. 232 | 1. 128 | 0. 921 | 0. 789 | 0. 659 | 0. 552 | 0. 143 |
|---|---|---|---|---|---|---|---|
| 放电电流/A | 0. 12 | 0. 24 | 0. 48 | 0. 72 | 0. 96 | 1. 2 | 2. 4 |

（1）在 MATLAB 命令行窗口中输入以下程序：

```
I=[0.12 0.24 0.48 0.72 0.96 1.2 2.4];
C=[1.232 1.128 0.921 0.789 0.659 0.552 0.143];
cftool
```

在曲线拟合工具箱中，利用 xdata 和 ydata 读入放电电流和电池容量，选择多项式函数 Polynomial，拟合阶数设为 3，拟合界面如图 6-38 所示。

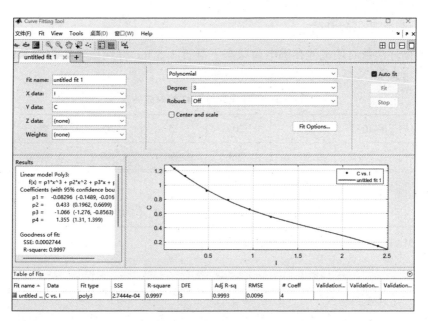

**图 6-38 电池容量与放电电流的拟合界面**

（2）在 MATLAB 命令行窗口中输入以下程序：

```
I=0:0.1:2.5;
c=-0.08296*I. ^3+0.433*I. ^2-1.066*I+1.355;
plot(I,c)
xlabel('放电电流/A')
ylabel('电池容量/Ah')
```

得到电池容量与放电电流的关系曲线，如图 6-39 所示。

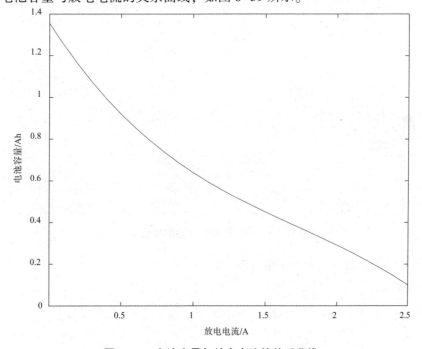

**图 6-39 电池容量与放电电流的关系曲线**

### 3. 基于电池老化的补偿

在不同循环次数时使电池在满电荷状态下静置 1.5 h，得到循环次数与 SoC 的对应关系，如表 6-6 所示。

**表 6-6 循环次数与 SoC 的对应关系**

| 循环次数 | 10 | 15 | 20 | 25 | 30 | 35 | 40 |
|---|---|---|---|---|---|---|---|
| SoC | 0.999 7 | 0.999 6 | 0.999 5 | 0.999 4 | 0.999 2 | 0.999 0 | 0.998 7 |
| 循环次数 | 45 | 50 | 55 | 60 | 65 | 70 | 75 |
| SoC | 0.998 4 | 0.998 0 | 0.997 6 | 0.997 2 | 0.996 7 | 0.996 2 | 0.995 6 |

（1）在 MATLAB 命令行窗口中输入以下程序：

```
n=10:5:75;
soc=[0.9997 0.9996 0.9995 0.9994 0.9992 0.9990 0.9987 0.9984 0.9980 0.9976 0.9972 0.9967 0.9962 0.9956];
cftool
```

在曲线拟合工具箱中，利用 xdata 和 ydata 读入循环次数和 SoC 数据，选择多项式函数 Polynomial，拟合阶数设为 3，拟合界面如图 6-40 所示。

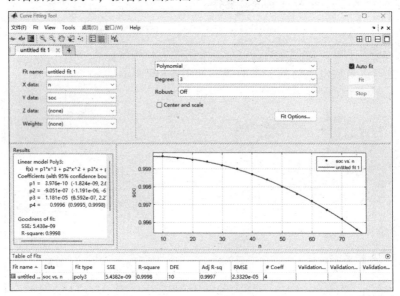

**图 6-40 SoC 与循环次数的拟合界面**

（2）在 MATLAB 命令行窗口中输入以下程序：

```
n=10:1:80;
soc=3.976*10^(-10)*n. ^3-9.051*10^(-7)*n. ^2+1.181*10^(-5)*n+0.9996;
plot(n,soc)
```

```
xlabel('循环次数')
ylabel('SoC')
```

得到 SoC 与循环次数的关系曲线，如图 6-41 所示。

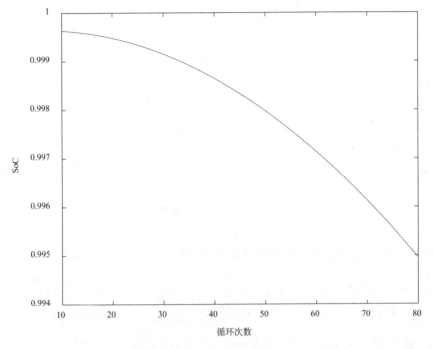

图 6-41　SoC 与循环次数的关系曲线

## 4. 建立电池 SoC 估算仿真模型

根据式(6-11)，建立 SoC 估算仿真模型(见图 6-42)，将仿真时间设置为 10 s，运行仿真模型，得到 SoC 估算曲线，如图 6-43 所示。

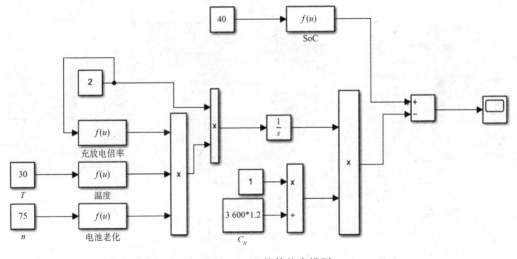

图 6-42　SoC 估算仿真模型

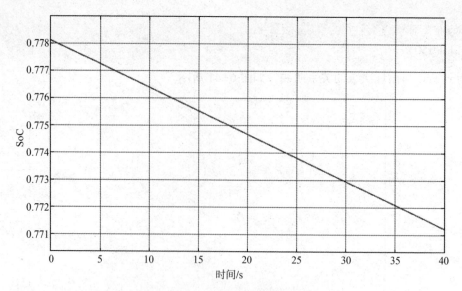

图 6-43  SoC 估算曲线

### 6.3.4  电动汽车起动电池的充放电仿真

下面实现一个电动汽车起动电池充放电状态的控制，电池的类型为锂离子动力电池，电池额定电压为 12 V，额定容量为 10 Ah，根据电池 SoC 状态对该电池进行充放电管理。当 SoC 低于90%时，利用另外一块锂离子动力电池对该电池进行充电；当 SoC 高于或等于95%时，对该电池进行放电。

（1）建立电动汽车起动电池的充放电状态仿真模型，如图 6-44 所示。

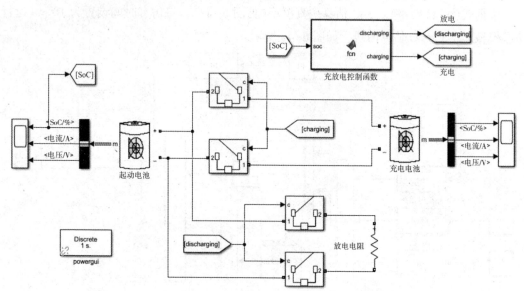

图 6-44  电动汽车起动电池的充放电状态仿真模型

（2）按照实验内容要求，根据表 6-7 所示的路径，将需要的模块拖出来。先选中模块，然后按住鼠标左键将其拖到工作空间中。

表 6-7　模块的名称及提取路径

| 模块 | 库 |
| --- | --- |
| Battery（电源） | Simscape/Electrical/Specialized Power Systems/Sources |
| Bus Selector（数据信号选择） | Simulink/Signals Routing |
| Goto、From（跳转） | Simulink/Signals Routing |
| Breaker（开关） | Simscape / Electrical / Specialized Power Systems / Power Grid Elements |
| MATLAB Function（控制函数） | Simulink/User-Defined Function |
| Powergui（电源系统环境） | Simscape/Electrical/Specialized Power Systems |
| Series RLC Branch（电阻） | Simscape/Electrical/Specialized Power Systems/Passives |
| Scope（示波器） | Simulink/Sinks |

（3）对各个模块的参数进行设置。

①设置电源模块的参数，如图 6-45 所示。

电源选择锂离子动力电池，电压为 12 V，额定容量为 10 Ah，初始 SoC 为 95%。

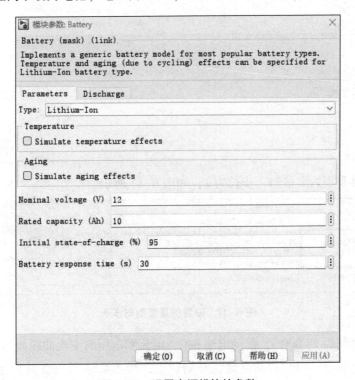

图 6-45　设置电源模块的参数

②将负载电阻设置为 1 000 Ω，如图 6-46 所示。

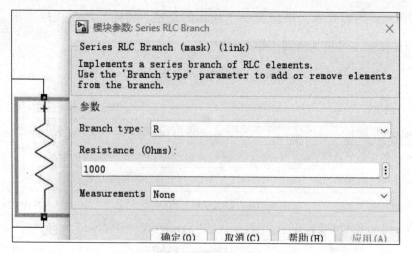

图 6-46　设置负载电阻

③编写函数 MATLAB Function 程序如下：

```
function [discharging,charging] = fcn(soc)
discharging = 1;
charging = 0;
if (soc>=95)
    discharging = 1;
    charging = 0;
end
  if(soc<90)
      discharging = 0;
      charging = 1
end
end
```

④设置仿真类型为离散型，步长为 1，如图 6-47 所示。

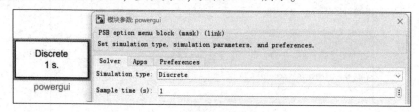

图 6-47　设置仿真类型与步长

　　设置仿真时间为 28 000 s，起动电池 SoC、电流和电压的变化曲线如图 6-48 所示。从图中可以看出，从起动时，起动电池就开始放电，当 SoC 达到 90%时，起动电池开始充电，SoC 达到 100%时又开始放电。

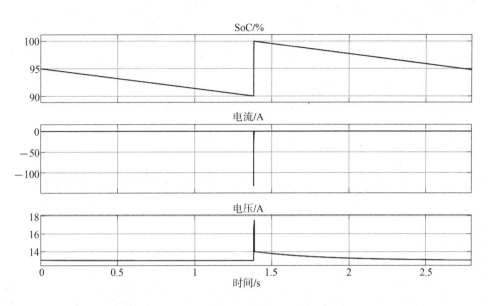

**图6-48　起动电池 SoC、电流和电压的变化曲线**

设置仿真时间为 28 000 s，充电电池 SoC、电流和电压的变化曲线如图 6-49 所示。从图中可以看出，起动电池开始放电时，充电电池的 SoC 一直保持为 100%，当起动电机达到 90% 时，充电电池开始给起动电池充电，SoC 开始下降。

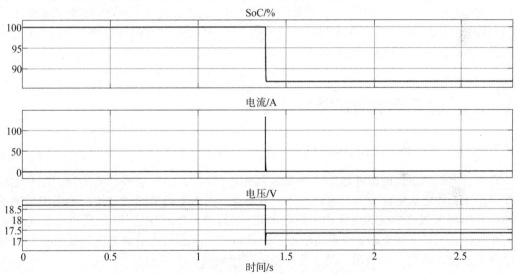

**图6-49　充电电池 SoC、电流和电压的变化曲线**

# 第7章
# 电动汽车驱动电机的建模与仿真

汽车在全球保有量的不断增加使人类生活面临能源短缺、全球气候变暖、空气质量下降等诸多挑战，同时也推动汽车自身技术的发展。为此，汽车工程师正在不断努力研究降低油耗的方法，寻求各种代用燃料，并开发不用或少用汽油的新型车辆。越来越多的人已经认识到，各种类型的电动汽车和燃料电池汽车是实现新能源汽车的解决方案，全世界的汽车业界也正在为此努力，并投入了巨大的资金和人力。常用电动汽车驱动电机的建模与仿真一般分为两类：一类是电动机外特性（机械特性）的建模与仿真，主要针对电机应用工程师；另一类是对电内部电磁关系的建模与仿真，主要针对电机本体的设计人员。MATLAB 软件提供了功能强大的电机 Simulink 模块。本章将结合具体的实例，首先讲解直流电机和交流电机的建模与仿真，然后讲解永磁同步电机的建模与仿真。

## 7.1 直流电机的建模与仿真

### ▶▶▶ 7.1.1 直流电机的工作原理 ▶▶▶

直流发电机的工作原理就是把电枢线圈中感应产生的交流电动势，靠换向器配合电刷的换向作用，使之从电刷端引出时变为直流电动势。因为上侧电刷通过换向器引出的电动势始终是切割 N 极磁力线的线圈边中的电动势（法拉第电磁感应定律）。所以上侧电刷始终有正极性，同理下侧电刷始终有负极性。由此可知，电刷端能引出方向不变但大小变化的脉动电动势，如图 7-1 所示，其中换向器的作用如图 7-2 所示。

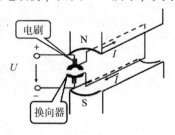

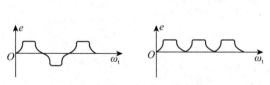

$e$—电动势；$\omega_t$—角速度。

图 7-1　直流发电机的工作原理　　　　图 7-2　换向器的作用（交流转直流）

　　两个换向器虽然能够起到交流转直流的作用，但是电压的脉动较大。为了解决这个问题，可以增加每个电极对应的换向片与线圈数量。图 7-3 所示分别为四线圈和六线圈直流发电机。

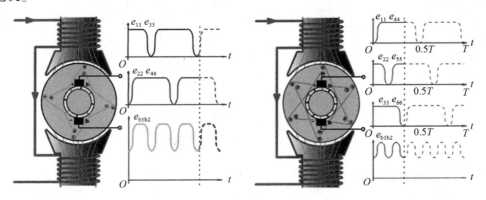

**图 7-3　四线圈和六线圈直流发电机**

　　直流电动机的工作原理如图 7-4 所示，与直流发电机的结构一样，在 $AB$ 两点之间加载直流电，产生洛伦兹力，在转子中形成力偶。

　　(1) 在直流发电机中，换向器和电刷的作用是整流，即交流转直流。

　　(2) 在直流电动机中，换向器和电刷的作用是逆变，即直流转交流。

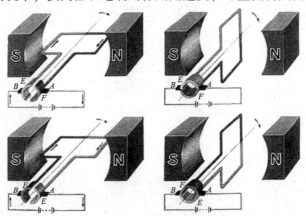

**图 7-4　直流电动机的工作原理**

　　直流电动机的励磁方式如图 7-5 所示。

　　(1) 永磁式：使用永磁体，直接粘在机壳上，能够有效缩减体积，在中小功率电动机中常用。

　　(2) 他励式：励磁绕组由单独电压供电，励磁绕组与电枢绕组不相连，控制特性好。

　　(3) 并励式：同一电源向励磁绕组与电枢绕组供电，励磁绕组与电枢绕组并联，这种方式最为常见。

　　(4) 串励式：同一电源向励磁绕组与电枢绕组供电，励磁绕组与电枢绕组串联。

　　(5) 复励式：同一电源供电，装有两个励磁绕组，可以使用串联励磁或并联励磁。

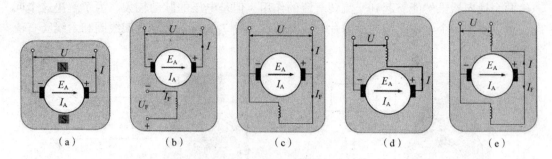

**图 7-5　直流电动机的励磁方式**

（a）永磁式；（b）他励式；（c）并励式；（d）串励式；（e）复励式

### ▶▶▶ 7.1.2　直流电机模块 ▶▶ ▶

在 MATLAB 模块库中存在着直流电机模块，如图 7-6 所示。

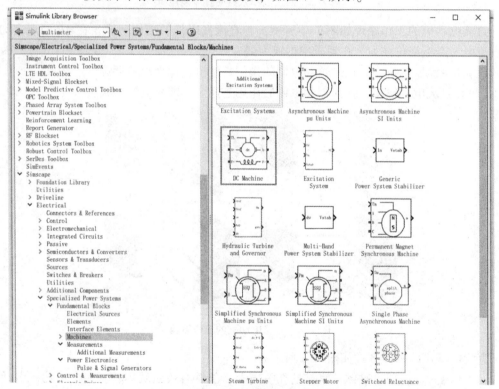

**图 7-6　MATLAB 模块库中的直流电机模块**

　　其中一个直流电机模块的图标如图 7-7 所示。该模块有 1 个输入端、1 个输出端和 4 个电气连接端。电气连接端 F+ 和 F− 与直流电机的励磁绕组相连。A+ 和 A− 与直流电机的电枢绕组相连。输入端 TL 是直流电机负载转矩的输入端。输出端 m 输出一系列的直流电机内部信号，它由 4 路信号组成，如表 7-1 所示。通过信号分离模块 Demux 可以将输出端 m 中的各路信号分离出来。

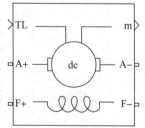

**图 7-7　直流电机模块的图标**

表7-1 直流电动机模块输出端参数

| 输出 | 符号 | 定义 | 单位 |
|---|---|---|---|
| 1 | $\omega_n$ | 电机转速 | rad/s |
| 2 | $I_A$ | 电枢电流 | A |
| 3 | $I_F$ | 励磁电流 | A |
| 4 | $T_e$ | 电磁转矩 | N·m |

直流电机模块是建立在他励式直流电机基础上的，可以通过励磁和电枢绕组的并联和串联组成并励式或串励式电机。直流电机模块可以工作在电动机状态，也可以工作在发电机状态，这完全由电机的转矩方向确定。双击直流电机模块，将弹出该模块的参数设置对话框，如图7-8所示。

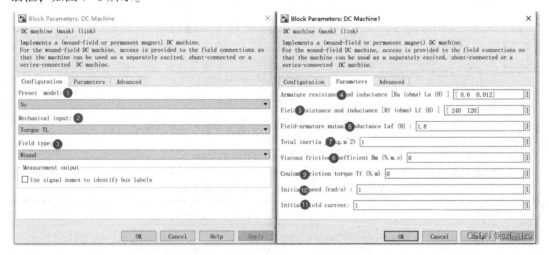

图7-8 直流电机模块的参数设置对话框

（1）预设模型：可以使用系统的内部模型，参数已经设定好，如不想使用，则选择no。

（2）机械量输入：可以选择电机的机械参数。

（3）励磁类型：选择电机磁场的励磁方式。

（4）电枢的电阻和电感。

（5）励磁的电阻和电感。

（6）励磁和电枢的互感。

（7）转动惯量。

（8）黏滞摩擦因数。

（9）干摩擦因数。

（10）初始角速度。

（11）初始电流。

### ▶▶▶ 7.1.3 直流电动机的起动 ▶▶▶

**1. 他励式直流电动机的直接起动仿真**

（1）电气原理。将额定电压直接加至电动机电枢两端进行起动，直接起动存在的问题是起动电流较大。

（2）系统建模。由电气原理分析可知，该系统由直流电源、直流电动机等部分组成。图7-9所示是采用面向电气原理结构图方法建立的他励式直流电动机直接起动系统的仿真模型。

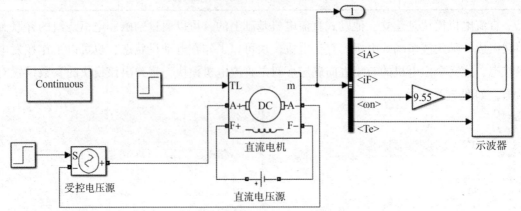

**图 7-9  他励式直流电动机直接起动系统的仿真模型**

下面介绍各部分的建模与参数设置过程。

①模型中使用的主要模块及其提取途径和功能如表7-2所示。

**表 7-2  主要模块及其提取途径和功能**

| 模块 | 库 | 功能 |
| --- | --- | --- |
| Step(阶跃信号) | Simulink/Source/Step | 电枢给定信号和负载给定信号 |
| DC Voltage Source (直流电压源) | SimPower Systems/Electrical sources/ DC Voltage Source | 励磁电源 |
| DC Machine(直流电机) | Simscape/Electrical/Specialized Power Systems/Fundamental Blocks/Machines/ DC Machine | 被控对象 |
| Controlled Voltage Source (受控电压源) | SimPowerSystems/Electrical sources/ Controlled Voltage Source | 电枢电源 |
| Out(输出端口) | Simulink/Sinks/Out1 | 将数据输出到工作空间 |
| Bus Selector(分路器) | Simulink/Signal Routing/Demux | 将一路信号转换成多路信号 |
| Gain(增益) | Simulink/Math Operation/Gain | 将角速度转换成 rpm/min。将角速度 an(rad/s) 转换成 n(rpm/min)，转换系数为 $30/\pi = 9.55$，即增益为 9.55 的放大器 |
| Scope(示波器) | Simulink/Sinks/Scope | — |

②典型模块的参数设置。

a. 电枢给定信号和负载给定信号模块的参数设置。电枢给定信号 Step 在 2 s 内从初始值 0 阶跃到终值 220；负载给定信号在 5 s 内从初始值 0 阶跃到终值 100。

b. 直流电压源模块的参数设置为直流 220 V。

c. 直流电机模块的参数设置如图 7-10 所示。

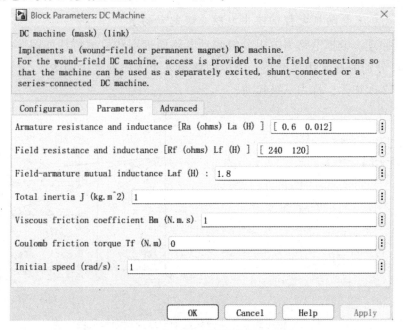

**图 7-10 直流电机模块的参数设置**

（3）系统的仿真参数设置。选择仿真算法为 ode23t，仿真 Start time 为 0，Stop time 为 8 s。

运行示波器模块，显示仿真曲线，如图 7-11 所示。从上到下依次显示的是直流电动机直接起动时的电枢电流、励磁电流、转速和电磁转矩曲线。

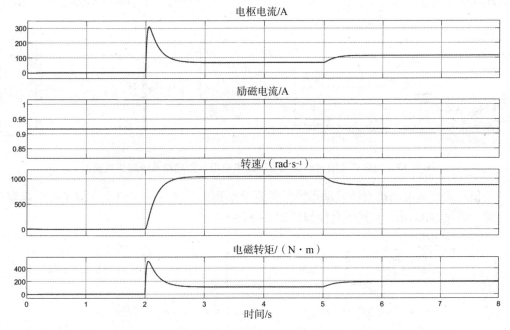

**图 7-11 直流电动机直接起动时的电枢电流、励磁电流、转速和电磁转矩曲线**

从图中可以看出，系统在 2 s 时加全电压，直流电动机直接起动，电枢电流达到 300 A 左右，电动机的转速上升较快，起动时间短；在 5 s 时，加入负载，电动机的转速有所下降，电磁转矩增加。

**2. 他励式直流电动机电枢回路串电阻分级起动仿真**

（1）电气原理。电枢电路串电阻分级起动电路原理图和机械特性如图 7-12 所示。图中 KM$_1$~KM$_3$ 分别为控制用接触器，电枢回路串入了 3 段起动电阻 $R_{u1}$、$R_{u2}$、$R_{u3}$，通过 KM$_1$~KM$_3$ 分 3 次切除，称为三级起动。

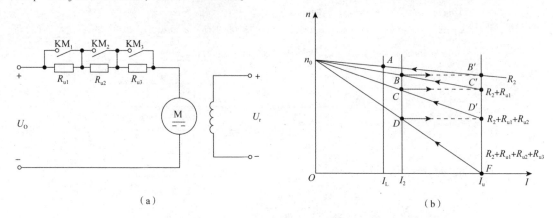

**图 7-12 电枢电路串电阻分级起动电路原理图和机械特性**
（a）电路原理图；（b）机械特性

（2）电路建模。由电路原理图可知，该系统由直流电源、分级起动电阻、切除起动电阻的接触器、直流电动机等部分组成。图 7-13 所示为他励式直流电动机电枢回路串电阻分级起动系统的仿真模型。

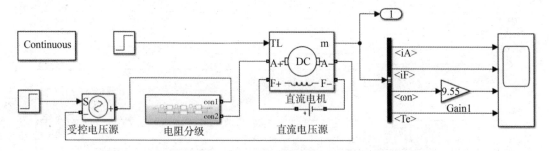

**图 7-13 他励式直流电动机电枢回路串电阻分级起动系统的仿真模型**

与他励式直流电动机直接起动系统的仿真模型相比，该系统主要是增加了起动电阻分级切除子系统 Subsystem，其仿真模型如图 7-14 所示。

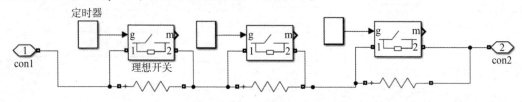

**图 7-14 起动电阻分级切除子系统的仿真模型**

（3）参数设置。

Subsystem 子系统中使用的主要模块及其提取途径和功能如表7-3所示。

**表7-3 系统中使用的主要模块及其提取途径和功能**

| 模块 | 库 | 功能 |
|------|----|----|
| Stair Generator（定时器） | Simscape/Electrical/Specialized Power Systems/Sources/Signal Generator Source | 分级切除起动电阻的时间控制器 |
| Ideal Switch（理想开关） | SimPower Systems/Power Electronics/Ideal Switch | 切除起动电阻的断路器 |
| Connection Port（连接端口） | SimPower Systems/Elementes/Connection Port | 子系统的连接端口 |
| Series RLC Branch（电阻） | SimPower Systems/Elementes/Series RLC Branch | 起动电阻 |

典型模块的参数设置如下。

①电枢给定信号模块的参数设置。电枢给定信号在0 s内从初始值0阶跃到终值220。

②负载给定信号模块的参数设置。负载给定信号在0 s内从初始值0阶跃到终值50。

③定时器模块的参数设置。Signal Generator Sources 设置为在0 s时控制相应开关接通；Signal Generator Source1 和 Signal Generator Source2 分别在2 s和4 s时接通。

④理想开关模块的参数设置为默认值。

⑤起动电阻模块的参数设置。参数分别设置为 $R_{u1}=0.5\ \Omega$、$R_{u2}=0.5\ \Omega$、$R_{u3}=0.25\ \Omega$。其他与直接起动系统相同。

采用示波器模块观察仿真输出结果。图7-15中从上至下分别为直流电动机串电阻起动时的电枢电流、励磁电流、转速和电磁转矩曲线。

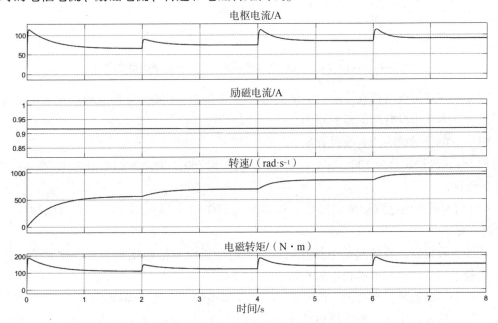

**图7-15 直流电动机串电阻起动时的电枢电流、励磁电流、转速和电磁转矩曲线**

从图中可以看出，第一级起动时，电枢电流由 0 A 突增到 120 A，转速逐渐上升，电枢电流慢慢减小，加速度变小。为了得到较大的加速度，在 2 s 时切除电阻 $R$，在切除电阻的瞬间，由于机械惯性，转速来不及变化，电动势也保持不变，因而电枢电流突然增大，转矩也按比例增加。随着转速的增大，电枢电流减小。在 4 s 时再切除第二段电阻，在 6 s 时切除第三段电阻，其过程同第一级。这样逐级切除电阻，直至加速到稳态运行点，使电动机稳定运行，整个起动过程结束。可以看出与直流电动机直接起动相比，起动电流下降了不少。

3. 他励直流电动机电枢回路逐步加压起动仿真

（1）电气原理。直流电动机全压起动时起动电流大，为此可采用电枢逐步加电压的方法起动。

（2）电路建模。由电气原理分析可知，只要将直接起动中的电枢加全电压改为分级增加电枢电压即可。图 7-16 所示为他励式直流电动机电枢回路逐步加压起动的仿真模型。

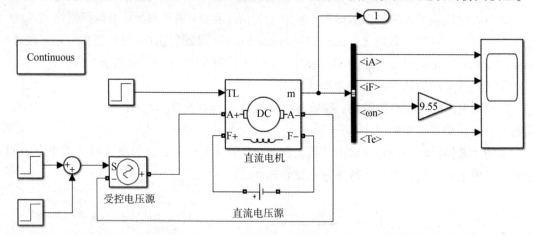

**图 7-16 他励式直流电动机电枢回路逐步加压起动的仿真模型**

与他励式直流电动机直接起动系统的仿真模型相比，主要是将系统的输入给定信号进行了组合，本系统没有增加新的模块。

电枢给定信号模块的参数设置如下。

（1）Step 的初始值为 100，在 2 s 时从 100 跳变到 160；Stepl 的初始值为 0，在 4 s 时从 0 跳变到 60。

（2）两者组合的电枢给定信号是：初始值为 100，2 s 时从 100 跳变到 160，4 s 时从 160 跳变到 220。

其他参数设置与直接起动系统相同，直流电动机电枢回路逐步加压起动时的电枢电流、励磁电流、转速和电磁转矩曲线如图 7-17 所示。

从图中可以看出，当增加电枢电压时，由于机械惯性，转速保持不变，电枢电流急剧增大，随着转速的上升，反电动势增大，在电枢电压不变的时候，电枢电流减小；电枢电压逐级上升，转速也随之逐步上升，这样起动电流和起动转矩都能得到很好的限制。

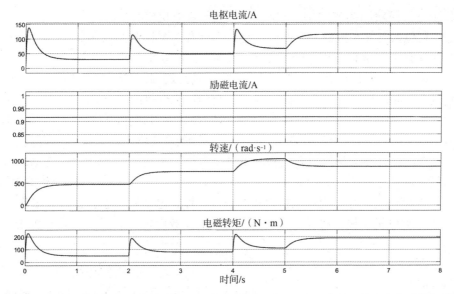

图7-17　直流电动机电枢回路逐步加压起动时的电枢电流、励磁电流、转速和电磁转矩曲线

## 7.2　交流电机的建模与仿真

### ▶▶▶ 7.2.1　交流电机模块 ▶▶ ▶

在 MATLAB 模块库中的交流电机模块是两个异步电机模块，一个是标幺值单位制（PU）下的；另一个是国际单位制（SI）下的，如图7-18所示，本系统采用后者。国际单位

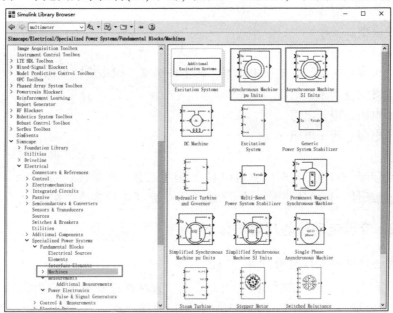

图7-18　MATLAB 模块库中的交流电机模块

制下的异步电机模块图标如图 7-19 所示。描述异步电机模块性能的状态方程包括电气和机械两个部分，电气部分有 5 个状态方程，机械部分有 2 个状态方程。该模块有 4 个输入端，4 个输出端：第 1 个输入端一般接负载，为加到电机轴上的机械负载，该端可直接接 Simulink 信号；后 3 个输入端（A、B、C）为电机的定子电压输入端。模块的第一个输出端为 m 端，其返回一系列电机内部信号（共 21 路）；后 3 个输出端（a、b、c）为转子的电压输出，一般短接在一起，或连接其他附加电路。当异步电机为笼型电机时，电机模块符号将不显示输出端（a、b、c）。

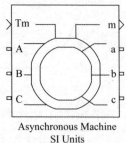

**图 7-19　国际单位制下的异步电机模块图标**

同直流电机模块一样，交流电机模块既可以工作在电动机状态，也可以工作在发电机状态。双击交流电机模块，将弹出交流电机模块的参数设置对话框，如图 7-20 所示。

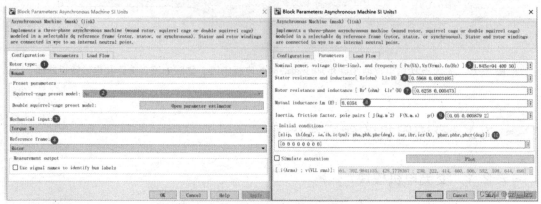

**图 7-20　交流电机模块的参数设置对话框**

（1）绕组类型：绕线式、笼型、双笼型。

（2）预设模型。

（3）机械量输入。

（4）参考坐标系选择：有定子坐标系、转子坐标系、同步旋转坐标系。

（5）额定参数：功率、电压、频率。

（6）定子电阻、定子电感。

（7）转子电阻、转子电感。

（8）互感。

（9）转动惯量（SI）或惯性时间常数（PU）、阻尼系数、极对数。

（10）初始条件：初始转差率、转子初始角位、定子电流幅值、相位角。

## ▶▶▶ 7.2.2　交流电动机的起动仿真 ▶▶ ▶

**1. 交流电动机的直接起动仿真**

（1）电气原理。采用三相闸刀或磁力起动器，直接接通额定电压的电源。特点是起动电流大，一般容量为 7.5 kW 以下的电动机都可以直接起动。

（2）电路建模。根据电气原理可得到交流电动机直接起动系统的仿真模型，如图 7-21 所示。该仿真模型中新增的模块及其提取途径和功能如表 7-4 所示。

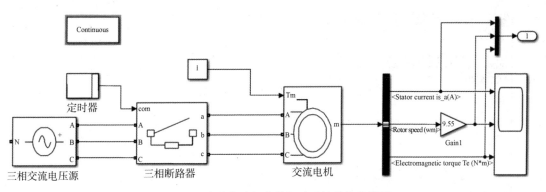

**图7-21　交流电动机直接起动系统的仿真模型**

**表7-4　仿真模型中新增的模块及其提取途径和功能**

| 模块 | 库 | 功能 |
|---|---|---|
| Three-Phase Programmable Voltage Source（三相交流电压源） | Simscape/Electrical/Specialized Power Systems/Sources | 定子电源 |
| Three-Phase Breaker（三相断路器） | Simscape/Electrical/Specialized Power Systems/Power Grid Elements | — |
| Asynchronous Machine（交流电机） | Simscape/Electrical/Specialized Power Systems/Electrical Machines | 被控对象 |

（3）参数设置。

①三相交流电压源模块的参数设置如图7-22所示，其中Amplitude(Vrms Ph-Ph)表示幅值，而Vrms表示有效值，Phase表示相位角，Freq表示频率。

Block Parameters: Three-Phase Programmable Voltage Source ✕

Three-Phase Programmable Voltage Source (mask) (link)

This block implements a three-phase zero-impedance voltage source. The common node (neutral) of the three sources is accessible via input 1 (N) of the block. Time variation for the amplitude, phase and frequency of the fundamental can be pre-programmed. In addition, two harmonics can be superimposed on the fundamental.

Note: For "Phasor simulation", frequency variation and harmonic injection are not allowed. Specify Order =1 and Seq=1,2 or 0 to inject additional fundamendal components A and B in any sequence.

**Parameters** | Load Flow

Positive-sequence: [ Amplitude(Vrms Ph-Ph)  Phase(deg.)  Freq. (Hz) ]  [380/2*sqrt(2)  0 50] ⋮

Time variation of: None ▼

☐ Fundamental and/or Harmonic generation:

OK　Cancel　Help　Apply

**图7-22　三相交流电压源模块的参数设置**

②交流电机模块的参数设置如图7-23所示，设置Mechanical input为Torque Tm（转矩），Rotor Type为Squirrel-cage（笼型）。其他具体电气参数的设置如图7-24所示。

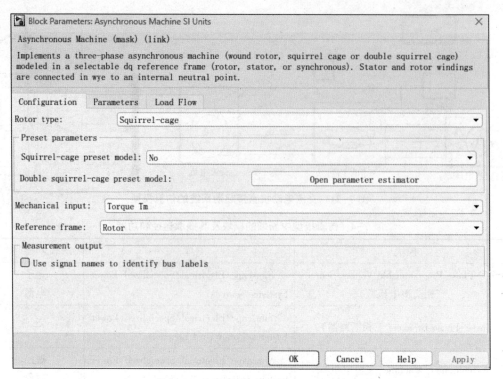

**图 7-23　交流电机模块的参数设置**

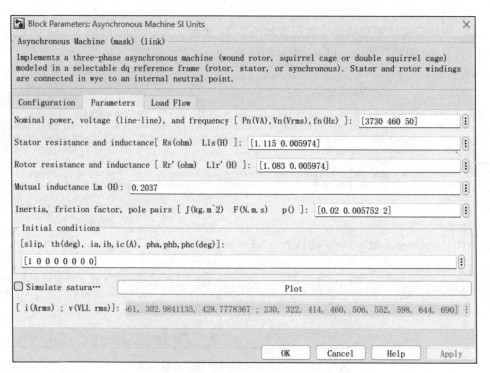

**图 7-24　交流电动机具体电气参数的设置**

图 7-25 所示为交流电动机的直接起动仿真曲线。

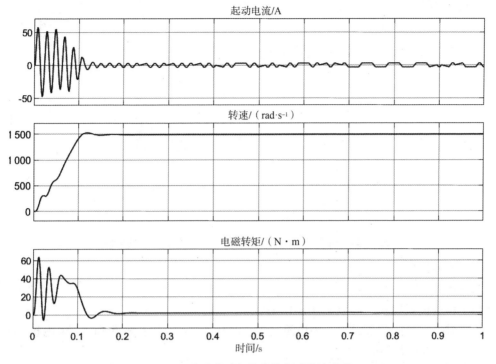

**图7-25　交流电动机的直接起动仿真曲线**

从图中可以看出，直接起动时起动电流很大，达到 50 A，但在很短的时间内，转速、电磁转矩等参数均趋于稳定状态，说明电动机的起动性能好。直接起动方法的优点是操作简便、起动设备简单；缺点是起动电流大，会引起电网电压波动。

2. 交流电动机定子串电阻或电抗器起动仿真

（1）电气原理。交流电动机起动时，在定子回路中串联电阻或电抗，起动电流在电阻或电抗器上产生压降，降低了定子绕组上的电压，起动电流也减小。由于大型电动机串电阻起动能耗太大，因此多采用串电抗器进行减压起动。

（2）电路建模。根据电气原理可得到交流电动机定子串电阻或电抗器起动系统的仿真模型，如图 7-26 和图 7-27 所示。

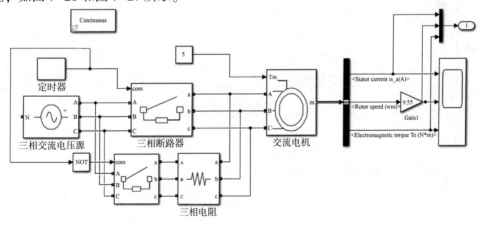

**图7-26　交流电动机定子串电阻起动系统的仿真模型**

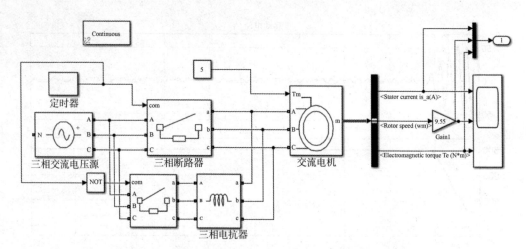

**图7-27　交流电动机定子串电抗器起动系统的仿真模型**

（3）参数设置。

①三相电阻模块的参数 $R = 5\ \Omega$。

②三相电抗器模块的参数 $L = 0.016\ \text{H}$。

③定时器模块的参数设置：串电阻起动，$t = 0.4\ \text{s}$ 时，从 0 阶跃到 1；串电抗器起动，$t = 0.8\ \text{s}$ 时，从 0 阶跃到 1。

交流电动机定子串电阻或电抗器起动的仿真曲线分别如图7-28和图7-29所示。从图中可以看出，定子电路中串联电阻或电抗器，降低了定子绕组端电压，电磁转矩与端电压的平方成正比。与直接起动相比，起动电流与电磁转矩明显变小了。因此，该方法的优点是起动电流冲击小，运行可靠，起动设备构造简单。

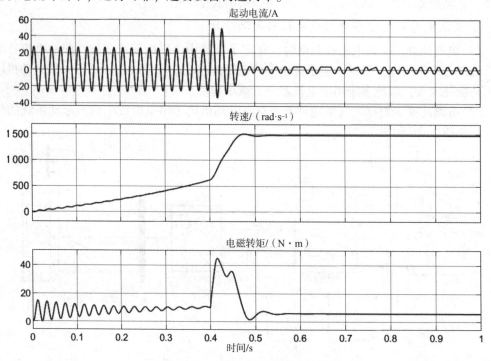

**图7-28　交流电动机定子串电阻起动的仿真曲线**

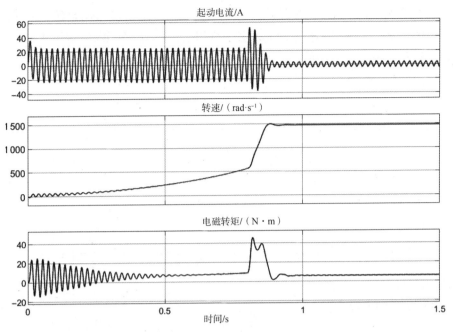

图 7-29 交流电动机定子串电抗器起动的仿真曲线

## 7.3 永磁同步电动机的建模与仿真

近年来，随着新材料技术的发展，特别是稀土永磁材料，磁性复合材料的出现，加之我国拥有世界上最大的高能量密度永磁材料（钕-铁-硼）的储量，使得永磁电动机活跃在各个工业生产中。永磁同步电动机（permanent magnet synchronous motor，PMSM）是近几年发展起来的一种新型电动机，具有转子转动惯量小、效率高、功率密度大、可靠性高等优点，因此十分适合应用于高性能伺服系统中。例如，在数控机床等场合，永磁同步电动机正在逐步取代直流电动机和感应电动机。同时由于永磁同步电动机无须励磁绕组，明显地减小了体积和质量，降低了损耗，避免了电动机发热，从而提高了效率和功率因数，具有明显的节能效果。

关于永磁同步电动机的控制，目前主要的是空间矢量控制和直接转矩控制，由于电动机在三相静止坐标系下的模型变量之间耦合严重，不容易进行控制和计算，因此需要进行坐标变换，将其变换到 $dq$ 坐标系进行控制。

首先建立永磁同步电动机在静止坐标系下的数学模型，然后给出典型的三相坐标变换公式克拉克-帕克（Clark-Park）变换，最后给出 $dq$ 坐标系下的数学模型。下面针对控制原理，介绍空间矢量控制和直接转矩控制的基本原理。

### ▶▶▶ 7.3.1 三相静止坐标系下的模型 ▶▶▶

（1）磁链方程为：

$$\begin{bmatrix} \psi_A \\ \psi_B \\ \psi_C \end{bmatrix} = \begin{bmatrix} L_{AA} & M_{AB} & M_{AC} \\ M_{BA} & L_{BB} & M_{BC} \\ M_{CA} & M_{CB} & L_{CC} \end{bmatrix} \begin{bmatrix} i_A \\ i_B \\ i_C \end{bmatrix} + \begin{bmatrix} \cos\theta \\ \cos(\theta - 120°) \\ \cos(\theta + 120°) \end{bmatrix} \psi_f \tag{7-1}$$

式中，$\psi_A$、$\psi_B$、$\psi_C$ 为定子绕组的磁链；$L_{AA}$、$L_{BB}$、$L_{CC}$ 为定子绕组的自感，且 $L_{AA} = L_{BB} = L_{CC}$；$M_{AB}$、$M_{AC}$、$M_{BA}$、$M_{BC}$、$M_{CA}$、$M_{CB}$ 为定子绕组之间的互感；$\psi_f$ 为转子永磁体的磁链；$\theta$ 是转子与定子 A 相绕组的夹角。

（2）定子电压方程为：

$$
\begin{bmatrix} u_A \\ u_B \\ u_C \end{bmatrix} = \begin{bmatrix} R_s & 0 & 0 \\ 0 & R_s & 0 \\ 0 & 0 & R_s \end{bmatrix} \begin{bmatrix} i_A \\ i_B \\ i_C \end{bmatrix} + \frac{\mathrm{d}}{\mathrm{d}t} \begin{bmatrix} \psi_A \\ \psi_B \\ \psi_C \end{bmatrix} \tag{7-2}
$$

式中，$u_A$、$u_B$、$u_C$ 为定子绕组的电压；$R_s = R_A = R_B = R_C$ 为定子绕组的电阻；$i_A$、$i_B$、$i_C$ 为定子绕组的电流。

（3）电磁转矩为：

$$
T_e = \frac{1}{2} P_n \psi_f \left[ i_A \cos\theta + i_B \cos\left(\theta - \frac{2}{3}\pi\right) + i_C \cos\left(\theta + \frac{2}{3}\pi\right) \right] \tag{7-3}
$$

式中，$P_n$ 为磁极对数。

（4）电动机运动方程为：

$$
T_e - T_L = J \frac{\mathrm{d}}{\mathrm{d}t} \omega_n + B\omega_n + K\theta_n \tag{7-4}
$$

式中，$T_L$ 为负载转矩；$J$ 为电动机绕转轴的转动惯量；$B$ 为电动机的摩擦因数；$K$ 为扭矩系数。

### ▶▶▶ 7.3.2　坐标变换公式 ▶▶ ▶

（1）变换原则：功率不变约束条件。

设电压方程为：

$$
u = z i \tag{7-5}
$$

电流变换矩阵和电压变换矩阵分别为 $C_u$ 和 $C_i$，则变换前后电压和电流的关系式为：

$$
u = C_u u', \quad i = C_i i' \tag{7-6}
$$

式中，$u'$ 与 $i'$ 为坐标变换后的电压与电流。

若坐标变换前后功率不变，则有：

$$
\begin{cases} P = i^T u \\ P' = i'^T u' \end{cases} \xrightarrow{P = P'} (C_i i')^T (C_u u') = i'^T u' \Rightarrow C_i^T C_u = E \tag{7-7}
$$

一般而言，电压变换矩阵与电流变换矩阵相同，即 $C_u = C_i = C$，因此代入式（7-7）可以推出：

$$
C^T C = C^{-1} C = E \Rightarrow C^T = C^{-1} \tag{7-8}
$$

上述变换属于正交变换，且满足了功率不变的约束条件。

（2）三相静止轴系 $ABC$ 到两相静止轴系 $\alpha\beta$ 的变换（3s/2s 变换）为：

$$
N_\alpha = N_\beta = N_2
$$

为了便于分析，取三相绕组的匝数相等，即 $N_A = N_B = N_C = N_3$，并取两相绕组的匝数也相等，空间位置等效图如图 7-30 所示。

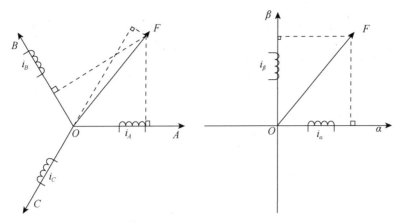

**图7-30 3s/2s 变换的空间位置等效图**

可得到两相绕组的旋转磁动势与三相绕组的磁动势的等效表达式为：

$$\begin{cases} N_\alpha i_\alpha = N_A i_A + N_B i_B \cos(120°) + N_C i_C \cos(-120°) \\ N_\beta i_\beta = 0 + N_B i_B \sin(120°) + N_C i_C \sin(-120°) \end{cases}$$

$$\Rightarrow \begin{bmatrix} i_\alpha \\ i_\beta \end{bmatrix} = \frac{N_3}{N_2} \begin{bmatrix} 1 & \cos(120°) & \cos(-120°) \\ 0 & \sin(120°) & \sin(-120°) \end{bmatrix} \begin{bmatrix} i_A \\ i_B \\ i_C \end{bmatrix} \tag{7-9}$$

为保证推导的严谨性，在非方阵中引入一个独立变量，称为零轴电流，此时变换矩阵可以改写为：

$$\begin{bmatrix} i_\alpha \\ i_\beta \\ i_0 \end{bmatrix} = m \begin{bmatrix} 1 & \cos(120°) & \cos(-120°) \\ 0 & \sin(120°) & \sin(-120°) \\ k & k & k \end{bmatrix} \begin{bmatrix} i_A \\ i_B \\ i_C \end{bmatrix} \tag{7-10}$$

求解变换矩阵的转置和逆，可以得到：

$$\boldsymbol{C}_1^{\mathrm{T}} = \begin{bmatrix} m & 0 & km \\ -\dfrac{m}{2} & \dfrac{\sqrt{3}}{2}m & km \\ -\dfrac{m}{2} & -\dfrac{\sqrt{3}}{2}m & km \end{bmatrix}, \quad \boldsymbol{C}_1^{-1} = \begin{bmatrix} \dfrac{2}{3m} & 0 & \dfrac{1}{3km} \\ -\dfrac{1}{3m} & \dfrac{1}{\sqrt{3}\,m} & \dfrac{1}{3km} \\ -\dfrac{1}{3m} & -\dfrac{1}{\sqrt{3}\,m} & \dfrac{1}{3km} \end{bmatrix} \tag{7-11}$$

令两者相等，则 $m = \sqrt{\dfrac{2}{3}}$，$k = \sqrt{\dfrac{1}{2}}$，可以得到此时对应的坐标变换为等功率坐标变换，代入式(7-10)，得

$$\begin{bmatrix} i_\alpha \\ i_\beta \\ i_0 \end{bmatrix} = \sqrt{\frac{2}{3}} \begin{bmatrix} 1 & \cos(120°) & \cos(-120°) \\ 0 & \sin(120°) & \sin(-120°) \\ \sqrt{1/2} & \sqrt{1/2} & \sqrt{1/2} \end{bmatrix} \begin{bmatrix} i_A \\ i_B \\ i_C \end{bmatrix} \tag{7-12}$$

(3) 变换原则：幅值不变约束条件。

在幅值不变的约束条件下，坐标变换前后的幅值不发生变化，此时推导的过程比功率不变的简单，有：

$$\begin{cases} i_\alpha = I_m m\left[\cos(\omega t) - \dfrac{1}{2}\cos(\omega t - 120°) - \dfrac{1}{2}\cos(\omega t + 120°)\right] = \dfrac{3}{2}mI_m\cos(\omega t) \\[2mm] i_\beta = I_m m\left[\dfrac{\sqrt{3}}{2}\cos(\omega t - 120°) - \dfrac{\sqrt{3}}{2}\cos(\omega t + 120°)\right] = \dfrac{3}{2}mI_m\sin(\omega t) \\[2mm] i_0 = I_0 m(k + k + k) = 3mkI_0 \end{cases}$$

$$\Rightarrow \begin{cases} m = \dfrac{2}{3} \\[2mm] k = \dfrac{1}{2} \end{cases}$$

代入式(7-10)，得：

$$\begin{bmatrix} i_\alpha \\ i_\beta \\ i_0 \end{bmatrix} = \frac{2}{3}\begin{bmatrix} 1 & \cos(120°) & \cos(-120°) \\ 0 & \sin(120°) & \sin(-120°) \\ 1/2 & 1/2 & 1/2 \end{bmatrix}\begin{bmatrix} i_A \\ i_B \\ i_C \end{bmatrix} \tag{7-13}$$

（4）二相静止轴系 $\alpha\beta$ 到二相旋转轴系 $dq$ 的变换（2s/2r 变换）。

两个相互垂直的绕组，在两绕组中分别通以直流电流，并且将此固定磁场以同样的角速度旋转，则两相旋转绕组产生的合成磁场也是一个旋转磁场，如图 7-31 所示。进一步使两绕组的轴线与三相绕组（或与两相静止绕组的轴线同方向）的旋转磁场方向相同，由此即可用两个直流分量代替三相交流电，这样可以进一步简化变量间的关系。

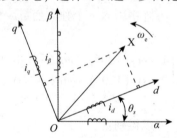

**图 7-31　2s/2r 变换的空间位置等效图**

两相静止坐标系与两相旋转坐标系间的夹角（夹角随时间变化）为 $\theta_s = \omega_e t$。由两相静止轴系与两相旋转轴系的等效磁动势表达式可以得到变换关系，两者绕组的匝数相同，故变换关系为：

$$\begin{cases} N_d i_d = N_\alpha i_\alpha \cos\theta_e + N_\beta i_\beta \sin\theta_e \\ N_q i_q = -N_\alpha i_\alpha \sin\theta_e + N_\beta i_\beta \cos\theta_e \\ N_0 i_0 = N_0' i_0 \end{cases} \Rightarrow \begin{bmatrix} i_d \\ i_q \\ i_0 \end{bmatrix}$$

$$= \frac{2}{3}\begin{bmatrix} \cos\theta_e & \sin\theta_e & 0 \\ -\sin\theta_e & \cos\theta_e & 0 \\ 0 & 0 & 1 \end{bmatrix}\begin{bmatrix} i_\alpha \\ i_\beta \\ i_0 \end{bmatrix} \tag{7-14}$$

求解变换矩阵的转置和逆，可以得到：

$$C_2^{\mathrm{T}} = \begin{bmatrix} \cos\theta_e & -\sin\theta_e & 0 \\ \sin\theta_e & \cos\theta_e & 0 \\ 0 & 0 & 1 \end{bmatrix}, \quad C_2^{-1} = \begin{bmatrix} \cos\theta_e & -\sin\theta_e & 0 \\ \sin\theta_e & \cos\theta_e & 0 \\ 0 & 0 & 1 \end{bmatrix} \tag{7-15}$$

因此，可以得到由三相静止坐标系 $abc$ 到 $dq$ 坐标系的坐标变换方程及其逆矩阵为：

$$\boldsymbol{C}_2^{\mathrm{T}} = \frac{2}{3}\begin{bmatrix} \cos\theta_e & \cos(\theta_e - 2\pi/3) & \cos(\theta_e + 2\pi/3) \\ -\sin\theta_e & -\sin(\theta_e - 2\pi/3) & \sin(\theta_e + 2\pi/3) \\ 1/2 & 1/2 & 1/2 \end{bmatrix},$$

$$\boldsymbol{C}_2^{-1} = \begin{bmatrix} \cos\theta_e & -\sin\theta_e & 1 \\ \cos(\theta_e - 2\pi/3) & -\sin(\theta_e - 2\pi/3) & 1 \\ \cos(\theta_e + 2\pi/3) & -\sin(\theta_e + 2\pi/3) & 1 \end{bmatrix}$$

### ▶▶ 7.3.3 $dq$ 坐标系下的数学模型 ▶▶ ▶

（1）磁链方程为：

$$\begin{cases} \psi_d = L_d i_d + \psi_f \\ \psi_q = L_q i_q \end{cases} \tag{7-16}$$

（2）电压方程为：

$$\begin{cases} u_d = R i_d + \dfrac{\mathrm{d}}{\mathrm{d}t}\psi_d - \omega_e \psi_q \\ u_q = R i_q + \dfrac{\mathrm{d}}{\mathrm{d}t}\psi_q + \omega_e \psi_d \end{cases} \tag{7-17}$$

式中，$u_d$、$u_q$ 为定子电压在 $d$ 轴和 $q$ 轴的分量；$i_d$、$i_q$ 为定子电流在 $d$ 轴和 $q$ 轴的分量；$R$ 为定子电阻；$\psi_d$、$\psi_q$ 为 $d$ 轴和 $q$ 轴的磁链，$\omega_e$ 为电角速度；$L_d$、$L_q$ 为 $d$ 轴和 $q$ 轴的电感分量，$\psi_f$ 为永磁体的磁链。

（3）转矩方程为：

$$T_e = \frac{3}{2}P_n i_q \left[ (L_d - L_q) i_d + \psi_f \right] \tag{7-18}$$

### ▶▶ 7.3.4 空间矢量控制原理 ▶▶ ▶

电压空间矢量控制技术是依据输出电压矢量的空间位置确定逆变器的特殊开关顺序以及开关时间的算法。传统的正弦波脉宽调制技术主要是使输出电压接近正弦波，而电压空间矢量控制技术的主要目标是形成圆形旋转磁场。SVPWM（space vector pulse width modulation，电压空间矢量脉宽调制）在谐波抑制、电压利用率以及数字化控制等方面更具有优势，同时，SVPWM 便于实现直流注入，因此本节采用电压空间矢量控制技术。

三相电压在空间的合成矢量 $\boldsymbol{u}_s$ 与三相电流在空间的合成矢量 $\boldsymbol{i}_s$ 满足电压方程：

$$\boldsymbol{u}_s = R_s \boldsymbol{i}_s + \frac{\mathrm{d}\boldsymbol{\psi}_s}{\mathrm{d}t} \tag{7-19}$$

当转速比较高时，定子电阻压降比较小，对此进行忽略，式（7-19）可以变形为：

$$\boldsymbol{u}_s \approx \frac{\mathrm{d}\boldsymbol{\psi}_s}{\mathrm{d}t}, \ \boldsymbol{\psi}_s = \int \boldsymbol{u}_s \mathrm{d}t \tag{7-20}$$

由式（7-20）可知，定子磁链为电压的积分，当电压稳定时，定子磁链的幅值不变。电压矢量随时间旋转，定子磁链也旋转，运动轨迹为圆形，电压超前其90°，沿着磁链的切线方向变化。只要保证三相合成的电压矢量的幅值不变且运动轨迹为圆形，即可实现圆形磁链的控制。

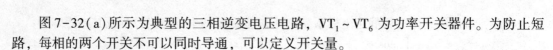

图 7-32(a)所示为典型的三相逆变电压电路，$VT_1 \sim VT_6$ 为功率开关器件。为防止短路，每相的两个开关不可以同时导通，可以定义开关量。

(1) "1"表示上桥臂开，下桥臂关；

(2) "0"表示上桥臂关，下桥臂开。

相电压可以用下式表示：

$$\begin{bmatrix} u_A \\ u_B \\ u_C \end{bmatrix} = \frac{U_d}{3}\begin{bmatrix} 2 & -1 & -1 \\ -1 & 2 & -1 \\ -1 & -1 & 2 \end{bmatrix}\begin{bmatrix} S_A \\ S_B \\ S_C \end{bmatrix} \qquad (7-21)$$

逆变器一共有 8 个状态，各个开关状态下合成的空间电压矢量如图 7-32(b)所示，三相电压在不同开关状态下对应的合成电压矢量如表 7-5 所示。

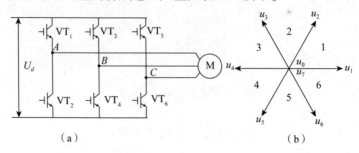

（a） （b）

图 7-32　典型的三相逆变电压电路与基本电压矢量

表 7-5　三相电压在不同开关状态下对应的合成电压矢量

| | $S_A$ | $S_B$ | $S_C$ | $u_A$ | $u_B$ | $u_C$ | $u_s$ |
|---|---|---|---|---|---|---|---|
| $u_0$ | 0 | 0 | 0 | 0 | 0 | 0 | 0 |
| $u_1$ | 1 | 0 | 0 | $\frac{2}{3}U_d$ | $-\frac{1}{3}U_d$ | $-\frac{1}{3}U_d$ | $\frac{2}{3}U_d$ |
| $u_2$ | 1 | 1 | 0 | $\frac{1}{3}U_d$ | $\frac{1}{3}U_d$ | $-\frac{2}{3}U_d$ | $\frac{2}{3}U_d e^{j60°}$ |
| $u_3$ | 0 | 1 | 0 | $-\frac{1}{3}U_d$ | $\frac{2}{3}U_d$ | $-\frac{1}{3}U_d$ | $\frac{2}{3}U_d e^{j120°}$ |
| $u_4$ | 0 | 1 | 1 | $-\frac{2}{3}U_d$ | $\frac{1}{3}U_d$ | $\frac{1}{3}U_d$ | $\frac{2}{3}U_d e^{j180°}$ |
| $u_5$ | 0 | 0 | 1 | $-\frac{1}{3}U_d$ | $-\frac{1}{3}U_d$ | $\frac{2}{3}U_d$ | $\frac{2}{3}U_d e^{j240°}$ |
| $u_6$ | 1 | 0 | 1 | $\frac{1}{3}U_d$ | $-\frac{2}{3}U_d$ | $\frac{1}{3}U_d$ | $\frac{2}{3}U_d e^{j300°}$ |
| $u_7$ | 1 | 1 | 1 | 0 | 0 | 0 | 0 |

对于表 7-5 中的合成矢量电压 $\boldsymbol{u}_s$，当开关状态($S_A$, $S_B$, $S_C$)= (1, 0, 0)时，三相电枢绕组的电压为 $(u_A, u_B, u_C) = (\frac{2}{3}U_d, -\frac{1}{3}U_d, -\frac{1}{3}U_d)$，$\boldsymbol{u}_s$ 的值的计算表达式为：

$$u_s = \frac{2}{3}(u_A + u_B e^{j120°} + u_C e^{j240°}) = \frac{2}{3}U_d \qquad (7-22)$$

将三相空间标量合成为一个空间矢量的过程与坐标变换的原理一致，即将三相坐标系下3个坐标轴的数值变换到两相坐标系中，通过两相坐标表示合成矢量，采用等幅值的坐标变换，式(7-22)中的系数2/3，以此类推，可以得到表7-5的不同开关状态下的合成电压矢量。

采用以上的控制方法形成的旋转磁场如图7-33(a)所示，形成正六边形的旋转磁场，存在很大的谐波分量，会产生转矩与转速的脉动。要获得多边形或接近圆形的旋转磁场，需要有更多的输出电压矢量。可以采用平行四边形合成法则，用相邻有效工作矢量合成期望的输出矢量，以降低谐波分量，使旋转磁场更加接近圆形。由图7-33(b)可以得到在一个周期内输出的合成电压矢量：

$$u_{out} = \frac{t_1}{T_{pwm}} u_1 + \frac{t_2}{T_{pwm}} u_2 \tag{7-23}$$

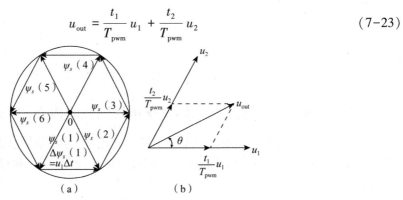

图7-33 旋转磁场与期望输出的合成电压矢量

根据正弦定理，可以利用期望输出的合成电压矢量求得相邻矢量的作用时间为：

$$\begin{cases} t_1 = \frac{2}{\sqrt{3}} \left| \frac{u_{out}}{u_1} \right| T_{pwm} \sin\left(\frac{\pi}{3} - \theta\right) \\ t_2 = \frac{2}{\sqrt{3}} \left| \frac{u_{out}}{u_2} \right| T_{pwm} \sin\theta \end{cases} \tag{7-24}$$

将式(7-24)扩展到其他扇区，有：

$$\begin{bmatrix} t_1 \\ t_2 \end{bmatrix} = \frac{2|u_{out}|T_{pwm}}{\sqrt{3}|u_x|} \begin{bmatrix} \sin\left(\frac{k}{3}\pi\right) & -\cos\left(\frac{k}{3}\pi\right) \\ -\sin\left(\frac{k-1}{3}\pi\right) & \cos\left(\frac{k-1}{3}\pi\right) \end{bmatrix} \begin{bmatrix} \cos\theta \\ \sin\theta \end{bmatrix} \tag{7-25}$$

式中，$k=1$、2、3、4、5、6分别为不同的扇区号；$T_{pwm}$ 为开关周期。

至此，电压空间矢量技术控制的基本原理分析完毕。通过利用不同扇区的相邻矢量在不同时刻输出期望的空间矢量，可以使旋转磁场接近圆形。

### ▶▶ 7.3.5 控制原理图 ▶▶▶

电压空间矢量控制技术的控制原理图如图7-34所示，该系统主要采用了转速环和电流环双闭环控制，采用电压空间矢量控制技术控制逆变器的开关信号。将给定转速与实际转速进行比较，通过转速调节器调节，得到 $q$ 轴的给定电流值；通过电流调节器调节，得到 $dq$ 轴给定电压值；通过坐标变换，得到 $\alpha\beta$ 轴的给定电压值；通过空间矢量调节模块，得到逆变器的开关信号。

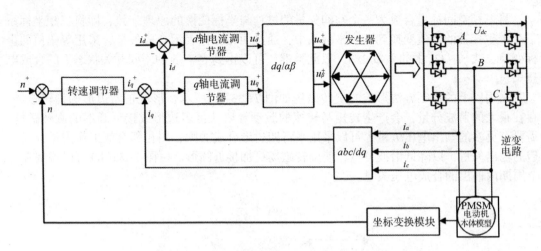

图7-34　电压空间矢量控制技术的控制原理图

### ►►▶ 7.3.6　永磁同步电动机控制系统仿真模型的建立 ►►▶ ►

根据图7-34，可以看出电动机模型主要由转速/电流调节器、发生器、逆变电路、电动机本体模型和坐标变换等模块组成。下面针对这几部分，在 Simulink 中分别搭建相应的模型。

1. 转速/电流调节器

转速/电流调节器主要是指转速环和电流环的 PI 参数调节部分，这里根据 PI 函数算法搭建了相应的模块，如图7-35 所示，对其进行封装，双击该模块可以修改模块的设置，如图7-36 所示。

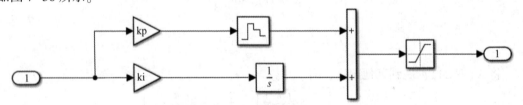

图7-35　转速/电流调节器仿真模块

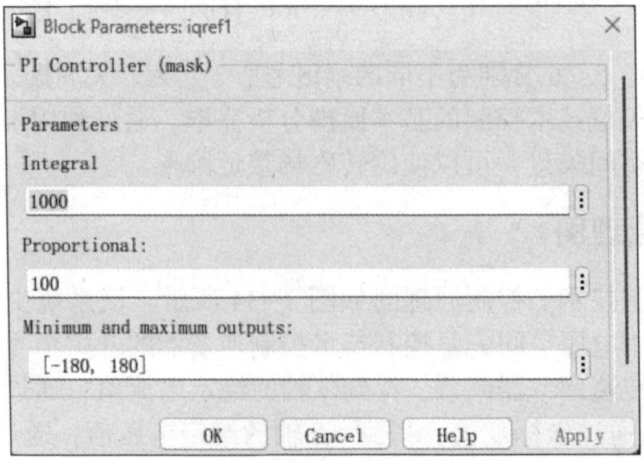

图7-36　设置转速/电流调节器模块

### 2. 发生器

根据发生器的实现原理，可以搭建相应的模块，如图 7-37 所示，其中主要包含扇区计算模块，相邻矢量作用时间计算模块以及 PWM 波形产生模块。

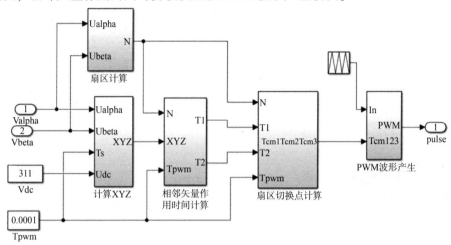

**图 7-37 发生器仿真模块**

### 3. 逆变电路

本仿真模型采用三相半桥逆变电路，使用系统自带的 Universal Bridge（逆变电路）模块，其设置如图 7-38 所示。

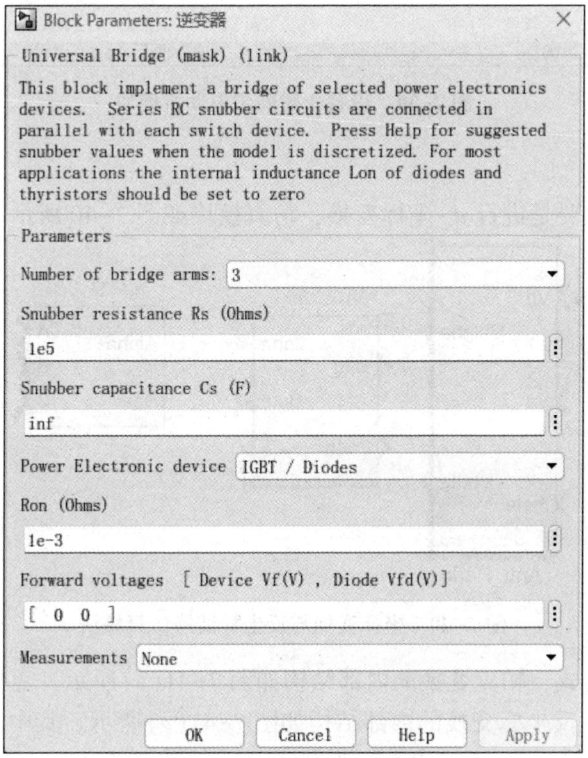

**图 7-38 设置逆变电路模块**

**4. 电动机本体模型**

本仿真模型采用系统自带的永磁同步电动机模块，具体设置如图 7-39 所示。

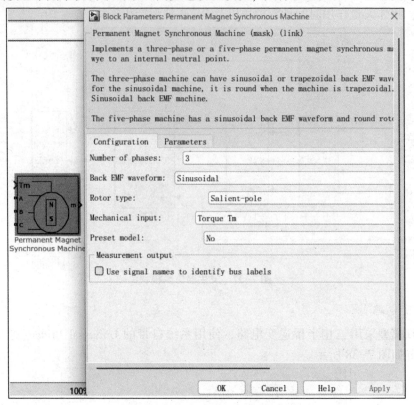

**图 7-39　设置永磁同步电动机模块**

**5. 坐标变换**

坐标变换模块主要是进行 $dq$ 坐标变换，仿真模块如图 7-40 所示。

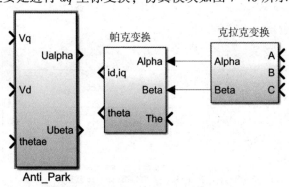

**图 7-40　坐标变换与反坐标变换仿真模块**

根据坐标变换公式，帕克变换的内部结构如图 7-41(a) 所示，克拉克变换的内部结构如图 7-41(b) 所示，反坐标变换的内部结构如图 7-41(c) 所示。其中，坐标变换模块主要利用坐标变换公式将静止 $ABC$ 三相电流变换到旋转 $dq$ 坐标系中。

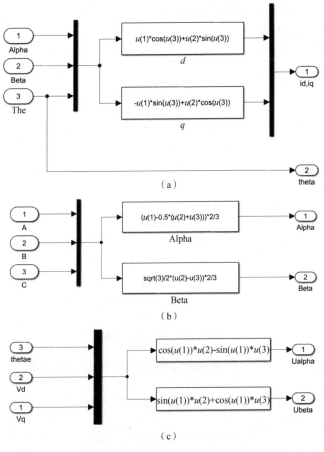

图 7-41 坐标变换与反坐标变换模块的内部结构

(a)帕克变换；(b)克拉克变换；(c)反坐标变换

根据图 7-34 的控制原理图可以在 MATLAB 和 Simulink 中搭建相应的模型，整体的模型如图 7-42 所示。

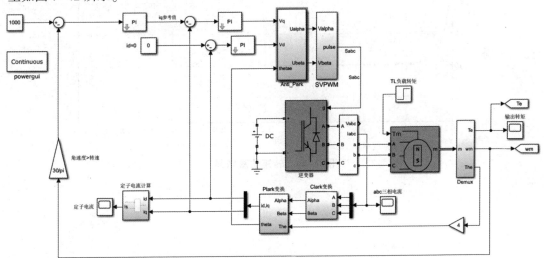

图 7-42 永磁同步电动机的双闭环控制系统

给定转速为 1 000 r/min，设定仿真时间为 0.4 s，空载起动，在 0.2 s 时加 10 N·m 的负载，设定求解器为 ode23tb。

仿真最终得到的电流波形如图 7-43 所示，当转矩为 0 时，输出的电流接近 0，加上负载转矩以后，电流为正弦波形。

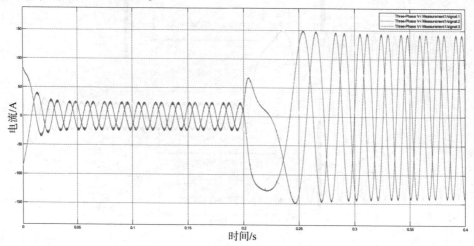

**图 7-43  仿真电流波形**

由图 7-44 可以看出，输出的电磁转矩跟随给定的负载转矩输出，存在一定的转矩脉动。

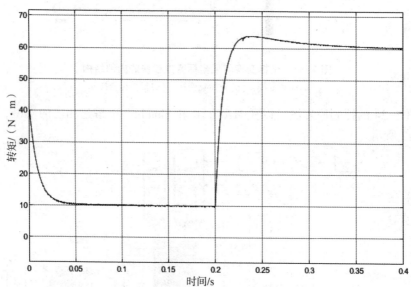

**图 7-44  转矩仿真结果**

# 第8章

# 纯电动汽车传动系统的建模与仿真

纯电动汽车的动力系统主要由驱动电机及其控制器、动力电池组、单挡或多挡变速器、主减速器等组成。在建模过程中，如果选择的驱动电机功率过大，就会造成效率低下，影响续驶里程；功率过小，就会影响整车的爬坡性能和加速性能。如果选择的动力电池组数量过多，会引起整车布置困难，动力性下降；数量过少可能无法满足驱动电机的高功率需求，同时无法满足整车续驶里程要求。因此，合理选择动力系统有助于提高汽车的动力、降低成本、延长续驶里程，对纯电动汽车的设计与开发有较为重要的研究意义。本章将依据某款纯电动汽车的主要参数及其动力指标的要求，对该车的动力系统进行建模与仿真，以获取兼顾动力性能与经济性能的匹配方案。

##  8.1 建立纯电动汽车的动力性能数学模型

在正常行驶时，汽车受到的驱动力和行驶阻力相互平衡。驱动力是从汽车驱动系统传递到车轮，使其向前行驶的力，行驶阻力是汽车为了维持运动状态所需要克服的阻力。根据汽车在正常行驶过程中的驱动力和行驶阻力相互平衡的关系，可以建立行驶方程式：

$$F_t = F_f + F_w + F_j + F_i \tag{8-1}$$

式中，$F_f$ 为滚动阻力；$F_w$ 为空气阻力；$F_j$ 为加速阻力；$F_i$ 为坡度阻力；$F_t$ 为驱动力。本章公式中未标单位的量都使用国际单位制中的单位。

对于纯电动汽车，驱动力通过驱动电机产生的转矩经传动系统传至驱动轮上，因此驱动力的表达式为：

$$F_t = \frac{T_{tq} i_g i_0 \eta_T}{r} \tag{8-2}$$

式中，$T_{tq}$ 为驱动电机的转矩；$i_g$ 为变速器的传动比；$i_0$ 为主减速器的传动比；$\eta_T$ 为传动系效率；$r$ 为车轮半径。

车轮的滚动阻力为：

$$F_f = Gf\cos\alpha \tag{8-3}$$

式中，$G$ 汽车的载质量，单位为 kg；$f$ 为滚动阻力系数；$\alpha$ 为爬坡角度（简称爬坡度）。

空气阻力为:

$$F_w = \frac{C_D A u_a^2}{21.15} \tag{8-4}$$

式中,$C_D$ 为空气阻力系数;$A$ 为迎风面积;$u_a$ 为车速。

坡度阻力为:

$$F_i = G\sin \alpha \tag{8-5}$$

加速阻力为:

$$F_j = \delta m \frac{du}{dt} \tag{8-6}$$

式中,$\delta$ 为汽车旋转质量换算系数;$m$ 为汽车质量;$du/dt$ 为行驶加速度。

根据式(8-1)~式(8-6),可以得到车辆的行驶方程式为:

$$\frac{T_{tq} i_g i_0 \eta_T}{r} = Gf\cos \alpha + G\sin \alpha + \frac{C_D A u_a^2}{21.15} + \delta m \frac{du}{dt} \tag{8-7}$$

### ▶▶▶ 8.1.1 最高车速 ▶▶ ▶

纯电动汽车的最高车速大致可以分为两种:一种是 1 km 最高车速;另一种是 30 min 最高车速。最高车速的理论值可以利用 MATLAB 对驱动力与行驶阻力进行编程仿真,通过输出曲线图中的交点求得,也可以通过驱动电机转速与车速之间的相应关系式求得:

$$u_a = 0.377 \frac{rn}{i_g i_0} \tag{8-8}$$

式中,$n$ 为驱动电机的最高转速。

### ▶▶▶ 8.1.2 加速时间 ▶▶ ▶

对于固定速比的纯电动汽车,加速时间可分为两种:一种是车辆在原地起步后加速至某一预定车速所花的时间;另一种是车辆以一定的车速加速至某一预定车速所花的时间。加速时间的理论计算式为:

$$F_j = F_t - (F_f + F_w) \tag{8-9}$$

$$\delta m \frac{du}{dt} = F_t - \left(Gf\cos \alpha + \frac{C_D A u_a^2}{21.15}\right) \tag{8-10}$$

$$t = \frac{1}{3.6} \int_{u_1}^{u_2} \frac{\delta m}{F_t - \left(Gf\cos \alpha + \frac{C_D A u_a^2}{21.15}\right)} du \tag{8-11}$$

### ▶▶▶ 8.1.3 车辆爬坡度 ▶▶ ▶

纯电动汽车一般能爬上 30% 的坡道即为合格,30% 的坡道是指在 100 m 的水平路程中可以上 30 m 高的斜坡,即 $\tan \alpha = 0.3$,其中 $\alpha$ 为爬坡度。经计算,$\alpha$ 为 16.7°。车辆爬坡度的理论计算公式为:

$$F_i = F_t - (F_f + F_w) \tag{8-12}$$

$$G\sin \alpha = \frac{T_{tq} i_g i_0 \eta_T}{r} - \left(Gf\cos \alpha + \frac{C_D A u_a^2}{21.15}\right) \tag{8-13}$$

$$\alpha = \arcsin\left[\frac{F_t - (F_f + F_w)}{G}\right] \qquad (8-14)$$

 ## 8.2 建立纯电动汽车的经济性能数学模型

纯电动汽车的电池系统在充满电的状态下，车辆在良好的道路上开始以某一车速正常行驶，行驶至电池预设的荷电状态（SoC）下限，常用这段时间内车辆行驶的距离来评价其经济性能的优劣，这个距离也可以换算成每百千米耗电量。衡量车辆经济性能的具体指标有以下几项。

（1）能量消耗率：纯电动汽车按规定的试验循环后，再一次对蓄电池进行充电直到试验前的容量，从电网上得的电能与行驶距离之比。

（2）比能量消耗率：纯电动汽车能量消耗率与试验车载质量之比。

（3）能量经济性：纯电动汽车按各种预定条件行驶时达到的最大续航里程与电池再次充满电需要的电能之比。

在电池充满电的状态下，纯电动汽车等速行驶时的功率 $P$ 为：

$$P = \left(\frac{Gfu_a}{3\ 600} + \frac{C_D A u_a^3}{76\ 140}\right) / \eta_T \qquad (8-15)$$

汽车在等速行驶时的续航里程为：

$$L = \frac{Wu_a \eta_e}{P} \qquad (8-16)$$

式中，$W$ 为电池的总能量，单位为 $kW \cdot h$；$\eta_e$ 为驱动电机以及控制器的传动总效率。

联立以上两式，得到续航里程为：

$$L = \frac{76\ 140 W \eta_T \eta_e}{21.15 Gf + C_D A u_a^2} \qquad (8-17)$$

 ## 8.3 整车参数及整车性能设计目标

本章采用的整车参数如表 8-1 所示，整车性能指标如表 8-2 所示。

表 8-1 整车参数

| 参数 | 数值 |
| --- | --- |
| 尺寸/mm | 4 906×1 862×1 449 |
| 轴距/mm | 2 830 |
| 前轴距/mm | 1 600 |
| 后轴距/mm | 1 610 |
| 车重/kg | 1 470 |
| 空气阻力系数 | 0.33 |
| 最大载质量/kg | 1 500 |

**续表**

| 参数 | 数值 |
|------|------|
| 质心高度/mm | 500 |
| 迎风面积/m² | 2.16 |
| 总传动效率 | 0.9216 |
| 主减速器传动比 | 4.55 |
| 旋转质量换算系数 | 1.05(一挡) 1.27(二挡) |
| 滚动阻力系数 | 0.012 |
| 轮胎滚动半径/mm | 281 |

表 8-2　整车性能指标

| 设计目标 | 数值 |
|------|------|
| 最高车速/(km·h⁻¹) | 110 |
| 最大爬坡度/° | 20 |
| 百千米加速时间/s | 15 |
| 续驶里程/km | 400 |

##  8.4　建立驱动电机的参数匹配模型

　　纯电动汽车在进行匹配计算时，电机的功率确定原则与传统燃油汽车的功率确定原则类似，应该以符合各行驶工况的功率要求为前提条件，选取车辆动力性能相关的评价指标展开计算并选取合适的值，其中，主要确定整车的峰值功率和额定功率。在选取功率数值时，若峰值功率数值选取过大，虽然整车的动力性能得到了提高，增大了后备功率，但是电机可能长时间工作在欠载状况下，从而使电机的性能没能得到全面发挥，降低运行效率，同时会造成大功率电机的体积和质量变大，整车的经济性能下降。若电机的额定功率值匹配很小，会造成电机长时间工作在过载状况下，影响电机的工作寿命。

　　驱动电机的参数匹配主要是功率、转速和转矩参数的设计，纯电动汽车采用的驱动电机功率应能使纯电动汽车行驶时达到设计目标中的最高车速、最大爬坡度，以及满足设计目标中起步加速时间的要求。

### ▶▶▶ 8.4.1　电机功率匹配 ▶▶▶

　　电机的峰值功率通常是指驱动电机工作时能达到的最高功率，电机的峰值功率 $P_{max}$ 必须同时满足最高车速所需功率 $P_v$、最大爬坡度所需功率 $P_i$、加速能力所需功率 $P_a$ 的要求，即：

$$P_{max} \geqslant \max\{P_v, P_i, P_a\} \tag{8-18}$$

　　纯电动汽车在良好路况上正常行驶时，用整车能达到的最大速度来确定最高车速所需功率 $P_v$：

$$P_v \geqslant \frac{u_{max}}{3\,600\eta}\left(mgf + \frac{C_D A u_{max}^2}{21.15}\right) \tag{8-19}$$

利用驱动电机功率的数学模型，编写 MATLAB 程序如下：

```
m=1500;                                    % 汽车质量
g=10;                                      % 重力加速度
r=0.281;                                   % 车轮半径
nt=0.92;                                   % 传动效率
CD=0.33;                                   % 空气阻力系数
A=2.16;                                    % 迎风面积
f=0.012;                                   % 滚动阻力系数
i0=4.55;                                   % 主减速比
x=0:120;                                   % 最高车速
y=((x)/(3600. *nt)). *(m. *g*f+(CD. *A. *x. ^2)/(21. 15));   % 最高车速电机功率
plot(x,y,'-b')
title('维持车速所需电机功率')
xlabel('最高车速/( km/h)')
ylabel('电机功率/kW')
```

运行程序，得到图 8-1 所示的维持车速所需电机功率的仿真曲线。

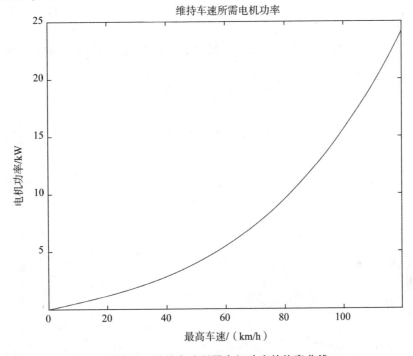

**图 8-1 维持车速所需电机功率的仿真曲线**

从图 8-1 中可以看出，越高的车速所需的功率越大，这是行驶阻力增大造成的。将汽车参数和目标最高车速（110 km/h）代入式（8-19），得 $P_v \geqslant 19.5$ kW。

汽车爬坡时车速一般不高，因此不考虑加速阻力和空气阻力，只用考虑爬坡阻力。车辆爬坡所需电机功率的计算公式如下：

$$P_i \geqslant \frac{u_i}{3\,600\eta}\left(mg\sin\alpha_{\max} + mgf\cos\alpha_{\max} + \frac{C_D A u_i^2}{21.15}\right) \tag{8-20}$$

作用在驱动轮上的转矩会引起地面的切向反作用力，此力不能大于路面附着力，否则车辆驱动轮将发生打滑现象，电机输出的动力便无法转化为车辆实际前进的动力。尤其是车辆爬坡时，如果车轮发生滑转，将限制整车的最大爬坡能力。

编写 MATLAB 程序如下：

```
m=1500;            % 汽车质量
g=10;              % 重力加速度
r=0.281;           % 车轮半径
nt=0.92;           % 传动效率
CD=0.33;           % 空气阻力系数
A=2.16;            % 迎风面积
f=0.012;           % 滚动阻力系数
i0=4.55;           % 主减速比
x=0:40;            % 爬坡速度
a=20;              % 最大爬坡度
y=((x)/(3600. *nt)). *(m. *g. *sind(a)+m. *g. *f. *cosd(a)+(CD. *A. *x. ^2)/(21.15));% 最大爬坡功率
plot(x,y)
title('爬 20°坡时不同爬坡速度所需电机功率')
xlabel('爬坡速度/( km/h)')
ylabel('电机功率/kW')
```

运行程序，可以得到车辆爬 20°坡时不同爬坡速度所需电机功率的仿真曲线，如图8-2 所示。

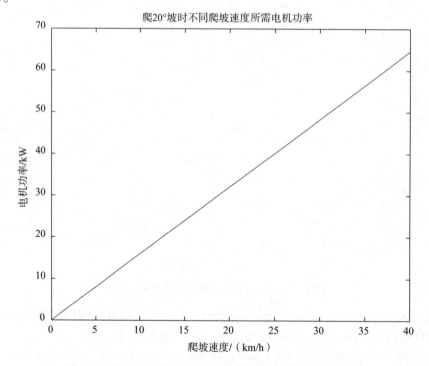

图 8-2　爬 20°坡时不同爬坡速度所需电机功率的仿真曲线

可以看出，爬坡度一定时，所需电机功率与爬坡速度正相关。将最大爬坡度、爬坡速度及汽车参数代入式(8-20)，得 $P_i \geq 48.3$ kW，爬坡速度为 30 km/h。

另外，加速能力也是衡量整车动力性能优劣的重要标准。因为汽车一般只在平地加速，所以加速时不考虑坡道阻力。最大加速功率 $P_a$ 的计算公式如下：

$$P_a \geqslant P_f + P_w + P_j = \frac{1}{3\,600 t_m \eta_T} \left( \frac{mgfu_m t_m}{1.5} + \frac{\delta m u_m^2}{2\sqrt{t_m}} + \frac{C_D A u_m^3}{52.875} \right) \qquad (8-21)$$

$$\delta = 1 + \delta_1 + \delta_2 i_{g1} = 3.3$$

式中，$u_m$ 为加速终止时的速度；$t_m$ 为加速时间。

编写 MATLAB 程序如下：

```
m=1500;              % 汽车质量
g=10;                % 重力加速度
r=0.281;             % 车轮半径
nt=0.92;             % 传动效率
CD=0.33;             % 空气阻力系数
A=2.16;              % 迎风面积
f=0.012;             % 滚动阻力系数
ig=1;                % 主变速传动比
um=100;              % 加速目标车速
x=5:15;              % 加速时间
q=3.3;               % 转动质量换算系数
y=(m. *g. *f. *um. *x. /1.5+q. *m. *um. ^(2). /(2. *x. ^(1. /2))+(CD. *A. *um. ^(3)). /(52.875)). /(3600. *x. *nt);% 加速功率
plot(x,y)
title('不同百千米加速时间所需电机功率')
xlabel('百千米加速时间/s')
ylabel('电机功率/kW')
```

运行程序，可以得到不同百千米加速时间所需电机功率的仿真曲线，如图8-3所示。

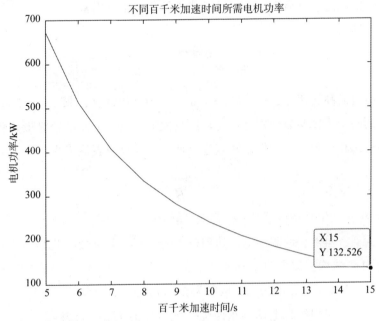

**图8-3 不同百千米加速时间所需电机功率的仿真曲线**

可以看出，同样的目标速度，加速时间越短，所需电机功率越大，曲线的斜率越大。这是由于汽车在行驶中，空气阻力随速度的增大而增大。

将汽车参数以及目标加速时间 15 s 代入式(8-21)，得 $P_a \geqslant 132.5$ kW。为方便计算，取 $P_{max} = 135$ kW。

可以通过峰值功率推算出电机的额定功率，其公式为：

$$P_{额} = \frac{P_{max}}{\lambda} \tag{8-22}$$

式中，$\lambda$ 为电机过载系数，其取值一般为 2~3。这里取 $\lambda = 2.5$，计算可得 $P_{额} = 54$ kW。

### ▶▶▶ 8.4.2　电机转矩匹配 ▶▶ ▶

电机最大转矩的计算公式：

$$T_{max} \geqslant \frac{r(F_f + F_i + F_w)}{\eta i} \tag{8-23}$$

式中，$F_f$ 是滚动阻力；$F_i$ 是坡度阻力；$F_w$ 是空气阻力；$i$ 是总传动比，$i = i_0 \cdot i_{g1} = 4.55$。将目标参数代入式(8-23)，计算可得 $T_{max} \geqslant 357.8$ N·m。为方便运算，取 $T_{max} = 360$ N·m。

### ▶▶▶ 8.4.3　电机转速匹配 ▶▶ ▶

在整车的设计与匹配过程中，电机转速对整车动力性能的影响巨大，电机转速越高，整车动力性能越好，但其制造难度会相应增加，制造成本也会有所提高，同时会造成其匹配的传动系统及零部件要求提高。因此，在设计时，应依据整车参数及设计目标要求，综合考虑驱动电机的性能、可靠性、散热性及成本等相关影响因素。

目标最高车速为：

$$u_{max} = \frac{0.377r \cdot n_{max}}{i} \tag{8-24}$$

计算可得电机最高转速 $n_{max} = 4\,724.5$ r/min。为方便计算，取 $n_{max} = 5\,000$ r/min。

驱动电机的两个重要参数分别是最高转速与额定转速，上面已经对最高转速进行了匹配计算。下面通过相应公式，对额定转速进行计算，其对应表达式为：

$$n_e = \frac{n_{max}}{\beta} \tag{8-25}$$

式中，$\beta$ 是电动机扩大恒功率区系数；$n_e$ 是额定转速。$\beta$ 的值在一定范围内，不能过大也不能过小，过大的话，虽然会使驱动电机达到较大的转矩，但也会因此影响电机的效率，而且会使电机的内部结构变得复杂。因此，$\beta$ 值一般取为 2~4。此处取 $\beta = 2.6$，代入式(8-25)，计算可得 $n_e = 1\,923$ r/min，取整为 2\,000 r/min。

根据计算结果，可以给纯电动汽车匹配一款型号为 TZ210XY584、冷却方式为油冷加液冷的电机，该电机的参数如表 8-3 所示。

表 8-3 TZ210XY584 电机的参数

| 参数 | 数值 |
| --- | --- |
| 最大功率/kW | 220 |
| 额定功率/kW | 120 |
| 最大转矩/(N·M) | 370 |
| 最高转速/(r·min$^{-1}$) | 17 300 |
| 额定转速/(r·min$^{-1}$) | 6 063 |

 # 8.5 动力电池参数匹配

分析各类蓄电池的特性,锂离子电池的电压是镍镉电池和镍氢电池的 3 倍,铅酸电池的近 2 倍,这也是锂离子动力电池能量高的一个重要原因。因此组成相同电压的动力电池组时,使用锂离子电池的串联数会大幅少于使用铅酸电池和镍氢电池的串联数。动力电池中单体电池数量越多,电池组中单体电池的一致性要求就越高,电池的使用寿命就越难保证。单体电池数量较少的锂离子电池组的使用寿命相对较高,因此锂离子电池也是目前市场上运用最普遍且综合性能较为突出的电池,这里选取锂离子电池作为车载动力电源。电池的参数匹配主要包括电池组的数量、电压与容量的匹配。合理的电池组数,可以使电池和电机的电压以及功率相互匹配,从而提高电机的性能和使用寿命。电池电压的大小需要能够满足纯电动汽车整个系统的电压要求,电池容量的匹配主要是为了满足纯电动汽车在行驶过程中续驶里程的要求。

在匹配过程中,要求电池组能给整车提供足够的动力性能,且数量不过多。如果电池组数过多,会加大电池系统和整车的质量,从而影响纯电动汽车的综合性能。因此,在满足纯电动汽车整车目标性能的前提下,电池的数量应该越少越好。纯电动汽车电池的数目通常是由整车行驶时所需最大功率和续航里程确定的,并取其中计算结果的最大值。

合理的动力电池参数匹配对整车性能充分发挥有着深远的影响,电池参数中电池组数量以及电池电压的确定非常重要。纯电动汽车上的电机额定电压与其动力电池组电压有紧密关联,因此在一定程度上影响汽车的续驶里程。纯电动汽车采用电池的整体电压越大,其所对应的电池放电电流会变得越小,使整车电池的工作电流易于控制,有利于动力源的保护,但电池组的电压过高将会造成单体电池数量增加,从而使整车电池占用的空间变大,整体质量有所增大,影响整车的结构布置,同时会使整车的能量利用效率下降,影响整车的经济性能。若动力电池的匹配电压过低,会使整车所使用的导线截面积变大,造成整车成本提高以及布线难度增大。

▶▶▶ 8.5.1 电池数量匹配 ▶▶▶

$$P_{er} = \frac{V_{er}}{3\ 600\eta\eta_e\eta_c}\left(mgf + \frac{C_D AV_{er}^2}{21.\ 15}\right) + P_{anx} \qquad (8-26)$$

式中,$\eta_e$、$\eta_c$ 是电机效率与电机控制效率,乘积为 0.85。

将式(8-26)用 MATALB 进行编程,程序如下:

```
m=1500;              % 汽车质量
g=10;                % 重力加速度
r=0.281;             % 车轮半径
nt=0.92;             % 传动效率
CD=0.33;             % 空气阻力系数
A=2.16;              % 迎风面积
f=0.012;             % 滚动阻力系数
i0=4.55;             % 主减速比
ne=0.85;             % 电机效率与电机控制效率
x=0:120;             % 最高车速
panx=1.5;            % 附件消耗功率
y=((x)/(3600.*nt.*ne)).*(m.*g*f+(CD.*A.*x.^2)/(21.15))+panx;% 最高车速电机功率
plot(x,y,'-b')
title('维持 60 km/h 车速所需电机功率')
xlabel('最高车速/(km/h)')
ylabel('电机功率/kW')
```

将车辆参数和巡航速度代入式（8-26），绘制出维持 60 km/h 车速所需电机功率的仿真曲线，如图 8-4 所示。并考虑到附件消耗功率 $P_{anx}$（约 1.5 kW），最终 $P_{er}$ = 7.9 kW。

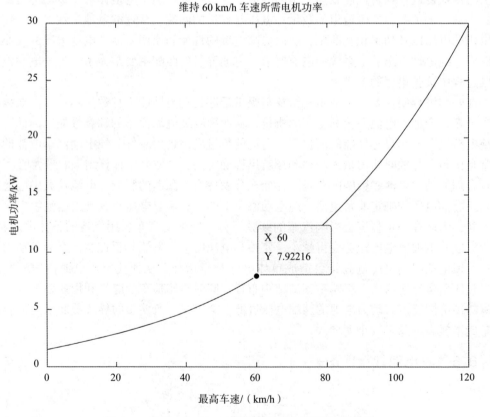

维持 60 km/h 车速所需电机功率

图 8-4　维持 60 km/h 车速所需电机功率的仿真曲线

我国规定了纯电动汽车续驶里程的测试方法。单次充电续驶里程是指纯电动汽车根据国家标准充满电，然后在某一运动工况需求下行驶能够达到的单次充电最大行驶里程。所规定的测试工况包括 60 km/h 等速工况和 NEDC 工况两种。

根据纯电动汽车整车的续驶里程，可以确定电池组数量为：

$$W_{er} = P_{er} \frac{L}{v_{er}} \tag{8-27}$$

式中，$W_{er}$ 为动力电池所需总能量；$L$ 为以 $v_{er} = 60$ km/h 巡航的续驶里程，$L = 400$ km；$P_{er} = 7.9$ kW，是巡航所需功率。代入式(8-27)，得 $W_{er} = 52.7$ kW·h。

下面计算单体电池数量：

$$N = \frac{1000 W_{er}}{C_b E_0 \xi_{SoC}} \tag{8-28}$$

式中，$N$ 是单体电池数量；$C_b$ 是单体电池容量；$E_0$ 是单体电池电压，为 3.6V；$\xi_{SoC}$ 是电池放电深度，为保护电池不至于过度放电而损坏，延长电池寿命，一般设置放电深度为 80% 左右。代入式(8-28)，得 $N \approx 436$，考虑电池单体配成电池单元和电池组的影响，通过计算取整选择 450 个电池。

### ▶▶▶ 8.5.2　电池联接组合 ▶▶▶

综合上述匹配计算结果，可确定动力电池组单体电池数量为 450 个，其组合方式为每 90 个串联为一组，5 组并联，纯电动汽车动力电池组的匹配参数如表 8-4 所示。该电池的类别是三元锂电池，这种电池的优点是安全性高、循环寿命长、自放电率低、无记忆效应、低温性能佳、可快速充电、价格低廉。

表 8-4　纯电动汽车动力电池组的匹配参数

| 名称 | 数值 |
| --- | --- |
| 单体电池电压/V | 3.6 |
| 单体电池容量/Ah | 42 |
| 电池组额定电压/V | 324 |
| 电池组电压范围/V | 300~400 |
| 单体电池个数 | 450 |
| 电池包联接方式 | 每 90 个串联为一组，5 组并联 |

### ▶▶▶ 8.5.3　传动比参数匹配 ▶▶▶

变速器用来传递电机的驱动转矩，并通过不同的传动比，实现降速增矩功能。由于驱动电机的转速和转矩有限，而固定减速比的减速机构也不能很好地满足纯电动汽车的行驶性能要求，此时变速器的重要性就显现出来了。不仅如此，变速器还可以尽可能地让电机保持工作在高效率区，从而减轻电机和动力电池的负荷。当对整车的驱动电机与动力电池参数合理匹配完成以后，传动系统速比的匹配设计对整车性能能否充分发挥就显得尤为重要。合理的传动系统速比匹配不仅能够使整车满足不同工况下动力性能的要求，而且可以通过调整电机工作点的方式，增加其长时间运行在高效率区的概率，从而提升整车的经济性能，能够在电池容量一定的条件下延长续航里程。传动系统速比可以由主减速比和变速器速比相乘得到。若传动系统的速比选择得过小，会造成整车动力不足，加速与爬坡性能变差；若传动系统的最大速比过大，整车动力性能变强，但会造成整车经济性能变差。因此应合理确定传动系统的最大和最小传动比，如一挡速比要满足加速和爬坡性能要求，但是也不能太大，防止出现起步打滑现象。二挡速比应该满足最高车速等要求。

依据传动系统的选型结果，传动系统将采用两挡机械式自动变速器与主减速器的传动结构。下面根据整车参数及设计目标研究，并结合已经匹配完成的电机与电池参数，对纯电动汽车传动系统的参数进行匹配与计算。

纯电动汽车的传动系统与传统内燃机汽车的动力传动系统类似，传动系统速比和挡位数的选择合适与否，对纯电动汽车的经济性能和动力性能的好坏都有着直接的影响。驱动电机的高效率区一般都集中在其等功率与额定转速区附近，因此为了提高纯电动汽车整车的续驶里程，在纯电动汽车正常行驶时，应尽量使驱动电机工作在高效率区。

一般来说，仅靠纯电动汽车电机自身转矩和转速的变化，很难真正满足纯电动汽车在起步、加速、爬坡等各种实际工况下的动力性能需求。和传统汽车一样，可以通过选择合适的挡位数和传动比来解决这个问题，而且这样还能使电动机工作时更多地运行在高效率区，在提高整车动力性能的同时也提高了其经济性能。

1. 确定最大传动比

纯电动汽车两挡传动系统的一挡为低速挡，用于满足整车爬坡、快速起动及频繁起停等工况的要求，车辆的最大传动比的数值计算由该车辆低速挡速比与主减速比相乘得到。最大传动比主要由纯电动汽车的附着条件与爬坡度要求决定，在汽车驱动轮不发生打滑现象的同时，能满足最大爬坡度要求。

依据上述附着条件和爬坡度要求，纯电动汽车动力传动系统最大传动比的表达式为：

$$\frac{T_{\max} i_{g1} i_0 \eta}{r} = mgf + \frac{C_D \cdot A u_a^2}{21.25} + mg\alpha_{\max} + \delta m \frac{\mathrm{d}u}{\mathrm{d}t} \tag{8-29}$$

纯电动汽车以一挡在无风、无砂的良好路面上行驶，公式可变形为：

$$i_{g1} i_0 \geqslant \frac{mgr(f\cos \alpha_{\max} + \sin \alpha_{\max}) + \frac{C_D A u_a^2 r}{21.15}}{T_{\max} \eta} \tag{8-30}$$

式中，$i_0$ 为主减速器的传动比；$i_{g1}$ 为变速器的一挡传动比；$m$ 为整车的载质量；$\alpha_{\max}$ 为最大爬坡角度；$T_{\max}$ 为电机的最大转矩；$\eta$ 为传动效率。将参数代入式（8-30），得 $i_{g1} i_0 \geqslant 4.55$，则 $i_{g1} \geqslant 1$。

最大传动比还需要保证驱动车轮不打滑，即车轮和路面的附着条件为：

$$i_{g1} i_0 \leqslant \frac{mgr\varphi b}{T_{\max} \eta L} \tag{8-31}$$

式中，$g$ 为驱动轮给地面的载荷，这里是 6 429 N；$\varphi$ 是道路附着系数，这里是 0.7。将参数代入式（8-31），得 $i_{g1} i_0 \leqslant 5.09$，则有 $1 \leqslant i_{g1} \leqslant 1.12$。

**2. 计算最小传动比**

纯电动汽车两挡传动系统的二挡为高速挡，用于满足整车最高车速、加速、超车等行驶工况的要求，传动系统的最小速比可由所匹配的两挡变速器的高速挡速比和相乘得到。传动系统的最小速比主要由纯电动汽车在良好路面行驶的极限车速和电动机运行的峰值转速决定，保证纯电动汽车的输出转矩经动力传动系统以最小传动比倍增以后，其驱动电机的最小转矩能够大于整车行驶在最高车速下的阻力。

依据上述整车的最高车速条件规定，可通过计算求解获得纯电动汽车的最小传动比，其对应的计算公式为：

$$i_{g2}i_0 \geq \left( mgf + \frac{C_D A u_{max}^2}{21.15} \right) \frac{r}{T_{max}\eta} \tag{8-32}$$

将各参数代入式（8-32），得 $i_{g2}i_0 \geq 0.4987$。

$$i_{g2}i_0 \leq 0.377 \frac{r n_{max}}{u_{max}} \tag{8-33}$$

同样，将各参数代入式（8-33），得 $i_{g2}i_0 \leq 4.82$，则有 $0.11 \leq i_{g2} \leq 1.06$。

综上所述，有 $1 \leq i_{g1} \leq 1.12$，$0.11 \leq i_{g2} \leq 1.06$。

相邻两挡传动比的比值不应过大，否则会影响换挡时汽车的平顺性，影响驾驶体验，比值应在 1.2~1.8。传动比的匹配参数如表 8-5 所示。

**表 8-5　传动比的匹配参数**

| 名称 | 符号 | 数值 |
| --- | --- | --- |
| 主减速器的传动比 | $i_0$ | 4.55 |
| 一挡的传动比 | $i_{g1}$ | 1.1 |
| 二挡的传动比 | $i_{g2}$ | 0.71 |

 # 8.6　纯电动汽车动力仿真

### ▶▶▶ 8.6.1　纯电动汽车动力性能 Simulink 建模 ▶▶▶

根据式（8-1）~式（8-14）建立纯电动汽车动力性能仿真模型，如图 8-5 所示。这个模型的输入数据分别为电机峰值功率、电机峰值转矩、车轮半径、总传动比、整车质量、滚动阻力系数、迎风面积、空气阻力系数、机械传动效率、转动惯量等。仿真将会输出电机驱动力仿真曲线、车速仿真曲线、加速度仿真曲线、行驶阻力仿真曲线以及爬坡度仿真曲线。同时增加了 4 个 to workplace 模块，可将数据输出到 MATLAB 工作区，用于对仿真结果进一步处理。

在仿真曲线出来后，需要对曲线进行分析，分别分析最高车速、加速性能、最大爬坡度，应分析曲线所呈现的数据是否满足预期的整车性能设计目标。如果不满足设计目标，就需要检查参数是否符合要求。如果参数不符合要求，则需要重新进行匹配。如果符合要求，就可以进行下一步的经济性能仿真。

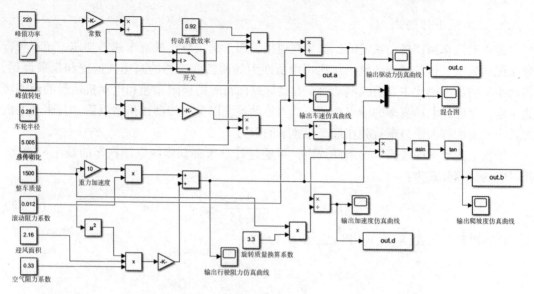

图 8-5　纯电动汽车动力性能仿真模型

### ▶▶▶ 8.6.2　动力性能仿真 ▶▶ ▶

动力性能仿真曲线的分析是判断整车动力性能是否达标的重要依据。在 Simulink 中仿真曲线横坐标的单位都是 s，但是纵坐标的单位不尽相同。为了更直观、更方便地分析得到的仿真曲线，可以先把仿真数据导出到工作区中，再进行双纵坐标代码编程，把不同单位的数据曲线结合到一张图上进行分析，程序如下。运行程序即可得到仿真曲线，分别如图 8-6～图 8-11 所示。

```
figure(1)
x1=out. a. time;
y1=out. a. signals. values;
plot(x1,y1,'LineWidth',2)
ylabel('车速/(km/h)');
figure(2)
y2=out. b;
x2=0:20/(length(y2)−1):20;
plot(x2,y2,'lineWidth',2)
xlabel('时间/s');
ylabel('爬坡度');
figure(3)
yyaxis left                    % 激活左侧
plot(x1,y1,'LineWidth',2)
ylabel('车速/(km/h)');
yyaxis right                   % 激活右侧
plot(x2,y2,'lineWidth',2)
```

```
xlabel('时间/s');
ylabel('爬坡度');
figure(4)
y3 = out. c;
x3 = 0:20/(length(y2)-1):20;
plot(x3,y3,'lineWidth',2)
xlabel('时间/s');
ylabel('N');
figure(5)
yyaxis left                %激活左侧
plot(x1,y1,'LineWidth',2)
ylabel('车速/(km/h)');
yyaxis right               %激活右侧
plot(x3,y3,'lineWidth',2)
xlabel('时间/s');
ylabel('N');
figure(6)
y4 = out. d;
x4 = 0:20/(length(y2)-1):20;
plot(x4,y4,'lineWidth',2)
xlabel('时间/s');
ylabel('加速度/(m/s²)');
```

**1. 最高车速分析**

图 8-6 和图 8-7 所示分别为一、二挡下车速与驱动力和行驶阻力的平衡曲线，两线交汇点即为驱动力与行驶阻力的交汇点，对应的车速则为最高车速，该情况下不考虑坡度阻力和加速阻力。由两图中的曲线可以看出，一、二挡所能达到的最高车速均在 270 km/h 左右。满足最高车速设计目标。

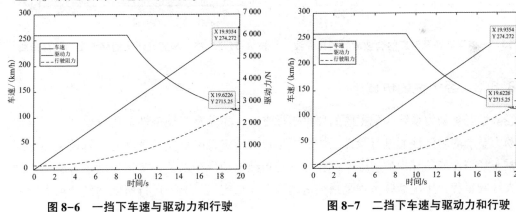

图 8-6 一挡下车速与驱动力和行驶　　图 8-7 二挡下车速与驱动力和行驶
　　　　阻力的平衡曲线　　　　　　　　　　　阻力的平衡曲线

**2. 加速性能分析**

图 8-8 和图 8-9 所示分别为一、二挡下加速度和车速的仿真曲线，该情况不考虑坡度

阻力。一挡的百千米加速时间不到 7.4 s，二挡的为 4.8 s，可见加速性能满足设计目标，二挡作为高速挡更适合加速。

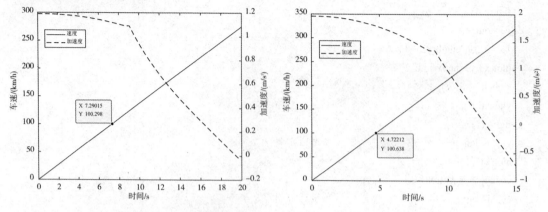

图 8-8　一挡下加速度和车速的仿真曲线　　　图 8-9　二挡下加速度和车速的仿真曲线

### 3. 爬坡性能分析

图 8-10 和图 8-11 所示分别为一、二挡下车速及对应的爬坡度的仿真曲线。从图中可以看出一、二挡都能满足爬坡 20° 的要求。

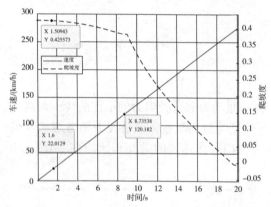
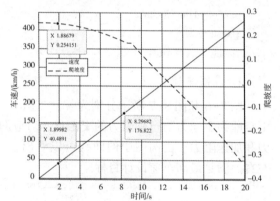

图 8-10　一挡下车速及对应的爬坡度的仿真曲线　　图 8-11　二挡下车速及对应的爬坡度的仿真曲线

## ▶▶▶ 8.6.3　经济性能仿真 ◀◀◀ ◀

经济性能是动力系统匹配主要的评价指标之一，建立整车经济性能仿真模型，可以初步对动力系统的经济性能进行验证。仿真模型包含特定工况整车经济性能仿真模型和等速巡航整车经济性能仿真模型。等速续驶里程是指纯电动汽车以某一常规速度运行所能达到的最大续驶里程，工况续驶里程是指纯电动汽车在给定的工况下运行所能达到的最大续驶里程。

下面用 MATLAB 以及 Simulink 建立仿真模型，导入电机外特性数据，在特定工况下，通过电池 SoC 从 0.8～0.2 区间所能完成的循环工况数来仿真汽车的经济性能。一个完整的测试循环共计 1 180 s，由 4 个市区工况循环(1 部)和一个郊区工况(2 部)组成。市区工况循环测试时的最高车速为 50 km/h，平均车速为 18.77 km/h，每个循环的时间为 195 s，行驶 1.013 km，最大加速度为 1.042 m/s²，平均加速度为 0.599 m/s²。郊区工况占用 380 s，测试时的最高车速为 120 km/h，平均车速为 62.6 km/h，有效行驶时间为 400 s，共行驶 6.955 km；最大加速度为 0.833 m/s²，平均加速度为 0.354 m/s²。

图 8-12 所示是经济性能仿真模型，使用 Simulink 模型库里的经济性能循环模拟工况结合驾驶员模型、控制模型以及整车模型构建出经济性能仿真模型。该模型可以仿真汽车在特定工况下的经济性能。下面对各个模型的功能和原理进行说明。

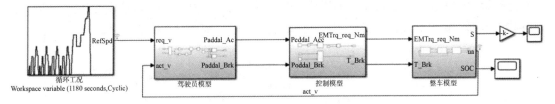

**图 8-12　经济性能仿真建模**

图 8-13 所示是 NEDC 工况：它主要参考欧洲的汽车市场环境，包括当地的交通状况、驾驶习惯、汽车的使用环境等条件，制定最接近当地汽车使用情况的循环工况，作为车辆能耗和排放测试方法和限值标准的基础。我国目前纯电动汽车续航使用的工况也是 NEDC。

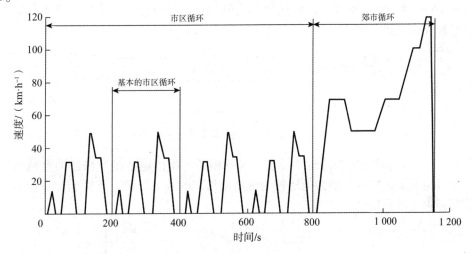

**图 8-13　NEDC 工况**

图 8-14 所示是驾驶员模型。驾驶员模型就是模仿驾驶员操作的数学模型。油门、刹车、挡位操作都属于纵向控制，控制车辆前进或后退；方向盘操作属于横向控制，控制车辆转弯。驾驶员模型就是要代替驾驶员，实现车辆的纵向和横向控制。对整车控制策略仿真而言，关注的是车辆的动力性能、经济性能，主要考察车辆的纵向运动，所以该平台的驾驶员模型只需要考虑纵向控制，即油门踏板开度和刹车踏板开度控制。踏板的开度是线性的，更有利于控制车速和刹车力度，可以让速度变化更平稳，提升乘坐舒适性与操控稳定性。

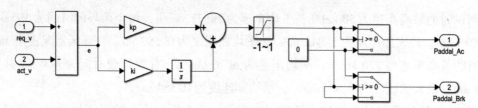

**图 8-14　驾驶员模型**

图 8-15 所示是控制模型。控制模型是纯电动汽车运行的核心单元，担负着整车驱动控制和能量管理的工作。控制模型根据驾驶员模型输入的电门踏板或制动踏板的开度，结合电机外特性数据，输出对应的电机转矩和不同的制动力矩，实现对车速的控制。

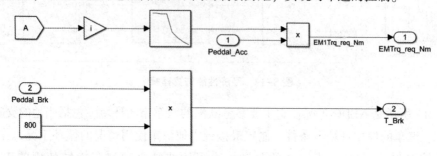

**图 8-15　控制模型**

图 8-16 所示是整车模型，该模型由电池模型、电机模型、车体模型组成，是根据车辆的匹配参数构建的模型。

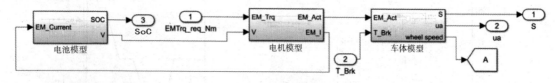

**图 8-16　整车模型**

图 8-17 所示是整车模型的电池模型，是根据所匹配的电池参数搭建的电池的仿真模型，给电机模型提供输入。动力电池作为纯电动汽车的唯一能源，其性能和数量对整车经济性能起到决定性作用。

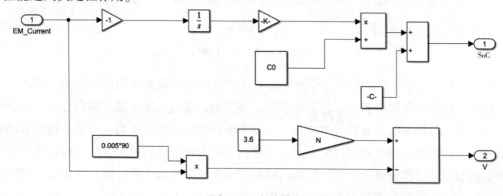

**图 8-17　电池模型**

图 8-18 所示是整车模型的电动机模型，该模型根据所选电机的参数，以及电机外特性数据搭建。受控制模型控制仿真模拟其不同工况下的运转，电机作为纯电动汽车的唯一动力来源，其对动力性能有决定性的影响，因此匹配的电机的性能是否合格十分重要。

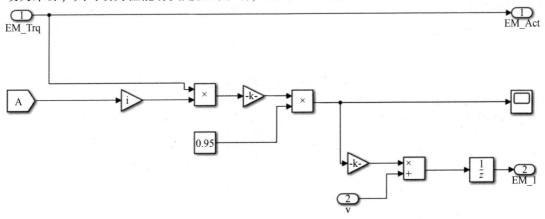

图 8-18　电动机模型

图 8-19 所示是整车模型的车体模型，该模型主要根据车辆在不同行驶状况下的力学模型建立。该模型考虑了行驶阻力、风阻、爬坡阻力等因素，用以模拟不同的驾驶工况，一般是加速、不同车速巡航，以及爬坡等不同的驾驶工况。该模型加速时不考虑坡道阻力，爬坡时不考虑加速阻力，最高车速是在平地情况下模拟的。

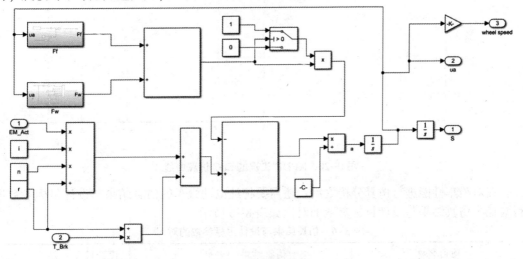

图 8-19　车体模型

图 8-20 所示是 NEDC 工况的 SoC 仿真曲线，SoC 在 0.8～0.2，可以完成 37 组循环，每组为 11.8 km，整车的续航里程为 436.6 km，达到整车设计性能指标。部分程序如下：

| | |
|---|---|
| Vehicle_Mass=1500; | % 质量 |
| g=10; | % 重力加速度 |
| A=2.16; | % 迎风面积 |
| r=0.281; | % 滚动半径 |
| Cd=0.33; | % 空气阻力系数 |

```
i=4.55;                    %主减速比
n=0.92;                    %传动系效率
a=1.6;
b=1.2;
hg=0.63;
kp=0.4;
ki=0.01;
brake_max=700;             %机械制动最大力矩
C0=68;                     %电池容量
SoCint=0.8;
N=450;
load('nedc.mat','sch_cycle')
```

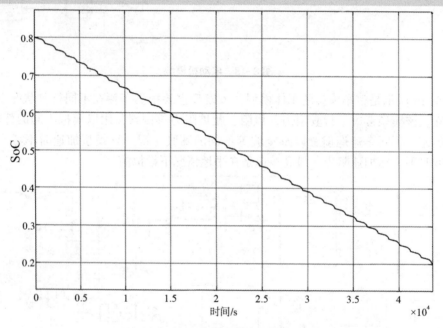

**图 8-20   NEDC 工况的 SoC 仿真曲线**

在对整车性能进行仿真分析之后，还需要将纯电动汽车的仿真结果与设计目标参数进行对比。仿真结果与设计目标参数的对比如表 8-6 所示。

**表 8-6   仿真结果与设计目标参数的对比**

| 项目名称 | 仿真结果 | 设计目标参数 |
|---|---|---|
| 最高车速/$(km \cdot h^{-1})$ | 270 | 110 |
| 最大爬坡度/$(°)$ | 23.3 | 20 |
| 百千米加速时间/s | 4.8 | 15 |
| 续驶里程/km | 436.3 | 400 |

通过对比仿真结果与设计目标参数可知，纯电动汽车的各项性能指标均符合设计要求。此外，由于在对传动系统的参数进行匹配时，整车的动力参数保留了一些设计余量，因此各项指标的仿真结果都优于设计目标参数。

# 参 考 文 献

[1] 王中鲜. MATLAB 建模与仿真应用教程 [M]. 2 版. 北京：机械工业出版社，2014.

[2] 刘德胜，赵魁，陈晓伟. MATLAB 建模与仿真应用教程 [M]. 3 版. 北京：机械工业出版社，2021.

[3] 罗建军，杨琦. 精讲多练 MATLAB [M]. 西安：西安交通大学出版社，2002.

[4] 罗建军，杨琦. MATLAB 教程 [M]. 北京：电子工业出版社，2005.

[5] 天工在线. 中文版 MATLAB 2018 从入门到精通：实战案例版 [M]. 北京：中国水利水电出版社，2018.

[6] 李津，刘涛. MATLAB 2016 高级应用与仿真[M]. 北京：机械工业出版社，2017.

[7] 崔胜民. MATLAB 编程与汽车仿真应用[M]. 北京：化学工业出版社，2020.

[8] 甘勤涛，胡仁喜，程政田. MATLAB 2018 数学计算与工程分析从入门到精通[M]. 北京：机械工业出版社，2019.

[9] 刘卫国. MATLAB 程序设计教程 [M]. 3 版. 北京：中国水利水电出版社，2017.

[10] 罗建军，杨琦. 精讲多练 MATLAB [M]. 西安：西安交通大学出版社，2010.

[11] 阳平华. MATLAB R2018 基础与实例教程 [M]. 北京机械工业出版社，2019.

[12] 刘卫国. MATLAB 程序设计与应用 [M]. 3 版. 北京：高等教育出版社，2017.

[13] 胡仁喜. MATLAB 2011 数学计算与工程分析从入门到精通 [M]. 北京：机械工业出版社，2012.

[14] 黄少罗，甘勤涛，胡仁喜. MATLAB 2016 数学计算与工程分析从入门到精通 [M]. 北京：机械工业出版社，2017.

[15] 刘卫国. MATLAB 基础教程 [M]. 北京：北京邮电大学出版社，2016.

[16] 薛定宇. 科学运算语言 MATLAB 5.3 程序设计与应用 [M]. 北京：清华大学出版社，2000.

[17] 徐瑞，黄兆东，阎凤玉. MATLAB 2007 科学计算与工程分析 [M]. 北京：科学出版社，2008.

[18] 孙蓬，曾雷杰，孙庆云，等. MATLAB 基础教程 [M]. 北京：清华大学出版社，2011.

[19] 李献，骆志伟，于晋臣. MATLAB/Simulink 系统仿真 [M]. 北京：清华大学出版社，2017.

[20] 张德丰. MATLAB/Simulink 通信系统建模与仿真 [M]. 北京：清华大学出版社，2022.

[21] 李献，骆志伟. 精通 MATLAB/Simulink 系统仿真 [M]. 北京：清华大学出版社，2015.

[22] 周渊深. 基于 MATLAB 的电气控制系统图形化仿真技术 [M]. 北京：中国电力出版社，2017.

[23] 王晶，翁国庆，张有兵. 电力系统的 MATLAB/SIMULINK 仿真与应用 [M]. 西安：西安电子科技大学出版社，2008.

[24] 崔胜民. 基于 MATLAB 的新能源汽车仿真实例 [M]. 北京：化学工业出版社，2020.

［25］崔胜民. 新能源汽车技术与实践［M］. 北京：机械工业出版社，2022.

［26］崔胜民. 纯电动汽车技术解析［M］. 北京：化学工业出版社，2021.

［27］石良臣. MATLAB/Simulink 系统仿真超级学习手册［M］. 2 版. 北京：人民邮电出版社，2019.

［28］周渊深. 交直流调速系统与 MATLBA 仿真［M］. 北京：中国电力出版社，2007.

［29］胡钋，司马莉萍. 自动控制理论综合实验教程［M］. 北京：中国电力出版社，2018.

［30］史国生. 交直流调速系统［M］. 3 版. 北京：化学工业出版社，2015.

［31］周渊深. 交直流调速系统与 MATLAB 仿真［M］. 北京：中国电力出版社，2007.